精神科醫
親授

零壓力
終極大全

樺澤紫苑

賴郁婷◎譯

先問大家一個問題。

「沒有壓力最好。」
各位覺得答案是 Yes 還是 No 呢？

相信大多數人應該都會選擇「Yes」吧。
不過真正的答案是「No」。就讓我來告訴大家為什麼吧。

從結論上來說，壓力沒有必要消除。
雖然一般的認知都覺得「沒有壓力最好」，但是，**如果真的「完全沒有」壓力，那可就糟糕了。**

舉例來說，假設在工作上面臨重要的商業談判或是簡報，這時候一定會感受到極大的工作壓力和緊張，以至於產生心理壓力。
可是也多虧了這股壓力，迫使自己做了許多功課和準備，而且不斷練習。最後不僅工作能力獲得提升，也給自己帶來成長。

人際關係也會有壓力，為了消除這股壓力，人會反省自己的個性和言行，顧慮對方的感受，努力讓人際關係能夠多少有所改善。這些都會讓自己最後變成一個更好的人。

像這些在工作上和生活中所感受到的日常壓力，

都屬於「**良性壓力**」。

這些都是人生不可缺乏的刺激。**適度的壓力可活化大腦功能，鍛鍊專注力並提高記憶力。**

一直從事沒有壓力的工作，能力無法獲得提升。雖然沒有太大的壓力，可是相對地也不會有「成就感」和「成長」，只是每天過著空虛、似乎少了點什麼的生活。

換言之，少了良性壓力，人一輩子都不會成長。

仔細想想，我們平常幾乎無時無刻都會感受到壓力。

包括職場上的人際關係、通勤通學的辛苦、家事和育兒的疲憊等。真要說的話，根本不勝枚舉。

想要完全逃離這一切，消除所有壓力來源，是不可能的事。

壓力有存在的必要，它是人類生活不可或缺的一部分，會激勵我們，改善我們的生活品質。

但是相反的，

如果要說持續感受到過度壓力到底是好是壞，其實也是一件很危險的事！

累積太多壓力會造成身體變差，導致憂鬱等精神方面的疾病。因此，關於壓力，最重要的是以下兩點：

①在沒有壓力的狀態下入睡

②別把壓力和疲勞帶到隔天。

消除日常壓力，不等於就是沒有壓力。

有些人雖然白天工作很認真，壓力很大，可是到了晚上卻能完全釋放壓力。像這種懂得聰明應對壓力、不讓壓力累積的人，稱之為：

「沒有壓力的人」

● 「拚命忍受壓力的人」與「優雅閃避壓力的人」

在黑心企業上班，有些人在長期加班和熬夜之下，才幾個月就罹患憂鬱症。

可是在同一個職場上，有些人卻可以一做好幾年，什麼事也沒有。

為什麼會有這樣的差異呢？

心理學上有個說法叫做**「心理韌性」**（resilience），也就是「恢復力」、「復原力」的意思。

即使在同一個環境下面對相同的壓力，每個人的「感受」都不盡相同。「心理韌性」指的是人的心理狀態能夠像彈簧一樣恢復原狀，而不是一直忍受著壓力。

或者也可以說是「閃避的能力」。我個人比較喜歡**「心理彈性」**的說法。

日文有個說法叫做「心が折れる」，指「崩潰」的意思。因為一直忍受壓力，所以才會崩潰。如果懂得優雅「閃避」，就絕對不會有「崩潰」這種事發生。

根據我過去的臨床經驗，**「個性認真、一絲不苟的人，比較容易憂鬱」**。

拚命忍受壓力的人 優雅閃避壓力的人

擋不住了……

完全不是問題～

> 懂得迅速閃避而不直接面對壓力，
> 才是心理韌性高的人！

因為這類型的人通常都很認真面對壓力來源，導致擔心和煩惱不斷，無法轉換心情。

這時候的「擔心」和「煩惱」，就不是方才提到的「良性壓力」，反而變成了「惡性壓力」。

想成為「沒有壓力的人」，消除惡性壓力也很重要。

面對「擔心」和「煩惱」，大部分的人都會試圖想消除「壓力來源」。一旦「來源」無法消除，便感到絕望，造成身心更加疲憊。事實上，「壓力來源」並沒有消除的必要。

只要稍微改變自己的「想法」跟「面對方式」，就能優雅閃避壓力！

只要這麼做，就能輕鬆趕走「擔心」和「煩惱」。

這時候就是這本書派上用場的時候了。

本書針對大家最容易感到壓力的 5 大方向：「人際關係」、「私生活」、「工作」、「健康」、「心理」等，明確地為大家提供：

「科學事實」（Fact）與「現在立刻就能實踐的方法」（To Do）

只要掌握科學事實，知道方法，九成的煩惱都能迎刃而解。剩下就只要採取行動就行了。

● 調整身心的最終解方

談到壓力，多數的商管書提出精神論的建議，包括「遠離壓力」、「別把壓力放在心上」等。這些聽起來事不關己的建議，一點都不切實際。

在這本書當中，我將根據身為精神科醫生的經驗，只為大家介紹實際且效果顯著的方法。

我至今寫過不少商管書，包括《最高學以致用法》及《最高學習法》等。在每一本著作的後記，我都會許下一個心願：「希望人類的病痛和精神疾病愈來愈少，不再有人自殺。」

為實現這個心願，長期以來我不斷透過每天發行的電子報，以及每天更新的 YouTube 頻道「樺チャンネル」，為大家傳遞「不生病的方法」和「預防精神疾病的方法」。

這本書的內容可說是調整身心的「最終解方」，目的在解決工作和生活上的人際煩惱與擔憂，避免疾病找上門。同時這也是我過去所有寫作內容與傳播內容的集大成。

在執筆寫作這本書的 2020 年此刻，受到新冠肺炎的影響，人類被迫面對各種不同的環境變化，包括限制外出和自我約束等。

就連只是過著正常生活，都會感受到龐大的壓力與不安。在這樣彷彿看不到盡頭的「疫後」和「與病毒共處」的時代，**「面對不安和壓力的應對方法」是每個人都一定要學習的能力。**

只要學會不被擔憂、煩惱和壓力綁架，無論時代如何變化，都一定可以擁有充滿陽光、成就感與自我成長的幸福人生。

改變生活方式就趁「現在」！

希望大家在看完這本書之後，都能學到更多應對擔憂和煩惱的方法，並且實際採取「行動」。透過確實執行這些方法，你的人生一定會出現轉變。

首先，請大家先就序章的五大要點去實踐。接著從第 1 ～ 5 章當中，選擇自己感興趣的部分閱讀。

最後再掌握終章的要點，成為一個完全沒有壓力的人。

希望這本書可以成為各位人生的「轉捩點」，那便是身為作者的我莫大的喜悅。

樺澤紫苑

精神科醫師親授的

零壓力
終極大全

CONTENTS

前言 —— 當個「沒有壓力」的人 —— 2

本書特色 —— 16

序章　作為一切基礎的「解決方法」

消除壓力的基本方法

1　用行動趕走不安 —— 20

2　靠自己解決煩惱 —— 24

3　善用他人的力量 —— 28

4　調整生活步調，好好過日子 —— 32

5　最棒的晨間習慣——晨間散步 —— 36

1章 改變「自己」，而不是改變他人

人際關係

1. 不拿自己跟他人做比較 —— 42

2. 不受他人意見所左右 —— 48

3. 克服「信不過別人」的方法 —— 54

4. 分辨「值得信任」跟「不值得信任」的人 —— 60

5. 跟討厭的人和平相處 —— 66

6. 「不被討厭」的方法 —— 72

7. 真心話到底能不能說？—— 78

8. 面對惡意相向的人的應對辦法 —— 84

9. 怎麼做才能改變他人？—— 90

2 章 讓「夥伴」和「家人」成為生活動力

私生活

1 降低孤單的風險 —— 98

2 成熟大人交朋友的方法 —— 104

3 社群媒體疲勞的解決方法 —— 110

4 如何知道對方是否對自己有好感？ —— 116

5 如何面對親子問題？ —— 120

6 改善夫妻關係 —— 126

7 面對育兒問題的挑戰 —— 132

8 消除照護壓力 —— 136

| 3 章 | 擺脫「被迫工作」的命運，
尋找自己的「天職」 |

工作

1　解決職場的人際關係問題 —— 144

2　覺得「工作一點都不開心」怎麼辦？ —— 150

3　實在很想離職該怎麼辦？ —— 156

4　找到自己的「天職」 —— 162

5　克服「工作被AI取代」的憂慮 —— 168

6　提升工作和念書的專注力 —— 174

7　「工作記不住」的應對方法 —— 180

8　「不被肯定」、「得不到晉升機會」怎麼辦？ —— 186

9　找個不同於本業的「副業」 —— 192

10　消除「金錢焦慮」 —— 198

第 4 章 打造「不會疲累的身體」

健康

1 擺脫睡眠不足 —— 206

2 提升睡眠品質 —— 212

3 缺乏運動的解決辦法 —— 216

4 理想運動持之以恆的方法 —— 220

5 真正有益健康的食物 —— 226

6 健康瘦身飲食法 —— 232

7 與嗜好品和平共處 —— 238

5 章 整頓心靈，活出「全新的自己」

心 理

1 怎麼做才能改變自己？ —— 248

2 提升自我肯定感 —— 252

3 克服「容易緊張」 —— 258

4 控制怒氣 —— 264

5 如何忘記不開心的事？ —— 270

6 覺得「憂鬱」時該做的事 —— 276

7 精神疾病的應對方法 —— 282

8 懷疑自己可能有發展障礙 —— 288

9 我是不是高敏感族？ —— 294

10 預防失智症 —— 300

11 有「想死」的念頭該怎麼辦？ —— 306

終 章	精神科醫師歸納出的 終極思維

生 活 態 度

1　當個懂得享受人生的人 —— 314

2　養成果斷的習慣 —— 318

3　不斷思考「生命的意義」 —— 322

4　思考「死亡」 —— 326

5　找到「幸福」的方法 —— 330

結 語 —— 接下來該如何面對生活？ —— 337

特 長 ① 解 決 九 成 的 「 共 同 煩 惱 」

　　我經常在個人的YouTube頻道中向聽眾募集問題，通常每天都可以募集到數十個問題，其中九成都是過去已經回答過的問題。只不過，深陷在「煩惱」中或跌落谷底的人，通常都沒有「餘力仔細尋找答案」，所以才會問出同樣的問題。

　　就連一些只要稍微搜尋一下，馬上就能找到應對方法的問題，有時候也會讓人感到煩惱和痛苦，甚至因此罹患精神疾病。這實在令人相當遺憾。

　　消除「煩惱」雖然乍看之下不太可能，不過至少我可以為大家提供「應對方法」，剩下的就是各位自己「做」與「不做」的選擇了。按照本書提供的方法去做，一定可以減少各位的煩惱，甚至是獲得解決。

　　在後續的內容中，我會針對過去募集到的幾個代表性的煩惱做說明。這些都是每個人會遇到的「共同煩惱」。相信各位的煩惱有九成都可以透過這本書獲得解決。

特 長 ② 講 求 「 T o D o 」 的 應 對 方 法

　　為了寫這本書，我至少重新翻閱了上百本關於「煩惱」和「生活態度」的書籍，範圍包括心理學、社會學、哲學、宗教等。因為這世上大部分「煩惱」和「生活態度」的「答案」，都可以在這些書中找到解答。

　　可是，這些書卻沒有告訴我們「該怎麼做？」，或是「今天（現在）該從何開始改變起？」。也就是說，我們雖然知道解決煩惱的「方向」，

可是卻不知道「To Do（方法）」。這麼一來等於毫無意義。

　　就算知道方向而感到放心，但是不曉得自己接下來該做什麼，一樣是處於「行動停滯」的狀態，現實同樣沒有改變。

　　因此，在寫這本書的時候，我要求自己一定要為讀者提供「To Do（方法）」。

特長 3 提供真正有效的應對方法與延伸閱讀

　　在我的YouTube頻道裡，為網友解決了2500個以上的煩惱問題。這些影片底下都有許多留言，大家會透過「喜歡」和「不喜歡」來評斷影片內容是否真的有幫助。

　　許多網友都在留言裡紛紛留下感謝，例如「我照你說的實際去做了之後，很快就看見效果！」。這本書就是集結了這些「真的有效的建議」和「做了之後確實有用的應對方法」。

　　我相當重視「實效性」（是否真的有效）。

　　一般只傳達科學證據的書都只會提供「似乎在哪裡聽過、老調重談、意義不明的建議」，相當可惜。

　　所以，我決定根據自己的經驗，只提供最直接、最真實且實際的應對方法。

　　由於內容敘述簡潔明瞭，因此我想一定會有讀者「想進一步深入瞭解」，或是「想知道更專業的內容」。所以我也在書中針對想進一步瞭解的人，推薦了一些適合的「書籍」和「電影」。

　　內容從適合初次接觸的人到專業性的都有，以「★」（初級）、「★★」（中級）、「★★★」（高級）為分級來幫助瞭解。請大家務必參考。

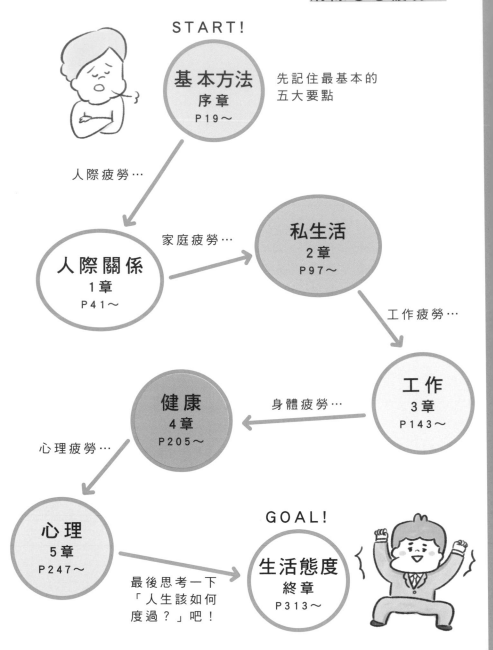

邁向無壓之路

消除○○疲勞！

START!

基本方法
序章
P19～

先記住最基本的
五大要點

人際疲勞…

人際關係
1章
P41～

家庭疲勞…

私生活
2章
P97～

工作疲勞…

健康
4章
P205～

身體疲勞…

工作
3章
P143～

心理疲勞…

心理
5章
P247～

GOAL!

生活態度
終章
P313～

最後思考一下
「人生該如何
度過？」吧！

序 章

作為一切基礎的
「解決方法」

消除壓力的基本方法

用行動趕走不安

根據某項調查顯示，「最近感到不安的人」佔了整體的 7 成以上，包括「擔心下週的簡報」、「睡前感到不安」、「對將來的人生感到擔憂」等。接下來讓我來告訴大家該如何面對這樣的心情。

FACT 1 為什麼會感到不安？

為某件事感到煩惱、痛苦的時候，一定會伴隨著「不安」的心情。明明煩惱得不得了，卻完全不擔心，我想應該不可能會有這種事。不安的相反是「放心」，換言之，「感到放心」就是「煩惱獲得解決」。只要從腦科學的角度去瞭解「不安」的本質，自然就會知道該怎麼做。

以腦科學的角度簡單來說，不安是來自於**正腎上腺素的分泌**。當人感到緊張、不安、害怕的時候，大腦會分泌正腎上腺素這種神經傳導物質。

正腎上腺素又被稱為「要戰鬥還是逃跑」的神經傳導物質。各位可以想像原始人遇到劍齒虎的場面。當劍齒虎已經發現原始人，準備發動攻擊時，原始人要考慮的只有「戰鬥」或是「逃跑」兩種選擇，呆站在原地只會被殺掉。

要戰鬥嗎？還是逃跑？**當正腎上腺素分泌，大腦的思緒會變得特別清楚，專注力提高，讓人可以在瞬間做出判斷。**

緊接著腎上腺素也會跟著分泌，使人心跳加快，血液流竄全身，讓人感到坐立不安。要盡全力逃跑嗎？還是勇敢迎戰、擊退對方呢？這時候正腎上腺素引發的「不安」和「害怕」，便成為擺脫危險的動力。

也就是說，在危險時刻不斷催促你「快點行動！」的，就是正腎上腺素。

FACT 2 什麼都不做只會更加不安，採取行動才能減輕不安感

不安的心情一定是出現在「危險時刻」或「煩惱的時候」。由此所衍生的「快點行動，擺脫危險（煩惱）！」，就是「不安」在生物學上的含義。因此，如果什麼都不做、放任不管，只會加重不安的情緒。

換言之，如果只是躲在棉被裡抱頭苦惱，只會更加擔心害怕。很多人都會犯的一個錯誤，就是在遇到煩惱、感到不安的時候，大腦便停止在「怎麼辦？」的煩惱狀態而不再思考。可是，不管再怎麼煩惱，不採取行動，問題絕對不可能獲得解決。

消除不安的方法其實非常簡單，就是「採取行動」。

透過行動，不安的心情就算沒辦法一下子「徹底」消除，也一定會獲得減輕。「什麼都不做」只會更加不安。相反地，只要做點什麼，心境就會大不相同。

> 人類最原始的情感是害怕和不安。
> —— 湯瑪斯・霍布斯（Thomas Hobbes，英國哲學家）

不安的來源——正腎上腺素是「採取行動的動力」，也就是行動的「燃料」。換言之，**能夠將各位從痛苦中拯救出來的動力，正是「不安」**。藉由不安這股動力採取行動，如此一來，作為燃料的不安便能確實減少，讓你愈來愈輕鬆。

FACT 3 透過輸出改變現實

這世上分為「輸入類型的人」和「輸出類型的人」。再怎麼努力吸收輸入，也只會增加大腦的知識和情報量，對外界（現實世界）完全不會產生任何影響。當然也不會改變現實或是得到自我成長。

同樣的道理，也可以應用在解決煩惱上。透過網路和書本，或許多少可以獲得解決煩惱的靈感。可是，如果一直把這些靈感留在大腦裡「不說出來」、「不寫下來」、「不化為行動」，現實世界完全不會有任何改變，情況也不會好轉。

只要還繼續當個「輸入類型的人」，心裡的不安非但不會減少，煩惱和問題也無法獲得解決。**唯有說出來或找人討論、寫下來、寫成日記等，透過不斷地輸出，才有辦法消除心裡的不安和煩惱**，找到自己的「生活方式」，以及人生的方向。

ToDo 1 採取三大行動

說到「採取行動」，大家可能會覺得有困難。所以，本書將會提供大家「能夠確實做到的應對方法」（To Do）。

舉例來說，要求一個平常都睡到中午十一點的病患「早起」，對方一定會馬上說「做不到」。不過如果是「只要每天比前一天提早十五分鐘起床就好」，對方應該就會覺得「這或許辦得到」。

所有「行動」都可以進一步拆解細分。只要降低難度，一定可以找到「辦得到」的部分。

圖 ► **降低行動的困難度**

人的煩惱大多跳脫不了人際關係、溝通問題和社交生活。換言之，悶著頭不停煩惱這些跟別人相關的問題，什麼也解決不了。

人的煩惱必須靠行動獲得解決。正因為如此，「輸入類型的人」因為只會蒐集情報、空煩惱，當然什麼也不會改變。想要改變現實，就必須先動起

來，採取行動才行。大致可以分為以下三個方面來落實行動。

（1） 說

「找人討論」、「尋求諮商」都可以算是「說」的一部分。就像破口大罵「你這王八蛋！」，會讓人感覺痛快，壓力瞬間獲得釋放。**跟朋友聊天也能排解壓力**。透過閒聊，可以深化彼此的關係。適當的「提問」，也有助於更快找到解決問題的方法。

（2） 寫

「寫」是一種更強烈的輸出。**只要把煩惱寫下來，壓力就能獲得釋放**。而且思緒會變得更清楚，對煩惱更加瞭解。每天寫日記還能鍛鍊自我覺察的能力。

書寫可以整理大腦思緒，強化自我覺察力，發現錯誤的思考方向和不適當的情緒，並且進一步找到改正的頭緒。我會在接下來的內容中跟大家分享書寫的各種方法。

（3） 活動身體

如果心中有強烈的不安始終揮之不去，**現在就請立刻出門跑步，讓自己全力衝刺個一百公尺**，跑完之後應該就會輕鬆許多。

不安其實是人腦在告訴你「快做點什麼！」。這是一股動力，所以這時候如果可以盡全力做點什麼事，不安的心情自然會減輕或消除。最好的例子就是「運動」。

關於詳細內容會在接下來一一說明，不過簡單來說，運動能提高血清素的分泌，進而使正腎上腺素的分泌恢復正常，冷靜大腦，讓人感到放鬆，不再有負面感受。

綜合以上幾點，如果覺得不安，「採取行動」就對了。

靠自己解決煩惱

關鍵字 ▶ To Do、回饋

據說日本人每 2 人中就有 1 人心裡有「煩惱」。有煩惱已經是很正常的事。

雖然這麼說，不過若是可以消除煩惱、減輕壓力，人生肯定可以過得更輕鬆。以下就為各位說明該怎麼做。

FACT 1 「煩惱」是什麼？

「煩惱」到底是什麼？對某個問題感到痛苦、焦慮，就稱為「煩惱」。相對地，「痛苦」解除、不再東想西想，即表示「煩惱」獲得解決。

我經常收到許多關於煩惱的諮商問題。整體來看，我發現大家的煩惱幾乎都有一個共同的模式。

「我跟主管處得不好，該怎麼辦？」

「我的憂鬱症已經三年了，雖然有在接受治療，可是卻不見好轉。我該怎麼辦？」

「早起對我來說真的好難，有什麼好的方法可以建議我嗎？」

換言之，多數人的「煩惱」的共通點，**都是想知道「應對方法」跟「解決方法」，也就是「我該怎麼做？」**。

因為不曉得怎麼解決和應對，問題又完全不見好轉的跡象，所以一直感到不安，感到擔心、沮喪、痛苦。這就是「煩惱」。

那麼，怎麼做才能解決煩惱呢？

其實很簡單，就是**先瞭解應對和解決的方法（Know），然後採取行動，實際去做（Do）**就行了。

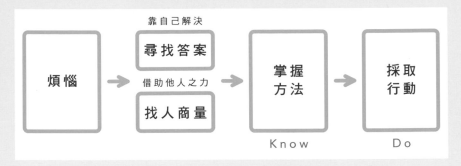

圖 ▶ **解決煩惱的步驟**

掌握方法只有兩個途徑：**「自己找答案」**（靠自己解決）和**「找人商量」**（借助他人之力）。

走在迷霧中會讓人擔心無法到達目的地，有一種「不曉得接下來會發生什麼事？」「我該怎麼辦才好？」等無法預測未來的不安感。

但是，如果迷霧散去，看得見遠方的目的地呢？那麼接下來就只要朝著目的地前進就行了。一旦掌握「這麼做就能解決煩惱」等明確的應對方法和解決方法，迷霧便會隨之散去，接著就能看見可通往目的地的道路。

如果只是要「掌握（Know）」解決煩惱的方法，一天的時間就夠了。所以，各位實在沒有必要花上好幾天，甚至好幾個月、好幾年的時間緊抱著煩惱不放。

ToDo ① 把「煩惱」轉換成「方法」

現在我們已經知道，解決煩惱有「固定的方法和步驟」。也就是說，照著這個「固定的步驟」去做，任何人都可以解決「煩惱」。這個解決煩惱的步驟可分為以下四個階段。

（1）把煩惱寫下來

首先，第一步就是把自己的煩惱盡可能地詳細寫下來。

可以用條列式的方法，例如「跟主管處得不好」、「經常被主管罵，做

事隨時提心吊膽」、「工作上經常出錯」等。盡量寫得愈多愈好。寫得愈詳細，煩惱就能更快獲得解決。

接著，把這些條列的內容寫成文章。**訣竅就是想像自己在跟人描述自己的煩惱**。

> （例）「我跟主管（課長）處得不好，讓我非常煩惱。他對我的一些小錯誤總是反應過度。明明只是一點小事，根本不需要發那麼大的脾氣。現在我每天都會被罵，搞得自己心情也很糟。老實說，我已經不想去上班了。我該怎麼辦才好？」

像這樣先把自己的煩惱整理成文章，寫完之後再回過頭來看，就可以用冷靜的角度掌握自己的狀況和心情。也就是透過輸出，讓自己能夠客觀檢視自我，提升對自我的洞察。

有煩惱的人，很多都會因為「難過」、「痛苦」、「疲累」等負面情緒的影響而停止思考，不知道自己為何煩惱。這種時候，「把煩惱寫下來」可以幫助自己客觀地檢視原因。

（2） 尋找應對方法

知道自己煩惱的原因之後，下一步就是尋求應對方法。本書會介紹一些一直以來大家最常出現的煩惱，各位可以先挑選符合自己情況的項目來看。可以的話，不妨把推薦的相關書籍也一併找來讀。

閱讀時的重點在於**找出 3 個「To Do」（方法）**。可以邊讀邊找自己辦得到的「To Do」，寫在筆記本或隨身記事本上。

說到尋找應對方法，很多人第一時間會先利用「網路」。然而，網路情報通常都只是概略性的內容，不夠深入，而且缺乏可信度，甚至很多都是沒有根據的錯誤訊息。所以請大家一定要多利用「書籍」尋找答案。

（3） 實際嘗試去做

找到應對方法之後，接下來就是試著去做。時間至少要長達「1 ～ 2

週」。

　　如果「做不到」或「沒辦法持之以恆」，問題就出在「3 個 To Do」不適合自己。可以參考上一節提到的方法，先降低困難度，把行動細分成可輕鬆做到、「自己應該辦得到的 To Do」，然後再挑戰一次。**從腦科學的角度來說，**「正在做」、「有所行動」等實際行動最重要。

（4）　自我評價　（反思回饋）

　　經過 1 ～ 2 週的實踐之後，接著就要針對「3 個 To Do」的執行度做反思。

反思步驟 1　列出 3 個做得不好的原因

反思步驟 2　列出 3 個做得好的原因

反思步驟 3　列出接下來的「3 個 To Do」

　　如果可以列出 3 個以上，當然是寫愈多愈好，不過最少要列出 3 個。

　　反思時一定要先寫「做得不好」的原因，然後再寫「做得好」的原因。這麼一來寫完之後心情才會正面積極。

　　至於最後列出來的新的「To Do」，就是接下來的執行目標。

　　實際執行一週之後再重新評價（反思回饋）。依照這樣的方式反覆進行，2 ～ 3 週應該就能看見效果。

　　各位可以依照這個方法養成習慣，**把所有煩惱都轉換成「方法」**。這麼一來，總有一天一定可以擺脫「總是煩惱不已的自己」。

善用他人的力量

上一節提到靠自己解決煩惱的方法。可是，很多時候煩惱光靠自己一個人是解決不了的。這時候就只能借助他人的力量，也就是找人「商量」。

根據某項調查，有 64% 的人「有工作方面的煩惱」。其中 53% 的人「沒辦法（不會）向他人傾訴自己的煩惱」。

「過去曾有自殺念頭的人」，在「是否曾經跟誰傾訴過自己想自殺的念頭？」這個問題上，回答「沒有跟任何人說過」的人就佔了 60.4%。換言之，有大約三分之二這麼多的人，在面對生死這極為重要的問題時，卻沒辦法找人傾訴，只能獨自煩惱。假使各位現在也正面臨這種情況，不妨先從改變自己做起吧。

FACT 1 日本人面對煩惱普遍都「說不出口」

日本缺乏「諮商」的文化。大家都認為拿自己的問題找人商量，會造成對方的擔憂，為了避免，所以只好自己面對。

舉例來說，孩子就算在學校遭受霸凌，也多半不會找父母或老師商量。反觀在美國，從小學就配置輔導老師，定期跟全校學生進行對談，讓孩子對「諮商」不會有距離感。像這樣從小養成習慣，長大之後遇到任何問題，自然會主動尋求諮商。

FACT 2 誤以為「說了也沒有用」

針對無法找人傾訴的患者，如果問他「為什麼沒有找人商量？」，多半的人都會回答「反正又不是說了就能解決，說了也沒有用」。

確實，「婆媳問題」除非離婚，「跟主管處不來」除非辭掉工作，否則

問題都看似解決不了。可是，就算無法完全排除造成煩惱和不安的原因，透過改變想法，還是能消除心裡的「不安」、「痛苦」及「難過」。

很多一臉愁容來到精神科接受治療的患者，經過短短三十分鐘的諮商，最後都能「如釋重負」地笑著離開。可見「解決問題」不是只為了「排除原因」，**消除心裡的不安和壓力也是目的之一**。

以下是我為各位整理出來的尋求諮商的好處。

表 ▶ 尋求諮商的好處

1	**宣洩效果** 壓力獲得釋放。心情變輕鬆。
2	**減少不安** 語言訊息可以抑制大腦杏仁核的興奮，壓抑過度亢奮的杏仁核。
3	**釐清煩惱** 透過有條理的訴說來釐清自己的煩惱。
4	**把煩惱言語化** 掌握現狀、原因、診斷等曖昧不明的部分。
5	**找到解決方法** 藉由釐清煩惱，找到自己的應對方法。
6	**獲得專業建議** 可獲得專家提供的解決方法。

大部分的人都以為諮商是「接受專家的建議，獲得解決問題的協助」。事實上，這只是諮商的好處之一，除此之外諮商本身也有「宣洩的效果」。就算只是短短三十分鐘的諮商，也能減輕不少心裡的不安和壓力。

先利用上一節解決問題的四個步驟，靠自己面對煩惱和不安。倘若問題不見改善，不妨就尋求諮商吧。

ToDo 1 找個「可以傾訴的人」

很多人之所以不說出煩惱，都是因為「沒有人可以傾訴」。雖然這麼說，但還是有配偶或親近的朋友。所以真正的原因不是「沒辦法找人說」，而是

「難以啟齒」、「害怕丟臉」等心理障礙在作祟。這世上一定有人是為你操心、在意你，這些人都會願意成為你傾訴的對象。

所以，至少先給自己找個能夠傾訴的對象吧。**以朋友來說，「知己」一個就夠了**。在真正有困難的時候，如果沒有人可以訴說，就算有十個朋友也沒有意義。

另外，跟夫妻或另一半之間，平時就要建立可以針對一些小問題互相敞開心房傾訴、討論的關係，這一點也非常重要。如果連生活上的小問題都沒有辦法尋求商量，一旦遇到重大問題，當然更不可能開口求助。

ToDo 2 做決定之前先找人討論商量

近年來有愈來愈多人在決定辭職後，都不會事先找主管討論，而是直接遞出辭呈。根據某項「離職」相關的調查顯示，在表明想辭職的念頭之後，有高達 53.7% 的人會受到慰留。可見如果事前可以先找主管聊聊，公司說不定也能採取某些行動，例如做出讓步或改善待遇等。

事先毫無告知便突然做出決定，這種作法非常可惜。雖說有些主管不值得信賴，但是主管的工作就是傾聽下屬的聲音並提供建議。有時候主管和公司也是「聽下屬提起之後才意識到問題」。所以，就算是難以開口的對象，**鼓起勇氣「主動尋求意見」，或許會帶來不同的結果**。

> 鼓起勇氣找人訴說自己的煩惱吧。
>
> —— 大野裕（精神科醫師，日本認知行為療法第一人）

ToDo 3 善用「諮詢管道」

「我沒有家人，也沒有朋友，找不到任何人可以訴說……」

就算這樣也沒關係，日本所有都道府縣和市町村的地方政府都設有「煩

惱諮詢」的窗口，免費提供「健康諮詢」、「法律諮詢」、「財務諮詢」、「照護諮詢」等各種諮詢管道。

多數人都不曉得這一點，真正利用的人也非常少。這些諮詢窗口在地方政府的網站和宣傳雜誌上都能找到相關資訊，萬一真的找不到，也可以直接打電話詢問。

舉例來說，關於「出現○○症狀該不該就醫？」之類的煩惱，就可以利用健康諮詢窗口找到答案。

我的病患中曾經有人原本因為債務差點走上絕路，後來**透過地方政府的「財務諮詢」窗口，接受了一次諮商之後，問題馬上徹底解決**。很多問題在聽完專家的說明之後，都能讓人感到放心和瞭解。

有些窗口甚至接受匿名電話的諮詢。「實在不想透露名字和長相」的人，也可以先打電話尋求協助。

如果自己解決不了，不妨就借助他人之力。很多人都願意提供幫助，這一點千萬別忘了。

迷路的時候，除非自己開口，否則沒有人會幫你。但是，只要開口表示「我迷路了」，大家都會盡全力幫你。**人都喜歡被需要**。運用自己的知識和經驗幫助別人，可以滿足自己被需要的慾望。

所以，別再說什麼「找不到人可以傾訴」了，你要做的應該是拋開自尊，勇敢尋求諮商。踏出這一步之後，一定可以找到解決的出口。

如果只是一直停留在原地，說不定會給人帶來更大的困擾。想要生活沒有壓力，就放下顧慮找人聊聊吧。

調整生活步調，好好過日子

關鍵字　▶　優質睡眠、有氧運動、健康的日式飲食

　　前面介紹了如何面對不安和煩惱，提供了守護心靈的方法。接下來要做的是調整身心，找到預防疾病的生活方式，維護身心健康。

FACT 1　在憂鬱症找上門之前

　　日本現今的憂鬱症人口已經突破百萬。意思就是因為憂鬱症就醫的有上百萬人之多。然而，根據推估，「輕度憂鬱」、「有憂鬱前兆」、「隱性憂鬱」等被認為是憂鬱症潛在患者的人數，恐怕是這個數字的好幾倍。

　　預防憂鬱最有效的方法，簡單來說就是**「保持生活規律」**。睡眠不足、缺乏運動、飲食生活紊亂等，都是偏離「規律生活」的行為。

　　生活不規律會引發自律神經失調。人在白天的時候，「交感神經」處於活躍的狀態，所以可以充滿活力地從事各項活動。到了晚上「副交感神經」較活躍，使人放鬆，得以熟睡。這套自律神經的切換功能一旦失常，身體就會出現各種狀況。因此，首先就讓我們來好好學習每天固定時間就寢、固定時間起床等「規律生活」的基本方法吧。

ToDo 1　養成規律的習慣

　　預防生病的方法很多，其中最有效的就是從「睡眠」、「運動」、「飲食」三方面著手。

（1）　睡眠

　　至今我還不曾遇過有「每天熟睡 7 個小時，卻還是罹患憂鬱症」的患者。憂鬱症患者幾乎都有睡眠障礙，包括「無法熟睡」、「很難入睡」等。而且很

多人在憂鬱症發病之前，就已經存在這些症狀了。甚至有研究數據顯示，「有睡眠障礙的人，5 個人中就有 1 人是憂鬱症。」

曾經有一項研究針對失眠長達一年以上的人，以及睡眠品質良好的人，分別進行為期一年的追蹤。結果發現，兩者憂鬱症的發病率相差了將近 40 倍。由此可見憂鬱症與睡眠障礙有相當密切的關係。

有時候就算壓力太大，只要好好睡一覺，壓力就能獲得減輕或消除。相反地，睡不好壓力不僅無法消除，甚至會愈積愈多，身體愈來愈疲累。

工作忙碌很容易會讓人忽略睡眠，可是愈是忙碌，就更應該好好補充睡眠，每天最少一定要睡滿 6 個小時才行（關於「睡眠」，詳細請見第 4 章「健康 1：擺脫睡眠不足」）。

（2） 運動

「我每個星期上兩次健身房運動，卻還是罹患憂鬱症。」

我還沒見過有這樣的患者。運動療法是相當受重視的一種憂鬱症治療，據說只要每週進行 150 分鐘以上的有氧運動，就能達到與藥物治療相同、甚至更好的效果。假使在罹患憂鬱症之前就養成運動習慣，當然也能預防疾病找上門。

根據澳洲的一項研究顯示，完全沒有運動習慣的人，憂鬱症的發病率比每週運動 1 ～ 2 小時的人高出 44%。也有研究報告指出，完全不運動的人，一年後憂鬱症的發病率是有運動習慣的人的 1.8 倍。

此外，根據美國哈佛大學的研究，身體活動量大，或是從事運動的人，罹患憂鬱症的機率明顯比一般人低了 20 ～ 30%。

以具體的運動項目來說，慢跑、游泳等有氧運動，或是一般的散步、瑜珈等輕度運動，都有轉換或提振心情的效果。大家都知道有氧運動有預防及治療憂鬱症的功效，除此之外，近年來也有研究報告發現，「重量訓練」同樣有助於改善憂鬱症。

運動的好處非常多，包括「促進血清素分泌」、「改善睡眠品質」、「減少壓力荷爾蒙的分泌」、「分泌可促進大腦神經元生成的腦源性神經營養因子（BDNF）」等。

雖然運動有這麼多好處，但是一般人平日忙於工作，難免會找不到時間運動。既然如此，不妨利用假日抽空一個小時運動，先透過這種方式，養成運動的習慣（關於「運動」，詳細請參見第 4 章「健康 3：缺乏運動的解決方法」）。

（3） 飲食

　　最近有愈來愈多研究證實飲食可預防及改善憂鬱症，使得憂鬱症和飲食的關係逐漸受到關注。

　　坊間流傳有許多各種不同的健康方法，包括「不吃早餐比較有益健康」、「一天攝取 1 ～ 2 餐才是健康的飲食習慣」等。可是從預防精神疾病的觀點來看，每天均衡攝取三餐非常重要。

　　根據日本國立精神神經醫療研究中心的研究指出，憂鬱症人口中「幾乎每天吃早餐的人」只有「幾乎不吃早餐的人」的 0.65 倍。相反地，「幾乎每天都會吃點心或宵夜的人」，比「不常吃點心、宵夜的人」多出了 1.43 倍。

　　除此之外，咀嚼也很重要。**10 ～ 15 分鐘的咀嚼動作，可促進血清素的分泌**。換言之，只要好好吃早餐，一早就能達到提升血清素分泌的效果。由於血清素過低是造成憂鬱症的原因之一，所以藉由咀嚼促進血清素分泌有其健康意義。

　　早餐也不是吃什麼都好，以結論來說，**速食之類的食物並非好的選擇，典型的日本飲食——「健康的日式料理」才是有益健康的早餐。**

　　有一項研究針對 500 名日本成人男女，調查「健康的日式料理」和以肉類、魚類為主的「動物性食物」，以及麵包等「西式早餐」三種不同的飲食型態，與抑制憂鬱症狀之間的關聯性。結果發現，只有「健康的日式料理」可抑制 56% 的憂鬱症狀，其他「動物性食物」和「西式早餐」則完全不見效果。

　　舉例來說，和憂鬱有關的營養素包括「色胺酸」、「維生素 B1」和「葉酸」等。含有這些營養素的食材不勝枚舉，包括日式早餐常見的鹽烤秋刀魚、生蛋（或是納豆）拌飯、豆腐海帶芽味噌湯等。經常吃這種傳統的「健康的日式料理」，有助於均衡攝取各種營養素。如果早上實在抽不出時間準備，吃一根香蕉（富含色胺酸）也是不錯的選擇。

表 ► 「健康日式料理」的特色

1	包含主食、主菜、配菜和湯品，為營養均衡的三菜一湯
2	包含「まごわやさしい」等七大類食材 （豆類、芝麻、海帶芽等海藻類、蔬菜、魚類、香菇等菇類、根莖類）
3	比起肉類，大多以鯖魚、鰯魚、秋刀魚等青背魚為主
4	常見味噌、醬油、納豆、酒粕等發酵食品
5	鹽分較多（要注意醬油和醃漬食品勿攝取過量）

　　此外也有許多研究證實綠茶和咖啡等有益心理健康。這種效果據推測並不是因為咖啡因，而是所含的「抗氧化物質」。但由於這類飲品喝太多會造成咖啡因攝取過量而導致出現睡眠障礙，建議一天最多 1 ～ 2 杯為限（關於「飲食」，詳細請參見第 4 章「健康 5：真正有益健康的食物」）。

表 ► 總結規律生活的重點

1	睡眠 每天睡滿7個小時以上（最少也要死守6個小時的底限）	
2	運動 每天進行20分鐘（一週150分鐘）以上的中強度運動	把這些當成生活的基本原則吧。 
3	飲食 每天均衡攝取三餐（早餐以「健康的日式料理」為主） 且細嚼慢嚥 每天喝1～2杯綠茶或咖啡	

　　以上這些內容，或許各位會覺得都是理所當然，可是回過頭仔細檢視自己的生活，一定很多都沒有做到。最簡單的方法最有效，請大家務必好好自我檢視一番。

最棒的晨間習慣——晨間散步

關鍵字 ▶ 血清素

　　最後我想介紹的是「晨間散步」。近來在許多知名 YouTuber 的帶動下，晨間習慣逐漸成為話題。身為精神科醫師，我最推薦的最佳晨間習慣就是「晨間散步」。

　　方法很簡單，只要在早上起床後的一個小時內散步 15 ～ 30 分鐘即可。這麼一個簡單的習慣，就能促進血清素的分泌，重設生理時鐘，使自律神經順利從「副交感神經」切換成「交感神經」。想要追求沒有壓力的生活，這就是最有效的健康習慣。

FACT 1 晨間散步的科學根據

　　我從事精神科醫生的工作已經超過 25 年，期間一直在觀察精神疾病好得快跟好得慢的人有何特徵。我發現好得慢的人的特徵之一，就是「睡到中午才起床」。

　　我在臨床上看到許多案例，這些「睡到中午才起床」的患者，在開始嘗試「晨間散步」之後，症狀都能立即獲得大幅改善。非但如此，現在我也很推薦一般人養成「晨間散步」的習慣。很多長年受憂鬱症或恐慌症等精神疾病所苦的患者都跟我說，自從開始嘗試晨間散步之後，「症狀好轉很多」。

　　就連沒有精神疾病的人，「晨間散步」也能提升白天的工作效率，而且晚上睡得更香甜。

　　上一節提到「睡眠」、「運動」和「飲食」可預防疾病。事實上，**晨間散步就包含了所有的健康要素**，可以說是對心理健康最有效的方法。

　　關於晨間散步的健康功效，有以下三個科學根據。

（1） 促進血清素分泌

　　血清素的分泌可以透過「沐浴晨光」、「節奏性運動」、「咀嚼」來獲得提升。其中晨間散步就包含了「沐浴晨光」和「節奏性運動」（健走等節奏規律的運動）兩項，可以充分達到促進血清素分泌的效果。

　　血清素是一種和甦醒、心情、慾望有關的神經傳導物質。血液中血清素濃度如果太低，人就會感到憂鬱。相反地，**血清素分泌提升會讓人心情變好，變得更有慾望，也能專心工作。**

　　此外，人體從傍晚開始會以血清素為原料，生成與睡眠相關的物質「褪黑激素」。因此，血清素分泌得多，晚上也會睡得比較好。

　　一般人在工作忙碌的高壓生活中，分泌血清素的血清素神經系統的作用會變差。這種時候，如果可以藉由晨間散步確實提升血清素神經系統的作用，就能排解壓力，消除腦疲勞。

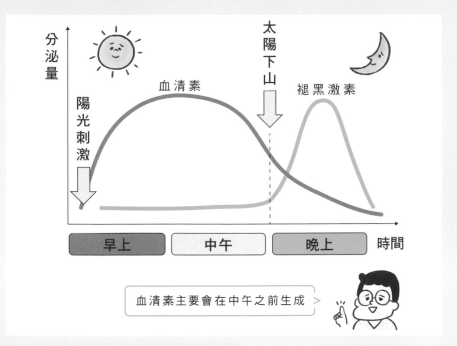

圖 ► **血清素的生成時間在中午之前**

（2） 重設生理時鐘

人體有所謂的生理時鐘，平均一個循環為 24 個小時又 10 分鐘。如果沒有重設生理時鐘，晚上睡覺的時間就會每天晚 10 分鐘，到最後變成日夜顛倒。

人的睡眠、甦醒、體溫、荷爾蒙、代謝、循環、細胞分裂等，全部都會受到生理時鐘的影響。生理時鐘一旦失調，身體就會像「少了指揮的管弦樂團」亂了步調，引發高血壓、糖尿病、睡眠障礙、憂鬱症等各種疾病。

重設生理時鐘只要在**太陽光底下（2500 lux 以上）曬個 5 分鐘便能見效**。這也是為什麼一早出門曬太陽有益健康的原因。

（3） 促進維生素 D 的生成

維生素 D 是一種可幫助鈣質吸收、強健骨骼的荷爾蒙。不過眾所皆知，人體很容易缺乏維生素 D。據說 8 成的日本人都有維生素 D 不足的傾向，更有 4 成的人體內缺乏維生素 D。

缺乏維生素 D 會引發骨質疏鬆症。骨質疏鬆症的患者只要一不小心跌倒，很容易就會造成骨折。骨折的癒合需要一段時間的休養，所以會導致肌肉快速流失。很多年長者就是因為這樣才變成「需要照護」或「臥床不起」。

維生素 D 雖然也能透過食物來補充，不過其實人體所需的維生素 D，有一半都可自行生成。原料就是「紫外線」。皮膚只要曬到太陽（紫外線），就會生成維生素 D。

換言之，**只要晨間散步 15～30 分鐘，人體就能生成一天所需的維生素 D**。不少女性可能會擔心紫外線的危害，但正因為如此，比起正中午的毒辣太陽，陽光相對較弱的早晨就是曬太陽最好的時間。

綜合以上內容，包括有精神疾病、晚上睡不好，甚至是想提升工作效率的人，晨間散步都非常適合。如果在生理或心理方面有小毛病的人，更務必要養成晨間散步的習慣。

ToDo 1 晨間散步的具體方法

晨間散步基本上就是「在起床後的一個小時內散步 15 ～ 30 分鐘」。而且最好在中午之前（盡可能在 10 點前）進行。雨天也同樣有效。要注意的是，盡可能別戴太陽眼鏡，防曬措施（預防紫外線）也別做得太徹底。

身體健康的人，大概散步 15 分鐘就能達到促進血清素分泌的效果。如果是「有精神疾病」或「神經衰弱」、「有睡眠障礙」的人，血清素神經系統的作用可能較差，時間最好拉長至 30 分鐘左右。

不過有一點要注意的是，時間一旦超過 30 分鐘，血清素神經系統就會開始出現疲勞，引起反效果。

另外，如果起床 3 個小時後才進行晨間散步，會導致生理時鐘往後延遲 3 個小時，結果反而適得其反。因此務必在起床後一個小時內進行。

身體健康的人，就算是待在室內，只要屋子裡照得到陽光，在某種程度上同樣可以重設生理時鐘。但是，身體狀況差或精神狀況不好的人，室內的陽光不足以重設生理時鐘，最好還是在起床後一個小時內外出曬太陽。

結束晨間散步後，記得要吃早餐。**吃早餐可以進一步修正「腦內生理時鐘」和「體內生理時鐘」之間的落差。**

如同上一節提到的，吃早餐時記得要細嚼慢嚥，因為「咀嚼」也是一種節奏性運動，可輕易達到活化血清素神經系統的作用。

凡是「節奏性運動」，都能促進血清素神經系統的作用，所以就算雨天無法外出散步，還是可以在室內以「做體操」代替。

ToDo 2 提升晨間散步的功效

既然是晨間「散步」，速度當然不必像跑步一樣快。散步時的重點在於「節奏」，記得用「一、二、一、二」的固定速度，有節奏地前進。體力好的人也可以採「快走」的方式輕快地進行。

散步的時間最好在中午之前（盡可能在 10 點前），因為如果中午過後才

散步，活化血清素分泌的效果會不如早上來得好。

當生理時鐘重設後經過 15～16 個小時，褪黑激素便會開始分泌，讓人產生「睡意」。**以這個時間推算，如果在早上 7 點重設生理時鐘，睡意會出現在晚上 10～11 點左右**。如果在早上 8 點重設，則是晚上 11～12 點才有睡意。以此類推，早上 11 點散步對重設生理時鐘來說，時間已經太晚了。

至於不要戴太陽眼鏡，原因是因為「視網膜」必須接收到某種程度的光線刺激，才有辦法達到活化血清素分泌的作用。

另外，防曬措施（包含擦防曬乳）則是會阻礙維生素 D 的生成，也要盡量避免。

FACT 2　一開始先降低難度，以養成習慣為目標

雖然說是晨間散步，但也不是要大家「早上 5 點就起床」。「有起床氣的人」、「身體狀態疲憊的人」、「有精神疾病的人」，如果勉強早起，很可能反而會影響健康。一開始只要在不勉強自己的時間起床，在時間內外出散步就行了。

晨間散步雖然最好是每天進行，不過**即便每週只做 1～2 次，也同樣有效**。就算是不定期，身體也會慢慢感覺到早起變得愈來愈容易。

散步時為了專心維持「節奏」，聽音樂是個不錯的辦法。聽著喜歡的音樂，起床後的心情應該也會比較好。

如果真的嫌外出散步太累，就先從在陽台或院子裡曬太陽做起吧。養成習慣之後再嘗試外出散步 5 分鐘、10 分鐘、15 分鐘……慢慢增加難度。只要有做就有效果。

以上就是釋放壓力的五大基本方法。這些都是無壓生活的基本原則，請務必謹記在心，且實際落實。

1 章

改變「自己」，
而不是
改變他人

人際關係

不拿自己跟他人做比較

「那個人工作能力比我好」、「又聰明」、「比我帥氣」、「而且有錢」……

根據某項調查，有 45.2% 的人「曾因為自己不如別人而感到沮喪」。半數左右的人都有這種經驗，表示「忍不住拿自己跟別人比較」的你，一點也不寂寞。

FACT 1 人類是一種會不由自主跟他人做比較的生物

人總是忍不住拿自己和他人做比較，讓自己陷入沮喪，或是怪自己「為什麼這麼沒用」。有時候甚至會因為嫉妒而產生攻擊他人的負面情緒，例如「看我怎麼害死你」、「看我怎麼整你！」等。

就算有這種可怕的念頭，其實也不必太難過，因為這是很正常的反應。

> 人類是一種會不由自主跟他人做比較的生物。
> —— 利昂・費斯汀格（Leon Festinger，美國心理學家）

提出「社會比較理論」的費斯汀格認為，人會拿自己和他人做比較的行為是一種本能，或者說是一種下意識的反應。換言之，由於多數人在內心裡都會習慣跟他人做比較，所以**「跟他人做比較而感到沮喪」的心情，不是只有你才有，每個人都是如此**。

既然這樣，就完全不需要因為跟他人做比較而責怪自己，或是感到沮喪難過。

FACT ②　拿自己跟他人做比較會變得不快樂

　　拿自己跟他人做比較，確實會讓人變得不快樂。在這個世界上，比自己優秀的人不計其數。就算只是在日本，在「工作」、「學業」、「運動」、「收入」、「外表」等方面比自己好、比自己優秀的人，還是多得不可勝數。如果都要一一比較，一輩子也比不完。

　　就算在某項運動項目中成為日本第一，但是比自己收入更高、長得更好看的人，一定大有人在。或者就算是日本第一，但是放眼世界，一定還有比自己更厲害的人存在。**跟他人做比較，唯一的結果就是一輩子永遠活在沮喪中。**

　　愈是拿自己跟他人做比較，只會讓自己變得更不快樂。跟比自己更好的人做比較，這種心理稱為「**向上比較**」（upward comparison）。向上比較雖然包含「自己也要更努力，才能變得跟對方一樣！」等正向、積極的一面，不過大多數人在下意識所做的都是消極的向上比較，也就是比較完之後只看見自己不足的地方。

比自己優秀的人

自己

正向、積極的向上比較

好厲害！

我也要向他學習！

總有一天一定要超越對方！

負面、消極的向上比較

我真沒用……

我肯定贏不過對方……

可惡！看我怎麼整你……

圖 ▶ 向上比較

ToDo ① 跟自己比，不要跟別人比

跟他人做比較會讓自己變得不快樂。那麼到底該怎麼做呢？

答案是，別跟他人或身邊的人比，而是跟「自己」做比較。也就是拿現在的自己，跟過去的自己相比。三個月前的自己，一年前的自己，三年前的自己，甚至是十年前的自己。就算現在的自己不怎麼樣，不過和三年前相比，一定多少都有進步、變得更好，不是嗎？

假設比起過去，現在的自己毫無進步，只要現在開始努力，三個月後一定能看到成果。到那個時候就能大聲說出「比起三個月前，我已經進步這麼多！」。

「雖然現在薪水只有 20 萬，不過已經比去年的 18 萬多了 2 萬！」

「雖然多益才考 400 分，不過已經比上一次多 30 分了！」

「今天又加班了。不過昨天加班到差點趕不上末班電車，今天才 10 點就結束，真是賺到了！」

像這樣**跟「狀態不好」的過去相比，就會知道現在的自己正處於「進步的狀態」**。

實際感受到自己的進步之後，自然會產生動力想要「更努力」。就算只是一點點，只要開始有「結果」，日子就會變得開心，也會更有「衝勁」。

跟他人相比，只會凸顯出「自己不足的部分」。如果是跟過去的自己相比，則能看見「自己進步的部分」，從中發現自己的成長，並且隨著成長愈來愈有自信。

下一次當你又不禁想跟他人做比較時，不妨先想想「一年前的自己」。就用跟過去的自己相比來趕走跟他人做比較的念頭吧。

FACT ③ 跟比自己差的人做比較，會讓人停止成長

說到跟他人做比較，還有另一種情況是跟比自己差的人相比。

「我的薪水才 20 萬。不過同輩的 B 也才 15 萬，相較之下我應該算不錯了。」

「今天又加班了。不過相較起來，在血汗企業上班的 B 每天都加班到凌晨，我應該已經算幸福了。」

跟比自己差的人相比而感到安慰，這種心理在心理學上稱為**「向下比較」**（downward comparison）。向下比較會讓人多少感到放心，可是卻無法激起「我要更努力」的鬥志，充其量只會對當下的自己感到「薄弱的自我肯定」。

「反正還有很多人比我差，算了，就這樣吧。」一旦有這種念頭，人就**會停止行動**。沒有努力向前衝的動力，當然也就不會成長。如果一直向下比較，永遠只會看見比自己差的人，到最後可能會變成一個自視甚高的人。

一味地向下比較會讓人停止思考，連帶地也停止成長，離幸福愈來愈遠。各位務必隨時警惕，小心控制好「拿自己跟他人做比較」的念頭。

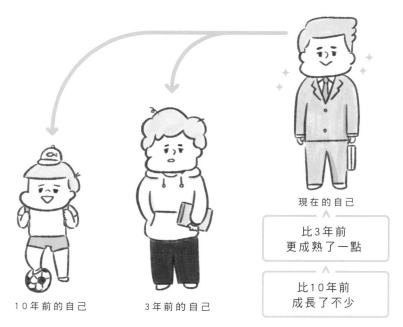

現在的自己

比3年前
更成熟了一點

比10年前
成長了不少

10年前的自己　　　3年前的自己

圖 ► **跟過去的自己相比**

ToDo ② 用觀察取代比較

就算知道要跟過去的自己相比，不是跟別人做比較，可是如果身邊有比自己「厲害」、「成功」的人，還是會忍不住在意對方。

舉例來說，假設你是個業務員。這個月的業績冠軍是同期進公司的 C，而你卻是業績慘跌，全部門最低。

這時候你心裡難免會覺得「同期進公司的 C 都已經是業績冠軍了，我卻是墊底的，我怎麼這麼沒用」。不過，有時間難過，倒不如好好觀察對方。

「為什麼他有辦法拿到那麼多合約？」

「他是怎麼對待潛在客戶的呢？都用了哪些業務話術？」

「他都是幾點上班？幾點下班？午休時間都在做什麼？」

既然身邊就有頂尖業務員，也就是「活生生的業務教科書」，包括對方的業務模式，甚至是時間運用的方法和生活態度等，當然都要仔細調查清楚，並且徹底學習。也就是說，**面對比自己優秀的人，只要「觀察」，不需要比較**。

千萬不要說什麼「拿到冠軍就了不起喔」，或是出言詆毀對方。相反地，應該和對方建立良好關係，從對方身上打聽出專業技巧。就算對方不輕易透露，至少可以請教對方平時都讀哪些書，或是推薦一些商管書。

ToDo ③ 抱著「尊敬」的心態，而不是「嫉妒」

人不會跟自己討厭的人學習。如果用嫉妒、厭惡等負面情緒看待對方，就算是觀察，也只會看見對方不好的一面。

面對比自己優秀的人，應該抱著「尊敬」的心態。尊敬會讓自己「也想變得跟對方一樣」，只看見對方「好的一面」、「成功的一面」、「比別人用心的地方」。這在心理學上稱為**「模仿」**（modeling）。換言之，只要用尊敬的心態看待對方，下意識就會看見對方的優點，並且默默地仿傚學習。

仔細觀察，徹底模仿、學習。這麼一來，自己的能力一定也會獲得提升。

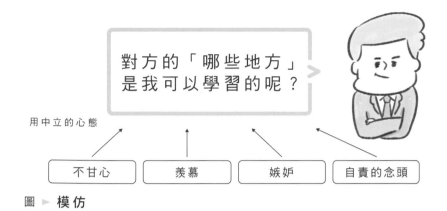

對方的「哪些地方」
是我可以學習的呢？

用中立的心態

| 不甘心 | 羨慕 | 嫉妒 | 自責的念頭 |

圖 ► **模仿**

「不甘心」、「羨慕」、「嫉妒」、「自責的念頭（自己真沒用）」等負面情緒對自己都毫無幫助，只是百害而無一利。要拿自己跟他人做比較，就應該拋開情緒，秉持「中立」的態度，觀察「對方做得到，自己卻辦不到的事」，用尊敬的心情好好學習模仿。

延伸學習

**《憑什麼他比我好？讓自卑和嫉妒，
成為爆發力的燃料》**（大嶋信賴著）

難易度
★

　　針對消除嫉妒的情緒有完整詳細解說的一本書。包括人為什麼會有嫉妒的心情？嫉妒的原因之一——「自卑感」的真面目和消除自卑的方法。另外也從腦科學和心理學的角度，對「嫉妒」做了淺顯易懂的說明，例如受到他人「嫉妒性攻擊」時該怎麼辦等。書中提供的應對方法都非常清楚且實用，包括「問自己這股嫉妒的情緒是不是『對方的』」、「請教十年後的自己」、「為對方的成功感到開心」等。

不受他人意見所左右

關鍵字 ▶ 自我覺察力、最佳答案、同儕壓力

「容易受到周遭意見的影響。」

「很難不在意別人說的話。」

「無法反駁父母、主管或立場堅定的人。」

「不得不接受態度強硬的人的意見。」

大部分的日本人都會在意他人的眼光。根據某項調查，有 30.7% 的人「容易受多數人的意見影響」，其中在 30 世代的女性當中，比例更是高達 41.0%。

儘管自己沒有什麼特別的意見和想法，卻仍然可以不受他人的意見影響而做出自我判斷和決定的人，只有少數。換句話說，「容易受到周遭意見的影響」的你，其實很正常。

FACT 1 順從他人的意見只會讓自己不開心

活在別人的意見中，等於過著別人的人生，只是在浪費自己時間和生命罷了。

別再受他人的意見左右、照著別人的意見生活了。**首先要知道，每個人「說的話」都不盡相同。**

爸爸說的話跟媽媽說的話是不一樣的。跟你太太（丈夫）說的也不一樣。跟朋友 A 和朋友 B 說的也不一樣。跟鄰居 C 和 D 說的也不一樣，電視和雜誌上更是各說各的。

每個人都會用自己的價值觀，自顧自地表達自己的意見和想法，並且強加於你。倘若要一直迎合這麼多雜亂的意見，**勢必就得處處當好人**。可是就現實來說，這是不可能的。照著某人的意見行動，一定會招來其他人「反對」的聲音。

假設身邊有十個親友，你不可能在十個人面前都當好人。如果聽從十個人的意見，這個人說「往左邊」，那個人說「往右邊」，另一個人又說「往前面」，到頭來你根本不知道自己該往哪邊，失去人生方向。

不想人生失去方向，你必須決定好目標，然後朝著目標直線前進。如果連方向都不確定、左右搖擺不定，不管再怎麼努力，永遠都不可能達成目標。

你的時間有限。
別浪費時間活在別人的人生中。
—— 史蒂夫・賈伯斯（Steve Jobs，蘋果公司創辦人）

FACT 2 別人什麼責任都不必承擔

你身邊的每個人，都會不負責任地跟你說「應該這麼做」、「應該那麼做」。然而，當你照著去做，最後卻失敗了，沒有人會為你負責。

就算你這輩子完全照著父母的意思去做，但是說不定二十年後，他們已經不在這個世上了。你甚至沒有機會跟他們抱怨「我都照你們說的去做，結果害我活得這麼痛苦！」。

或者，這世上最不負責任的就是朋友的建議。如果聽從朋友的建議，一股腦兒地去做，結果卻不如預期，這時候就算跟對方抱怨，恐怕也只會得到**「我有說過這種話嗎？」**的回應。

很多時候，你認真看待對方的意見，可是對方根本什麼都不記得。有些人甚至只是直覺地想到什麼就說什麼，大概就是些「不負責任」、「隨口說說」的意見。倘若你把這些「不負責任」的意見當真，一一放在心裡，可是真的會毀掉自己的人生。

別人的意見，頂多當「參考」聽聽就好。你的人生，終究還是應該由你自己做決定。假設十年後發現做錯了，如果當初是自己做的決定，頂多只是覺得「只好認了」。可是如果是照著別人說的去做，可就真的為時已晚、只剩「後悔」了。

往左邊
才對

往右邊
才對

到底該往哪邊！

圖 ► **容易受到他人意見影響的人**

雖然這麼說，可是人還是會「不由自主被別人的意見牽著鼻子走」。雖然知道不能這樣，可是就是控制不了自己。這其實是因為你對自己沒有信心，所以覺得與其照著自己的想法和意見去做，「先聽聽別人的意見，省得自己煩惱」，於是就這麼輕易地聽從他人。

ToDo ① **擁有自己堅定的意見**

「堅信自己的意見」非常重要，也就是「明確知道自己想怎麼做」。人之所以容易受到他人意見的影響，就是因為不知道自己想怎麼做。

只要明確知道自己想怎麼做，自然不會在意別人的意見，只會一心一意朝著自己的目標前進。

因此，你必須不時問自己想過什麼樣的人生？想做什麼？有什麼目標？以下幾個問題可以幫助各位瞭解你是否擁有自己的意見。

（1）你最重視的價值觀是什麼？

（2）你對自己有何願景？

　　（願景指的是你對自己將來理想人生的描繪。）

如果可以不假思索地說出這兩個問題的答案，代表你是個不會受到他人意見所左右、擁有自己人生方向的人（相關詳細內容請見終章）。

ToDo 2 透過書寫鍛鍊「自我覺察力」

就算知道「要堅信自己的意見」，不過我相信很多人應該還是「不知道自己想做什麼」、「沒有（不知道）自己的想法和意見」。如果想清楚知道自己的想法，練習方法就是靠「輸出」。

輸出指的是「說」、「寫」和「行動」。藉由說出口，讓思考和思緒不斷進化，再轉化成實際的行動。這麼一來就會清楚知道這個想法和判斷是好是壞。

鍛鍊自我覺察力最好的方法，就是「寫日記」。也就是把當天發生開心的事情，寫成文章記錄下來。

可以寫在自己的記事本或日記本上，如果可以上傳到社群網站，效果更好。**這是因為有人看、說不定還會被批評的緊張心情，會讓人更加認真地寫，因此提高了輸出的效果**。

即便只是針對新聞事件寫幾句自己的想法，然後「分享」或「轉推」，也是一種很好的練習，可以更清楚瞭解自己的意見。

每天持續把自己當下的想法、情緒、心情等，轉換成「文字」寫出來，長久下來，用「文字」和「語言」表達「自我想法」的能力也會跟著愈來愈好。

「我現在有什麼想法？」

「做什麼事會讓我開心？」

一旦知道自己的專長和長處，「自信」也會隨之而來，開始能夠以客觀的角度觀察自己。如此一來，自我覺察力便能獲得提升。

平常就要練習針對各種問題做思考，整理出自己的**「最佳答案」**。沒有思考習慣的人，連反駁的能力都沒有，當然只會被他人的意見牽著走。

透過書寫強化自我覺察力。只要凡事擁有「自己的意見」，隨時都能照著自己的想法去做，，就不會再被別人的意見牽著走了。

ToDo ③ 「事先寫下來」就不會受到影響

請各位想像以下的情境：你跟五個人正在開會，準備以投票的方式決定企劃案是否要執行。大家輪番發表自己的意見，已經連續有三個人都表示「反對」，接著輪到你發表意見。這時候就算你心裡「贊成」，可是你真的說得出口嗎？我想恐怕會屈服於同儕壓力，只好表示「反對」吧。這也是為什麼一般在會議上如果要投票，大多會避免「口頭」表決的原因。

那麼到底該怎麼做呢？方法就是先發下紙張，請大家把自己的選擇寫在上面。等所有人都寫完之後，接著請每個人唸出自己寫下的選擇。這麼一來就不會有同儕壓力的問題，每個人都能照著自己寫下來的選擇表達意見。

只要事先把自己的想法或結論寫下來，就能夠避免受到「同儕壓力」的影響。當然也就不會被別人的意見牽著鼻子走。

舉例來說，假設要在會議上發表意見。這種時候，只要先把自己的發言重點寫在紙上，等到發言時再照著唸就行了。

經常有病患會跟我說：「我每次一坐在這裡面對醫生你，就會緊張到沒辦法好好說出自己想說的話。」這時候我都會告訴對方：**「既然這樣，下次你就先把想說的寫下來。」**當病患真的把想說的話寫成筆記帶過來時，我會要求對方「照著筆記唸出來」，對方也跟著照做。透過這種方法，不管是誰，每個人都能克服緊張和壓力，順利地說出想說的話。

「只要先寫下來，就不會受到周遭的影響。」真有這麼簡單嗎？如果各位還心存懷疑，不妨看一下電視上國會質詢的影片。

面對在野立委的猛烈質詢和奚落，接受質詢的官員總是可以完全不為所動、滔滔不絕地回答。這就是因為他們當場不過只是唸出事先準備好的回答而已。

把準備好的東西唸出來。這就是不受周遭影響最有效的方法。

延伸學習

《決斷力》 （羽生善治著）

　　擁有天才能力的專業高手和藝術家非常多，但是能客觀分析自己「大腦」和「身體」的聲音，並且轉換成語言表達出來的人，幾乎少之又少。日本知名將棋棋士羽生善治就是少數能夠辦到的其中一人。在將棋的世界中，每一手棋靠的都是「決斷」。究竟他是怎麼做出重要決斷的呢？實在讓人深感興趣。

　　我認為最有趣的是，他在書中也坦承，即便是像自己這樣的高手，也會犯下「沒有注意到『一手詰』」這種最基本的錯誤。只不過，重要的是做了錯誤決斷之後的應對。根據書中的說法，只要不受犯錯和失敗的影響，就有辦法突破困境。這本書可以讓人獲得許多「發現」。建議可搭配作者另一本《大局觀》一起閱讀。

克服「信不過別人」的方法

根據某項調查，有 38.7% 的人「擁有真正值得信賴的朋友」，其餘 6 成以上的人都「沒有值得信賴的朋友」。就連在職場上，也有將近 6 成的人覺得「主管一點也不可靠」。

換言之，有半數以上的人，不論是在工作上或私生活，都沒有值得信賴的朋友和上司。

FACT 1 一開始完全不信任很正常

精神病患最常說的一句話是：「我找不到可以信任的醫生」。不過很可惜的是，想遇到第一次見面就覺得對方值得信任的醫生，幾乎是天方夜譚。

這是因為，信任是一種「關係」。素昧平生、毫無關係的兩個人，第一次相遇的當下，彼此的關係度當然是「0」。

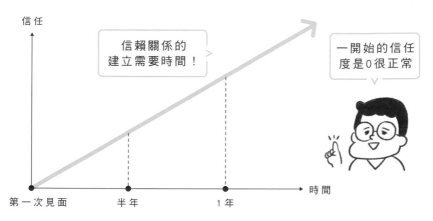

圖 ▶ 信任與時間的關係

接下來透過對話，彼此認識，信任度才會開始慢慢增加。經過第二次、第三次見面，更加熟悉對方之後，才會更信任對方。等到完全信任對方的那一刻，自然會打從心裡覺得「這個人值得我信賴」。

信賴關係就是這樣在時間的累積下一點一滴建立起來的。

不管對象是誰，一開始的信任度都是「0」。換言之，覺得「信不過別人」沒有什麼不對。

一開始信不過沒關係，慢慢累積信任，如果能在幾個月內就建立信賴關係，速度就算快了，可以算是相當成功的人際關係。

ToDo 1　信賴關係的磚瓦必須靠兩人同心協力堆疊

信賴關係的建立，就像雙方一起同心協力用磚瓦蓋出一棟房子。如果只有一方努力，再怎麼堆也堆不出房子。必須要是自己堆一塊，對方也堆一塊，彼此一起努力才行。

人際關係不好的人，很多都是自己不努力堆磚瓦，卻將信賴關係無法建立怪罪到「都是對方不好」。

尤其在「醫病」關係中，很多人都認為「信賴關係的建立當然是醫生的責任」。

職場、戀愛、夫妻關係也是一樣。當你指責「主管什麼事都不做」、「先生（太太）完全不幫忙」、「他（她）完全沒有想到我」的同時，你自己又主動堆疊了多少信任的磚瓦呢？

信賴關係的建立是一種共同作業。**人際關係不好，或是無法順利建立信賴關係，都不會是「對方要負全責」。**

你自己一定多少也有「原因」和「責任」。除非願意針對這些去改進，並且主動努力堆疊信任的磚瓦，否則信賴關係永遠無法建立。

FACT 2 建立心靈的連結需要三個月以上

心理學上把信任關係的建立稱為「**rapport-building**」。

「rapport」是法語，意思是「架橋」、「橋梁」。一旦建立信任關係，就會覺得彼此「心靈相通」、「能夠訴說自己內心的煩惱」，就像心靈透過「橋梁」彼此往來。

建立信任關係一般大概需要「三個月至數個月」。以心理諮商來說，從開始進行經過三個月左右，如果患者「願意傾訴內心深處的煩惱」，這個諮商就能算是相當成功。

面對新的職場環境，過了兩個月仍覺得不習慣，也是「很正常」的事。這不是你自己的問題，也不是主管或同事的問題，建立信任關係本來就需要更多時間。「三個月」只是個大概，千萬別著急，就慢慢地一步一步建立彼此的信任關係吧。

FACT 3 緊閉「心扉」會讓信任關係無法更加緊密

藉由跟對方分享自己的事情，也就是自我揭露（self-disclosure），可以讓對方慢慢打開心扉。

第一次見面的時候，彼此都是心扉緊閉的狀態。等到自己稍後打開心扉，分享自己的事情，對方也會做出同樣的自我揭露，稍微打開心扉。隨著第二次、第三次見面，彼此更進一步分享自己，對方也會慢慢打開心扉。這就叫做**「自我揭露的互惠原則」**。

開啟心扉的把手，只存在每個人自己的內心。

所以，不管對方再怎麼敞開心扉，假使你一直不願意打開心房，這扇內心的大門永遠不會開啟。什麼白馬王子突然出現、打開你緊閉的心扉這種事，只會出現在童話故事中。

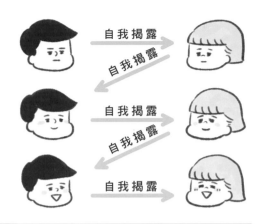

在不斷自我揭露下，彼此的心扉會漸漸打開，
信任關係變得更加緊密！

圖 ▶ **自我揭露的互惠原則**

「信不過對方」的戒心，就像給自己的心扉上鎖。這麼一來，當然永遠遇不到「值得信任的人」，覺得「這世上沒有值得信賴的人」。

ToDo 2　先自己打開心扉

想要建立信任關係，先從打開自己的心扉開始吧。除非自己先打開心房，否則所有「信任關係」和「人際關係」都不能有開始。

先試著鼓起勇氣，慢慢打開心扉。接著在自我揭露的互惠原則下，對方的心房也會漸漸開啟，一點一點慢慢堆出信任關係的磚瓦房。

這扇內心世界的大門，只有自己能打開。換言之，一開始打開心扉的人不是對方，而是「你自己」。請鼓起勇氣打開這扇門吧。

這小小的勇氣，將會開啟你所有的信任關係和人際關係。

ToDo 3 建立信任關係的五個階段

在建立信任關係時，如果可以先瞭解以下的五個階段，對於自己接下來該怎麼做就會相當明確。

信任　共度時間，為對方做事

共鳴　心靈相通，意氣相投，同步，傾聽

理解　對話，提問，說明，提供情報，交換情報，尋找共同點，同質

猜疑　打開心胸，閒聊，「Yes Set」語言，笑容（玩笑）

戒心　微笑，打招呼

圖 ▶ 建立信任關係的五個階段

階段 1　戒心

在美國在搭電梯時，大家都會彼此微笑打招呼。這是因為大家彼此都不認識，所以**至少必須表現出「我不是壞人」、「我不是可疑人物」，讓對方能夠放心**。而微笑跟打招呼就是降低對方戒心最有用的方法。

階段 2　猜疑

閒聊可以化解猜疑，例如「今天天氣真好」、「今天好熱啊」。因為面對這類話題，一般人通常不會做出否定的回答。像這樣**彼此交換「Yes」（肯定）的回答，會讓人感到安心**。

階段 3　理解

由自己先提問，或是為對方提供說明或情報，可以讓對方對你更加放心。這時候如果可以找到彼此的共同點，關係會立刻變得更親密。心理學上有個說法叫做**「同質性」**（homophily），意思是指人會跟和自己擁有相同屬性和價值觀的人來往。例如來自同一個縣市、同一所大學、興趣相同等，只要找到共

同點，彼此的關係就會一下子變得更親密。

階段 4　共鳴

　　共鳴指的是擁有共同的喜怒哀樂、和對方心意相通。也就是意氣相投、同步的狀態。想跟對方擁有「共鳴」，在心理學上會使用傾聽的技巧，包括**「眼神接觸」**、**「應聲附和」**、**「複述」**等。另外，坦承自己的內心，像是「自己的秘密」、「自己的弱點」、「自己的缺點」等自我揭露，也都很有用。

階段 5　信任

　　隨著接觸的次數愈來愈多，彼此的關係會變得更加親密。這種心理法則就稱為**「單純曝光效應」**（mere exposure effect）。如果是在工作上，可以跟對方約好下次的見面時間。如果是聯誼活動，可以跟對方交換 LINE，增加接觸的機會。另外，不求回報的他者貢獻、為對方做事等，對加深彼此的信任關係也非常有效。

　　掌握自己和對方現在正處於這「五大階段」中的哪個階段非常重要。就照著這五大階段，好好地一步步和對方建立信任關係吧。

延伸學習

難易度
★★

《傾聽，不可思議的力量：學會諮商師的聽話術，你和別人都受益》（東山紘久著）

　　關係「傾聽術」，市面上的相關書籍數不勝數。2000 年出版（繁體中文版 2013 年出版）的這本書，可以算是「傾聽術」的第一本。專門聽人說話的「心理諮商師」，究竟都是如何傾聽患者的呢？大家在這本書當中可以學到所有關於傾聽最基本的技巧，包括「善於傾聽的人懂得保持沉默」、「不聊自己的事」、「附和的技巧」、「表現共鳴的方法」等。而且書中還提供了相當豐富的實際範例，幫助大家更容易想像實際對話的情況，是一本相當值得推薦的「傾聽術」入門書。

分辨「值得信任」跟「不值得信任」的人

關鍵字 ► For You、相似性、給予者

上一節介紹了獲得信任的方法。接下來,這一節要介紹的是如何分辨值得信任的人。

很多人都有信任方面的困擾,例如「我以為他值得信賴,沒想到他卻背叛我」、「我沒有看人的眼光」、「我很容易被騙」等。

遭受背叛會讓人深感痛心,大受打擊。如果可以一開始就知道對方是否值得信任,不僅可以省下往來的時間,也能事先避免遭背叛和失望的心情。

FACT 1 值得信任和不值得信任的人的差異

身為精神科醫師,我治療過上千名病患。如今我又是個商管書的作者,也見過許多生意人和上班族。這些加起來也有上萬人,從這些經驗當中,我發現值得信任和不值得信任的人,分別有下列表格中幾項特徵。

「值得信任」指的是**跟對方往來很開心,能給自己帶來正面影響,並且獲得學習和成長,可以把對方當成工作上的夥伴信任,一起做生意。**

相反地,「不值得信任」指的是跟對方往來會讓你覺得討厭、不耐煩,或者是傷心難過,給自己帶來負面影響,無法獲得學習和成長。

ToDo 1 觀察對方是「For Me」還是「For You」的人

右頁表格中最值得注意的是「For Me」和「For You」的差異。

「For Me」指的是「我~我~」的人。「For You」則是會替對方、替他人著想和付出,有能力貢獻付出的人。

表 ► 不值得信任的人的共通點

不值得信任的人	值得信任的人
明顯自我中心	會想到別人，關心別人
For Me意識強烈	For You意識強烈
只想到從別人身上獲得好處	懂得付出
伸手牌、索取者（Taker）	給予者
只會說好聽話，說話出爾反爾	有遠見，說話有條有理
會激起他人恐懼、不安的心情（就像意圖騙人的人）	會努力建立信任
逢人就提投資賺錢（拉保險或找人做生意）	處事中立（不會先入為主）
不守時	守時，遵守期限和簡單的約定
說謊	老實正直
藉口很多	比起找藉口，總是會先承認自己的錯誤
事後不負責任，沒有責任感	對自己的言行負責，目標明確

他會替人著想嗎？還是只關心「自己的利益」？會不會想到為「對方或社會」付出？不妨可以針對這幾點好好仔細觀察對方。

「For Me」的人，聊天總是淨說自己的事，「我是個～的人」、「我的工作是～」、「我想～」等。只在意自己，對對方的事完全不感興趣，當然也不會顧慮到對方。

總是把「我～我～」掛在嘴邊的人，到頭來只會考慮到自己，以自己的利益為優先。**和「For Me」意識強烈的人往來，結果只會被對方牽著鼻子走，要不就是惹上麻煩，要不就是吃盡各種苦頭。**

相反地，「For You」的人會關心對方，比起自己，對對方更感興趣。而且內心相對也顯得比較從容。

當然，不論是誰都有想做的事，有「自己」的慾望。可是，「For You」的人懂得跟人保持距離，是個能夠控制自己的人。

「For Me」和「For You」充其量只是一種傾向，並不是非此即彼、可以清楚劃分的準則。每個人理所當然都會「想到自己」，也會「想到別人」，重要的是兩者之間的平衡拿捏。

至於對方究竟傾向哪一方，可以透過觀察來幫助分辨。

For Me
以自身利益為優先
只顧慮到自己
喜歡操控他人
不相信別人
自戀
自私
索取者（Taker）

想想看自己
是比較偏向
哪一類型的人吧。

For You
會考量到他人利益
為對方和他人著想
喜歡取悅他人
相信他人
貼心
無私心
給予者（Giver）

圖 ▶ 「For Me」與「For You」

ToDo 2　讓自己成為「Giver」

在自我啟發書中經常可以看到幾個用詞，包括「Giver」，亦即「給予者」。另外還有「Taker」，指「索取者」、「奪取者」的意思。

「For You」意識強烈的人，通常都是「給予者」。相對地，「For Me」傾向的人大多是「索取者」。

跟給予者傾向強烈的人來往，自己會獲益良多。只不過，有時候就算主動靠近這類型的人，對方可能也「完全不會理會」。

在心理學上有個說法稱為**「相似法則」**（Law of Similarity），意指人會喜歡跟自己性格相近的人在一起。也就是說，「給予者」會喜歡「給予者」，彼此互相幫忙，相互付出，一同成長。不但能給個人帶來快速成長，在工作上也會有飛躍性的成長。

這類型的人，一眼就能分辨出對方是不是「索取者」，而且絕對不會跟這樣的人往來。假設「給予者」對你不理不睬，那是因為他看出你是個「For Me」傾向強烈、「索取者」性格的人。

另一方面，「索取者」也會吸引「索取者」來靠近。一心只想自己賺錢的人，很容易被「賺錢詐騙」所騙，或是公司的錢被員工捲款潛逃等，類似的例子層出不窮。

索取者的身邊大多是「只想到自己」的人，因此很容易相互欺騙，或是爭奪錢財。假設你有受騙或金錢糾紛的經驗，很可能你就是個「索取者」傾向的人。

除非跟重視「自己」一樣重視「他人」，否則恐怕還會再遭遇更多麻煩。

想跟值得信任的人往來，方法很簡單，就是先讓自己成為「值得信任的人」。**先從讓自己成為「給予者」、為人付出開始做起。**慢慢地就能吸引到「給予者」和「值得信任的人」主動靠近。

ToDo 3 克服「抗拒為人付出」的心理

大家可能會覺得「當個給予者很難」。

心理學家阿德勒說過，信任他人、為人付出，必須不求「回報」。相信很多人讀阿德勒的書都會有種感覺，雖然明白這些道理，可是實際上要做到「不求回報地持續為人付出」很困難，而且心理上也會有所抗拒。正因為這股心理抗拒，讓很多人無法成為給予者。

> 就算沒有任何回報，就算沒有人認同，
> 你都要從自己開始做起。
> —— 阿爾弗雷德・阿德勒（Alfred Adler，奧地利心理學家）

美國賓州大學華頓商學院的亞當・葛蘭特（Adam Grant）教授也認為，人的性格可分為以下三大類。

- Giver（給予者）
- Taker（索取者）
- Matcher（互利者）

根據他的結論，這三者當中最後能獲得最大成功的人，是給予者。但是「並非每個給予者都能成功」。

給予者分為「成功的給予者」和「犧牲自我的給予者」。「犧牲自我的給予者」指犧牲自己的時間和精力，最後卻付出代價的人。也就是為付出犧牲自我，無法再繼續給予。

舉例來說，就像「因為聽朋友訴苦，結果上課缺席，沒辦法念書」。或者像是從事義工活動也是，如果影響到自己的收入和精神狀態，同樣無法持久。

如果說索取者是「自私」，失敗的給予者是「犧牲自我」，那麼成功的給予者可以說就是「他人導向」。

他人導向指的是雖然付出多於獲得，但是絕不會忘記自身利益，而是會以此為原則來決定「何時、何地、用什麼方法為誰付出」。

雖然知道「當個給予者」、「不求回報地為人付出」，但是對一般人而言，不可能做到像阿德勒那樣完全「犧牲自我」。

「替人著想」的同時，也不能忘記顧慮到自己的「健康」和「精神狀態」。

另外，自己「開心」、「高興」等最直接的感受，並不等於「回報」。因為這不是「從對方身上獲得」的東西，而是發自自己內心的感受。

舉例來說，假如請晚輩吃飯會讓你覺得「開心」，所以決定「改天再請他吃飯」。這就不是「自私」的行為，大可盡量去做。

「追求他人導向」和「追求自身利益」是可以同時兼顧的。

因為發自內心的「開心」、「高興」、「有趣」等正面感受，也是一種「自身利益」。

不必勉強自己「為人付出」，只要用開心的心情去感受其中的快樂就好。
用這種角度去思考，是不是就覺得自己也能成為「給予者」了呢？

延伸學習

難易度
★★

《給予：華頓商學院最啟發人心的一堂課》（亞當・葛蘭特Adam Grant著）

　　本書由組織心理學的新銳學者亞當・葛蘭特為大家傳授商場上的成功秘訣。他是全美最頂尖商學院──賓州大學華頓商學院史上最年輕的終身聘教授。

　　現今常聽到的「給予者」（Giver）和「索取者」（Taker）說法，恐怕都是因為受到這本書的影響。讀完這本書，你會知道如何當個「成功的給予者」。

跟討厭的人和平相處

假如身邊「討厭的人」全都消失，人際關係該會有多輕鬆呢！

根據某項調查，73% 的人都有討厭的人。不管是職場、學校、興趣社團、家長會、里民大會，只要是參加人多的場合，當中一定會有「喜歡的人」和「討厭的人」。不可能全部的人都「喜歡」，也不太可能全部的人都「討厭」。

FACT 1 人為什麼會有「好惡」？

各位是不是也會這樣呢？跟人第一次見面時，當下就知道自己喜不喜歡對方。例如「我喜歡這個人」、「我討厭這個人」、「這個人有點難搞」。

人之所以會在下意識做出這種「好惡」的判斷，全是因為大腦的關係。

人的大腦中有個部位叫做杏仁核，**會偵測危險並發出警告**。當事情發生的時候，杏仁核會很快地判斷事情是對是錯、是安全還是危險。如果判斷危險，立刻會在大腦中發出警告。

舉例來說，當動物遇到敵人時，杏仁核會馬上發出警告，好讓身體做好應對的準備。也就是說，杏仁核就是負責傳送警訊到大腦和身體，使身體做好準備，保護自己的司令部。

杏仁核對許多東西會在瞬間做出危險的判斷，例如走在樹林裡，突然發現腳邊有蛇。這種時候，在尖叫「啊！有蛇！」之前，身體應該早就跳開了。這是因為杏仁核發出「蛇＝危險」的警告，促使身體迅速做出行動。

據說杏仁核會在 0.02 秒內快速判斷「安全或危險」。不是「慢慢思考」，而是瞬間反應，幾乎是反射性地立即判斷「安全或危險」、「喜歡或討厭」。

因此，在見到對方的第一時間，杏仁核就已經針對眼前的人是喜歡還是討厭，瞬間做出判斷了。

也就是說，大腦當下就擅自給對方貼上「喜歡」或「討厭」的標籤。

大腦會根據過去的經驗，辨識出不喜歡的人的外貌、表情等各種特徵，做出「討厭」的判斷。

一旦判斷對方是「討厭的人」，接下來就會用討厭的偏見心態看待對方，所以會更進一步尋找對方的缺點，變得更討厭對方。等到發現許多討厭的地方，就會變成「真的很討厭」。

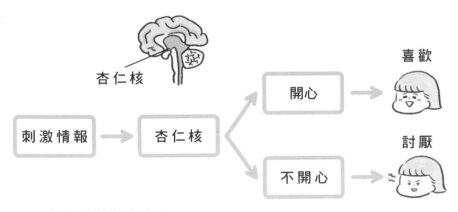

圖 ► 杏仁核的運作方式

FACT **2** 你的「討厭」會被對方看穿

人類的溝通又分為「語言溝通」和「非語言溝通」。根據一項心理測驗顯示，當語言溝通和非語言溝通所傳遞出來的訊息互相矛盾時，對方通常會先接受非語言溝通的訊息。

也就是說，當你向討厭的主管阿諛奉承地說「謝謝您平時的指導」時，你所表現出來的樣子和態度，已經將你心中的「厭惡」完全表露無遺。

人一旦受到好意對待，就會回以好意，如同在第 1 章「人際關係 3：克服『信不過別人』的方法」中曾介紹過的「自我揭露的互惠原則」。但是，這個道理反之亦然。當人感受到對方的敵意，通常也會還以敵意。

當自己表現出「討厭」的態度，對方也會以「討厭」的態度回應。換句話說，你愈覺得主管「很討厭」，主管在下意識察覺到你的非語言訊息，也會對你更加冷淡或更嚴厲。

你愈是討厭主管，主管就對你愈嚴格，責難也更加嚴厲。這麼一來，不僅做起事來變得不開心，也會失去工作動力。於是你更討厭主管，主管也會更討厭你，兩人的關係一步步惡化，逐漸變得水火不容。

「討厭」帶來的連鎖效應，會使得人際關係走到最糟糕的地步。這就是人際關係不好的真正原因。

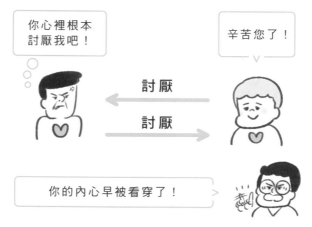

圖 ▶ 「討 厭」的 心 情 一 眼 就 被 看 穿

ToDo 1 加上「還好」的評價

只要降低心裡「討厭」的感覺，人際關係就會大幅改善。各位可以試試「練習消除厭惡感」。

68

表 ▶ 練習消除厭惡感

【步驟1】 列出身邊10個人的名字	【步驟2】 感覺 「喜歡」畫「○」 「討厭」畫「×」	【步驟3】 感覺 「喜歡」畫「○」 「還好」畫「△」 「討厭」畫「×」
1		
2		
3		
4		
5		
6		
7		
8		
9		
10		
合計		

　　經過數百人的實際練習後後發現，如果以「喜歡」跟「討厭」二選一的方式，平均每個人都有2～3個討厭的人。可是如果加上「還好」的選項，討厭的人會減少至0～1個人。

只不過是加入「還好」的選擇，「討厭」的人數便瞬間減少。

　　這個方法的用意是要告訴大家，或許有時候真的有些人「非常討厭」，會讓你連看都不想看他，也不想見面、不想講話。但是，除此之外的人大可歸類為「還好」就好。或者也可以說是**「中立」**。

　　「好惡」這種二選一的作法，是大腦「杏仁核」本能的條件反射。不過，**人類和其他生物不一樣，隨著「大腦皮質」的進化，已經能夠謹慎做出邏輯思考。**

　　最近的腦科學研究發現，言語情報（由大腦輸入）會抑制杏仁核的興奮，也就是可以透過「言語」來控制杏仁核。換言之，「仔細思考」可以修正「好惡」的標籤。

　　以後在判斷自己對一個人的感受時，不妨就用「喜歡」和「還好」來判

斷。用「想親近的人」跟「不想親近的人」二選一的方法來思考，身邊「討厭的人」會變得愈來愈少。

ToDo 2 　不說對方壞話，找出他的「優點」

有個方法可以跟自己真的很討厭的人相處，就是不說對方的「壞話」。在人聲鼎沸的居酒屋裡，到處都聽到誰在說誰的壞話。說人壞話也是一種輸出行為，不停地說只會不斷強化大腦記憶。

說人壞話雖然可以紓解壓力，但是也會帶來反效果。說壞話**會讓人想起原本已經忘記的無關緊要的小事，放大對方的缺點**，變得更討厭對方。厭惡的惡性循環只會導致人際關係陷入僵局。你現在的狀況，就是因為你自己說人壞話造成的，是自作自受。只要不說人壞話，人際關係就能獲得改善。

> 說人壞話時，就要有心理準備報應會回到自己身上。
> ── 普勞圖斯（Plautus，古羅馬劇作家）

不管是誰，一定都有優缺點，有比別人差的地方，也有優於他人的長處。

大家可以試著列出自己最討厭的人的 7 個「優點」。

也許會覺得對方「不可能有優點」，不過仔細觀察，一定可以發現。

我們總是對討厭的人「不屑一顧」，所以從來不曾好好觀察對方。事實上，**你所認為的「缺點」，也許正好就是對方的「優點」**。例如「任何小事情都要囉哩叭嗦的，很煩！」（缺點），其實就是「對小細節也很謹慎」（優點）。

對於討厭的人，只要列出對方的 7 個優點，原本「很討厭」的人，應該就能變得「好像沒那麼討厭」、「還好」了。

看到的是優點，就會覺得「喜歡」；看到的是缺點，就會覺得「討厭」。你看到的是對方的哪一面呢？

圖 ► 找出對方的優點

延伸學習

《嫌なヤツを消す心理術》（暫譯：讓討厭的傢伙全部消失的心理魔法，神岡真司著）

難易度 ★★

這本書介紹了許多透過心理層面消除「討厭」感的方法，甚至還有讓自己不被對方討厭的方法。書裡提供了相當豐富的說話範例，教你面對實際情況時該如何回應，例如「沒有脅迫感的命令、請託的說法」、「面對攻擊時不帶挑釁的防禦說法」、「尊重對方的拒絕、婉拒說法」等。很適合「面對討厭的人不知道該說什麼」的人。

「不被討厭」的方法

上一節介紹了「練習消除厭惡感」。相反地,不想被討厭的人應該也很多吧。

根據「是不是不想被任何人討厭?」的調查結果,有 42% 的人的答案是肯定的。尤其 20 世代的女性不想被討厭的傾向特別強烈,比例高達 54.6%。就讓我們來看看要怎麼做才不會被討厭吧。

FACT 1 善意的1:2:7法則

我第一次讀到下面這段文字時,內心十分震驚。

> 假設有十個人,其中一個人不論發生什麼事都會批評你,他不喜歡你,你也不喜歡他。有兩個人跟你非常合得來,可以成為好朋友。至於剩下的七個人,並不特別屬於哪一邊。
>
> ——(猶太教教義,摘自《被討厭的勇氣》)

我自己的經驗感覺也是如此,SNS 上不喜歡的評價比例如果是 1,喜歡的評價就是 2 倍以上,另外大約有 7 成的人則是單純瀏覽、沒有任何評價的「沉默的多數」。

「討厭 1:善意 2:中立 7」。我們就稱之為**善意的 1:2:7 法則**吧。其中「沉默的多數」雖然不會主動出聲,不過都是固定追蹤的人,所以很明顯地都帶有善意。換言之可以把「中立」看作是「小小善意派」。

這麼一來,**如果有 1 個人討厭你、批評你,就表示另外有 9 倍的人是會站在你這邊。**

討厭 1	中立 7	善意 2

> 喜歡你的人，是討厭你的人的2倍！

圖 ▶ 善意的1：2：7法則

「善意的1：2：7法則」也適用於各位身邊的情況。

假設公司有20個人，表示大概有2個人會討厭你，另外有4個人跟你會比較親近。

每個人的個性和想法不同，理所當然一定會有跟你合得來的人，也會有處不來的人。不可能「跟每個人都合得來」，也不可能「跟每個人都處不來」。

在這種情況下，不可能會有「大家都喜歡你」或是「跟所有人交情都很好」這種情況發生。

因為喜歡你的人是討厭你的人的2倍，另外還有7倍的人是完全不討厭你。

有些人會因為僅僅一個人的惡意中傷而放棄SNS的經營。但是，如果其餘9倍的人都很期待看到你的貼文，那麼放棄就實在太可惜了。

你要為了迎合那些「1成討厭你」的人，而犧牲其他所有人嗎？還是要為喜歡你的那2成的人而活呢？哪一個比較快樂，答案非常明顯。

瞭解「1：2：7法則」之後就會知道「有人站在我這邊！」，給自己帶來勇氣。

FACT **2** 對方的感覺是他自己的問題

為了「不讓自己被討厭」而付出的努力，99% 都是在白費力氣。

因為他人不是你輕易就能改變的。不管「喜歡」或「討厭」你，都是他自己的感覺，是他自己的決定，不是你所能控制的。

> 我們無法改變別人和過去。
> —— 艾瑞克・伯恩（Eric Berne，美國心理學家）

不過即便如此，藉由「自己改變」，促使對方的「好惡」多少有所改變，實際上也不是不可能的事。本章的後半段就是要介紹這種方法。這需要「時間」和「精力」，最好別以為一朝一夕就能達成。

因此，請務必明白，**他人的感覺不是你可以控制的，擔心自己是不是「被對方討厭」毫無意義。**

至於該怎麼做，答案就是「自我改變」和「自我成長」。透過改變自己的言行，別人對你的印象和感覺也會跟著改變。

我們雖然不能改變他人，但是我們可以改變人際關係。

首先第一步就是「自己先改變」。有時間擔心「我不想被討厭」，不如想想怎麼「改變自己」。就算是一分鐘，甚至一秒鐘也好，把更多時間拿來為此努力吧。

ToDo **1** 鎖定關鍵人物，投入全部的時間和精力

如果是被自己的直屬上司等很難主動改變關係的人討厭，事情可就嚴重了。簡單來說就是**「關鍵人物」**。相反地，如果自己下達的工作指示被直屬部下一一否定，將會導致工作無法進行，所以直屬部下也可以算是「關鍵人物」。

努力不被討厭不僅非常辛苦，而且通常都事倍功半。不如用這些時間，努力和自己的直屬上司或部下等關鍵人物往來，建立良好關係。既然時間有

限，就把大部分的時間和精力投入在跟「關鍵人物」的往來上吧。

舉例來說，同事 B 非常討厭你，不過只要你跟直屬上司的關係很好，對方也很肯定你的工作表現，那麼 B 要怎麼看待你，都只是小問題。

假設公司的重要人物有 3 個人，只要投入 7 成的時間和精力跟這 3 個人建立關係就行了。這就稱之為**「關鍵人物的七三法則」**。

至於其他人，只要維持一般交情就好。就算身邊 10 個人中或許會有 1 個人討厭你，但其實也不過是小問題罷了。

對於身邊「討厭的人」，只要用剩餘 3 成的七分之一，也就是大約 4% 的精力去應對即可。

時間和精力

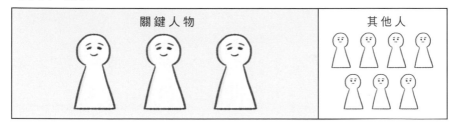

把 7 成的時間和精力，投入在 3 個關鍵人物身上！

圖 ► **關鍵人物的七三法則**

在同一個職場、同一部門裡，還有其他不同組別等在工作上沒有直接關係的人，以及雖然座位很近，但是在工作上沒有直接關聯的人、很少交談的人。

對於這些人，不需要一一討好。一個人的精力和時間有限，應該將這些投入在重要的人身上。

別再要求自己「不被大家討厭」了，可以跟關鍵人物建立良好關係就夠了。

只要做到這一點，人際關係會變得非常輕鬆。

對你而言，哪些人是關鍵人物？請寫下 3 個人的名字。把你的時間和精力，用來跟這 3 個人建立關係。其他人則只要維持一般關係即可。

ToDo 2 從「不被討厭」變成「受歡迎」

想要不被討厭很難。

「討好對方」

「避免引起對方反感」

「隱藏自己的意見，以免被對方否定」

這些都是**扼殺自己**的行為。

不表現自己、不讓自己太顯眼，這只是活在「虛假的自己」的世界裡。長期壓抑自我會導致壓力產生，最後斷送快樂的人生。

「努力讓自己不被討厭」的說法本身就非常負面，**裡頭包含了「不」和「被討厭」兩個負面的字眼。**

這就像給自己訂下目標要「努力克服不擅長的數學」，結果最後還是提不起勁去做。相反地，如果用正面的說法告訴自己「我要讓數學成為我的拿手科目！」，自然湧現「努力」的動力。

換言之，**只要把「努力讓自己不被討厭」的說法，變成「努力讓自己受歡迎」就行了**。「不被討厭」跟「受歡迎」意思雖然一樣，但是實際的行為卻大不相同。

為了「不被討厭」，必須「隱藏自己的缺點」、「不做討人厭的行為」，也就是必須「壓抑自己」。這會「非常痛苦」。

想要「受歡迎」，所以**「不斷展現自己的優點」、「做討人歡喜的事」，換言之就是「表現自我」**。這是「非常快樂」的一件事。

展現自己的優點給對方知道，給予對方支持和付出，隨時笑容以對。如果這麼做還是被討厭，也就沒有必要勉強自己跟這種人來往了。

延伸學習

《被討厭的勇氣：自我啟發之父「阿德勒」的教導》(岸見一郎、古賀史健著)

難易度
★★★

　　如果跟心理學家阿爾弗雷德 • 阿德勒說「我不想被討厭」，他會給予什麼樣的建議呢？這本書的結論告訴我們，不管別人要討厭你、要怎麼做，最重要的是「不求回報地相信對方，為對方付出」。

　　只要自己能透過不求回報的「信任」和「付出」獲得滿足，即使被對方討厭，也會覺得開心。正因為希望得到回報，所以才會戰戰兢兢、看對方臉色。這麼一來就是活在對方的人生中，不是你自己的人生。

　　對方討厭你是對方的問題，不是你的問題，所以就算擔心不安，也無濟於事。自己能夠控制的只有「不求回報地相信對方，為對方付出」。大家可以透過這本書學習到阿德勒心理學的基本概念──只要改變自己的想法和行動，就能「獲得幸福」。

真心話到底能不能說？

關於「討厭」和「不被討厭」的問題，前面內容已經做了不少說明。接下來是關於行為舉止的表現。真心話到底是說出口比較好，還是忍住不說比較好呢？就讓我們針對這一點來探討吧。

FACT 1 真心話只對親密的人說

真心話就是自己的「真正想法」。真正想法除非說出來，否則除了自己，誰也不會知道。因此「說真心話」，等於是「最深處的自我揭露」。

跟交情淺的人就算說真心話，被否定或拒絕也很正常。因為這麼做等於直接跳過前面提過的「建立信任關係的五個階段」。對交情淺的人來說，「不想聽你說什麼真心話」才是他的真心話。

如果「鼓起勇氣說出真心話，卻害得彼此關係變得很緊張」，或是「說了真心話，對方卻不接受，讓自己傷心」，表示你說真心話的對象和時機根本就不對。

在人際心理治療（Interpersonal Psychotherapy）中，有個說法叫做**「人際關係的三個同心圓」**。

最內側的圓是「重要他人」，指家人、戀人、親友等對自己而言無可取代的人。

中間的圓是朋友、親戚等，最外側的圓則是工作上的人際關係等。

很多人就連跟最外圈的人也會想努力建立親密的人際關係，讓自己耗費太多精力，造成精神上的疲憊，有時甚至還會導致憂鬱症發生。

最外圈的人際關係只要維持一般交情就行了，不需要跟對方說「真心話」或「真正想法」。說真心話反而會招致誤解，或是讓自己受傷，或是傷害到對方。

摘自《それでいい》（暫譯：這樣就好，細川貂貂、水島廣子著）

圖 ► 人際關係的三個同心圓

ToDo 1 真心話只跟「真正親密的人」說

假設同事 C（偶爾會聊天的交情）說「想跟你聊一下」，把你叫出去，然後花了兩個多小時的時間跟你聊自己照顧失智的母親有多辛苦。這時候你會怎麼想呢？

你會覺得「很高興他願意跟我聊這些」嗎？我想應該絕對不會這麼想吧，肯定是覺得「我跟你又沒有多熟，為什麼我得花兩個小時的時間聽你說這麼沉重的話題……」。

跟完全不熟的人聊真心話，也只會造成對方的「困擾」。應該要顧慮到對方被迫聽「根本不想聽的真心話」的心情。

對於不算是「親密程度」的對象，根本不應該說真心話。

聊天時最好參考「人際關係的三個同心圓」，選擇適合的話題來聊。真心話應該只對最內圈的「真正親密的人」和「重要他人」說才對。

FACT 2 每個人都戴著不同的面具（人格面具）

說到「不應該對每個人都說真心話」，一定會有人有不一樣的意見：「我討厭分什麼真心話和客套話。」

事實上，「不對每個人都說真心話」的意思，並不是要你「說謊」，也不是要你「活在虛偽中」。

> ## 你有一千張不同的面孔！
> —— 月影老師對北島麻亞說的話（《千面女郎》，美內鈴惠著）

在漫畫《千面女郎》當中，擁有戲劇天賦的北島麻亞被稱為是「千面女郎」。其實一般人也是如此，雖然不到「千」張面具那麼多，但是日常生活中至少都擁有「十」張不同的面具。

心理學上有個說法叫做「**persona**」，意思是「人格面具」。每個人都是戴著好幾張不同的面具在生活。

舉例來說，在「公司」可能得戴著「上班族」的面具，回到「家」才能拿掉面具，展現「真實的自己」。甚至在主管面前也會戴著「下屬」的面具，在下屬面前則是戴上「主管」的面具。就算是在家裡，跟孩子玩也會戴著「父母」的面具，在另一半面前則是戴著「丈夫或妻子」的面具。

事實上，在面對主管、下屬、家人的時候，「說話方式」和「表情、態度」一定會不一樣。不論是誰，每個人都有好幾張不同的「人格面具」。

假使在公司跟在家裡的心態都一樣，用同樣的行為舉止表現真實的自己，那麼恐怕「公司」和「家庭」都無法成立。

「懂得分辨說真心話和客套話的時機」這句話雖然感覺很負面，但是如果光從「看場合戴上不同的人格面具」這一點來說，就能減少許多人際關係的衝突和壓力。

ToDo **2** 看場合戴上不同的人格面具

如果不知道該不該說「真心話」，表示你是個「不會看場合戴上不同人格面具的人」。

假設被主管挖苦嘲諷，這時候就算忍不住想出言反駁，也要考慮到「自己現在是上班族的身分，應該怎麼做才恰當？」。必須謹慎判斷到底該不該說出真心話反駁。

順帶一提，**「personality」（個性）一詞的語源正是拉丁文「persona」**。換言之，個性不是「真實的自己」，只是「戴著面具的自己」。因為所謂的個性並非一成不變，而是可以臨機應變、自由變換的表現。如果從這一點來想，應該就能減輕不少壓力。

真正的自己

工作上　在家裡　在朋友面前

看場合戴上不同的人格面具並不是一件壞事

圖 ▶ 看場合戴上不同的人格面具

「人生只能說客套話，不能說真心話」會讓人感到壓力。不過，公司就是你的舞台，你只要專心演好一個頂尖的上班族就行了。也就是**「扮演理想中的自己」**。

如果想說「真心話」，有個小技巧是將「人格面具」錯開使用。舉例來說，把對主管的不滿直接對著當事人說出來，會給自己帶來麻煩。既然如此，就把這些戴著「工作」的人格面具時所產生的不滿，等到戴上「朋友」的人格面具時，再向親友抱怨就行了。

人格面具不單是面具，有時候也可以成為「盾牌」，保護自己免於壓力或他人的攻擊。

即便在工作上遭遇失敗，也只是「工作」的人格面具的失敗，不代表你整個人都被否定，大可不必過於沮喪。

ToDo 3 別把「真心話」和「情緒」混為一談

雖然說話要看場合，不過相信還是會有人「實在很想說出真心話」。所以接下來要教大家如何聰明地說出真心話。

首先，你想說的真心話，真的是你內心的聲音嗎？或者只是單純的「情緒反應」罷了？

真的把情緒反應說出口，事後絕對會後悔。如果是「發自內心的話」，照理說應該不會後悔。就算事後受到責難，也只要理直氣壯地表示「因為我真心這麼覺得」就行了。

例如「王八蛋」這句話就是「一時的情緒」，並非發自「真心」的說法。如果對對方說這句話，事後一定會後悔。

「一時的情緒」和「真正的想法和感受」（即「真心話」），必須分開來思考。如果是真心話，絕對不會輕易後悔。

真心話通常會包覆著一層情緒的外衣，讓人難以分辨究竟是「情緒」還是「真心話」。如果把「情緒」和「真心話」一起說出口，恐怕只會換來對方的「負面反應」。尤其是夫妻吵架，幾乎都是這種模式。說真心話時應該撇開「情緒」，冷靜地說出「內心真正的想法」就好。

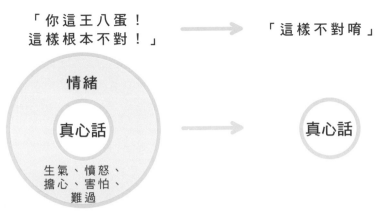

「你這王八蛋！
這樣根本不對！」　→　「這樣不對唷」

情緒

真心話　→　真心話

生氣、憤怒、
擔心、害怕、
難過

圖 ► 不把真心話和情緒混為一談

　　「人際關係經常出狀況」、「經常和人吵架」，表示你可能是個容易「情緒化」的人。這樣的人一定要留意自己「情緒性」的發言，才有辦法改善人際關係。

延伸學習

難易度

★

電影《摩登大聖》（The Mask）

　　想要更瞭解「人格面具」的人，推薦可以去找《摩登大聖》這部電影來看。主角史丹利（金凱瑞飾演）是個個性內向又膽小的銀行行員，在暗戀的女主角蒂娜面前總是畏畏縮縮，不敢表明自己的心意。有一天，史丹利意外獲得一個「木製面具」，只要一戴上面具，就會變成一個大膽積極、興奮激動、神氣活現的怪物。這雖然是一部描寫由面具引發一連串事件風波的喜劇電影，不過其中卻有著深刻的心理描寫。面具角色擁有和史丹利完全相反的個性，儼然就是他「理想中的自己」。後來史丹利即便沒有了面具，也終於能夠採取行動，開口向蒂娜告白，成功變身為另一個人（真正的自己？）。大家可以透過這部電影對「人格面具」有更深入的理解。

面對惡意相向的人的應對辦法

日文有個常見的說法叫做「マウンティング」（mounting），意指展現自我優越的行為。

「mounting」在英文當中原本是指動物為了表現自己的優越而將對方壓制在地的行為。後來用來形容在人際關係上展現「自己比較優秀」的行為。

根據某項「女性真心話」的調查，有高達 84.3% 的女性都曾經被人以自我炫耀的方式欺壓。簡單來說就是會「對人挖苦嘲諷」、「惡意相向」的人非常多。

FACT 1 「惡意相向」的都是可憐人

對人惡意相向、蓄意攻擊的人，心裡真正的動機到底是什麼？

拿某件事情來自吹自擂，或是瞧不起他人的人，其實都是「自卑感」強烈的人，只是想藉由貶低對方來肯定自己的優越、獲得優越感。

想獲得優越感，只要提升自我去達成某個目標就行了。然而，這些人卻懶得付出努力，只是裝出一副自己很厲害的樣子，沉浸在虛偽的優越感中。這種心理稱為「優越情結」（superiority complex）。

這就是「惡意相向的人」的真實面貌。因此，**下次當有人對你「惡意相向」或「炫耀自己」，你只要知道他不過是個自卑感強烈、有「優越情結」的可憐人就行了**。知道對方的真實面貌之後，就不會太緊張，可以冷靜應對了。

如果把對方的「優越情結」看得太認真而做出反應，等於加入對方低級的競爭，成為「可憐人」的一分子。所以最好的反應應該是「別信以為真」、「別理會對方」。

ToDo 1 無視對方

當有人對你惡意相向，最好的應對方法就是「無視對方」。也就是**「當作沒聽見」、「不理會」、「不做任何反應」、「不反駁也不生氣」**。

「找人麻煩」或「惡意相向」的人，都是以此為樂的愉快犯。對方愈是痛苦、沮喪、難過，他就愈開心，愈會故意找對方麻煩。

以我為例，如果有人藉由炫耀自己來欺壓我，我通常都會用一句「是喔」輕輕帶過。不否定也不肯定，就只回答「是喔」。**聽起來感覺「中立」，其實真正的意思是「否定」。**

聽我這麼回應，對方通常會感到無趣而放棄。會藉由炫耀來欺壓他人的人，都只是為了想得到「優越感」，如果無法得到優越感，自然會覺得無趣。

所以面對這種人，最重要的是不做任何言語上的反駁，也就是不以牙還牙。會藉由炫耀來欺壓他人的人，「自尊心」是他最重視的東西，一旦受到羞辱，事關尊嚴，他一定會做出激烈的反駁和反擊。所以最好的應對方法就是「當作沒聽見」或「聰明閃避」。

- 惡意
- 攻擊
- 誹謗、中傷
- 找麻煩

圖 ▶ 無視

網路上那些讓人討厭的留言也是一樣。有些人會在 SNS 留下明顯故意讓人討厭的發言。這種時候，**絕對不要做出任何回覆或反駁**。完全無視對方，不要理會就對了。

　　在網路上惹人厭的人，真正的意圖其實是想「討拍」。被反駁對他而言根本就是「如魚得水」，會讓他變得更加活躍。有人理會他，他就更開心。要是對方感到困擾、不知所措，更是讓他開心不已。

　　特別是內心脆弱的人，遇到這種情況，可以選擇刪除 SNS 的應用程式，或是不再登入。只要持續一週以上保持「無視」，敵人自然會自己消失。

ToDo ② 視場合使用不同的無視說法

　　說到「無視」，實際上真的要做到也許很難。例如面對主管和前輩，就不能以「是喔」來回應。這時候不妨用其他不同的「無視說法」。

　　在毒舌、無情派的「無視說法」當中，「那又怎樣？」是較為強烈的說法。這句話在網路上經常可見，只要冷淡地回應對方「那又怎樣？」，對方根本無從反駁，只能閉上嘴巴。

　　可是，如果施壓的是主管或前輩，這時候用「那又怎樣？」來回應，只會激怒對方，把事情變得更嚴重。這種時候應該用比較**「禮貌、尊敬式」**的說法。

　　例如帶著微笑回應對方「謝謝你的意見」。雖然臉上掛著笑容，心裡其實完全無視，當然也沒有必要採納對方的意見。

　　也可以說「（帶著微笑）那真是太好了」。展現出 95% 的禮貌，以及 5% 的「我不在乎」的非語言訊息。**如果不想理對方，就使用「毒舌、無情式」的說法；面對地位比自己高的人，就使用「禮貌、尊敬式」的說法。就用這種方式巧妙地無視對方吧。**

表 ► 最厲害的無視說法

毒舌、無情式

是喔，然後呢？
那又怎樣？
然後呢？還有什麼嗎？
我知道了。然後呢？
放心，沒問題的。
對啊，我也這麼認為。
謝謝你。
原來還有這種想法。
我知道了。我會再好好想想。
謝謝你的意見。
（帶著微笑）那真是太好了。

禮貌、尊敬式

ToDo 3 適當地讚美、吹捧對方

如果以上的無視說法你都說不出口，還有一個方法是「適當地讚美、吹捧對方」。會藉由炫耀來欺壓他人的人，對優越感的渴望比任何人都要來得強烈，只要優越感獲得滿足就會開心。簡單來說就是「單純的生物」。

一旦瞭解這種人的心理，就不會被捲入他帶來的「負面情緒陷阱」中。面對對方的負面攻擊，如果用「憤怒」、「挖苦」、「厭煩的表情」回應，很可能會引發激戰。

因此，自己一定要冷靜，用成熟的方式回應，例如**「你好厲害！」「真不愧是你！」**。聽到這樣的回應，**對方會自顧自地沉浸在欣喜當中**，說不定還會對你產生好感。不僅如此，這樣的回應也能凸顯你比對方成熟。

ToDo 4 把討厭的人變成朋友

面對公司的主管和前輩，或是媽媽朋友等對象，如果態度太冷淡，有時候可能會衍生出麻煩的狀況。例如在工作上變得綁手綁腳、人際關係變得很複

雜等。這種時候，只要「把敵人變朋友」就行了。

心理學有個說法叫做**「富蘭克林效應」**（Ben Franklin Effect）。

富蘭克林是美國的政治家，他的肖像甚至被放上百元美鈔。他曾在賓州議會上跟一位交情不太好的議員借了一本書，從此之後，借書給他的議員對他的態度就變得極為親切。

當人的行為和情感相違背時，內心會想辦法使兩者變成一致。「親切的行為」和「討厭」互相矛盾。既然「親切的行為」已經是既成事實，無法改變，只好把「討厭」變成「喜歡」，藉此消除內心的矛盾。

換言之，富蘭克林效應的意思就是「人會喜歡自己幫助過的人」。因此，對討厭的人應該刻意「拜託」、「請求」對方，而不是盡量閃避。舉例來說，假如公司前輩藉由炫耀來欺壓你，這時你不妨可以跟對方說：「前輩，可以跟你請教○○嗎？畢竟你是我們整個課裡對○○最瞭解的人。」

大部分的人對討厭的對象，要不就是「反擊」，要不就是「閃避」。如同在前面提到的，「要戰鬥還是逃走」都是大腦杏仁核的本能反應。但是只要透過大腦皮質的作用，就可以想出「把對方變朋友」的作法。與其樹敵，不如多一個朋友，人生也會更輕鬆。

FACT 2 被欺壓的真正原因

之所以會有人藉由炫耀來欺壓你，是因為他覺得自己贏過你，比你厲害，可以支配、控制你。或者也可能是和你程度相當，因此萌生「我要打敗你」的念頭。

也就是說，因為你給對方的感覺是「比較差」或「程度相同」，所以才會被欺壓。給人感覺「贏不了」、「無法操控」，就不會被欺壓。簡單來說就是你被對方小看了。

既然如此，不妨換個想法告訴自己：「我要更加提升自己！」

> 夠強大就不會被打壓。
>
> —— 松下幸之助（Panasonic 創辦人）

　　以職場上的人際關係來說，就是努力做事，讓自己成為全公司最厲害的人。**把被欺壓的「不甘心」，轉換成「努力工作」、「提升自我」的動力**。將重心擺在自己身上，直到變得讓對方覺得「我贏不過這傢伙」為止。

　　另一個可能的原因是，因為你的自尊心太弱，被對方看出你根本缺乏自信。如果是這樣，正好可以藉機會強化「自尊心」，提升自己，成為一個充滿「自信」、積極主動的人（關於強化自尊心的方法，詳細請參見第 5 章「心理 2：提升自我肯定感」）。

延伸學習

難易度
★★

《不反應的練習：消除煩惱，清理內心的思考法》（草薙龍瞬著）

　　受到他人的攻擊，只要無視以對就行了。可是到底該怎麼做呢？日本僧侶草薙龍瞬在這本書中要告訴大家的就是這個方法。擔心、緊張、憤怒等負面情緒，其實都是自己製造出來的。只要用「正確的心態」看待事物，所有負面情緒都會消失。作者從佛陀的教誨中，整理出一套合乎邏輯且有系統的方法 —— 提升自我覺察的能力，冷靜審視自我內心、身體和情緒，並且一一整理。書中也提到佛陀其實也是個負面思考的人，這一點雖然讓人意外，可是也從中獲得不少勇氣。這本書絕對可以幫助負面思考的你成功學會無視他人。

怎麼做才能改變他人？

在我收到的諮商來信當中，每十個就有一個類似這樣的問題：

「我先生總是東西亂丟，我該怎麼讓他變得會主動整理呢？」

「下屬做事情總是拖拖拉拉，我該怎麼改變他的觀念呢？」

「我該怎麼讓小孩乖乖寫功課呢？」

換言之就是煩惱**「該如何改變他人」**。「改變他人」真的辦得到嗎？接下來就讓我為大家一一說明吧。

FACT　1　改變他人是最大的壓力來源

如同前面提過的，要改變他人的行為和個性很難，除非當事人自己有「問題意識」，否則根本不可能成功。

假如當事人「不想改變」，這時候如果違背當事人的意志去改變他的個性，就叫做**「洗腦」**。你會想替自己的下屬或另一半，甚至是小孩洗腦嗎？

在前面「人際關係6：『不被討厭』的方法」當中曾提到，「我們無法改變別人和過去」。試圖改變無法改變的事物，會給自己帶來極大的壓力。就像面對一噸重的巨大石頭，就算用盡全力想移動它，結果也只是徒勞無功。

有些人甚至會因為這樣感到內心疲憊，最後導致憂鬱。這就像是給自己製造「疲憊的原因」。如果「想改變他人」，可以從阿德勒提出的**「課題分離」**來得到幫助。

> 心態健全的人，不會試圖改變對方，而是改變自己。
> 只有心態不健全的人，才會試圖操控對方、改變對方。
> —— 阿爾弗雷德・阿德勒（Alfred Adler，奧地利心理學家）

「寫功課」是誰的課題？當然是「孩子自己的課題（＝他人的課題）」，不是「你的課題」。沒寫功課被罵，困擾的是「孩子」自己。

孩子要不要寫功課，他自己要判斷，自己決定。既然你無法控制孩子的想法，焦慮也無濟於事。你能做的只有尊重孩子，默默在一旁守護。

大部分的人際問題，都是因為干涉或侵犯「他人的課題」造成。如果可以確實做到「課題分離」，就能減輕不少人際關係帶來的壓力。

圖 ▶ 課題分離

ToDo 1 懂得區分使用兩種不同的訊息

關於「他人的課題」（別人的課題），每個人都討厭被侵犯，或是被過度干涉。因此，愈是要孩子「快去寫功課」，孩子可能反而會故意反抗不寫。那麼到底該怎麼做呢？只能放任不管嗎？其實有個很好的辦法。

就是告訴孩子「你如果願意寫功課，我不知道會有多開心」。把自己的期望和希望告訴對方就行了。這種說法的主詞是「我」（I），所以稱為「**我訊息**」（I Message）。

相反地，「（你）快去寫功課」的主詞是「你」（You），因此稱為「**你訊息**」（You Message）。

「你訊息」所傳達的雖然是你為對方的設想，但是對方聽起來卻是命令、指示、指使、強迫、多管閒事，所以很容易招來反抗和反感。

「我訊息」表現的不過是你自己的想法。「你如果願意寫功課，我會很開心」，這句話表達的是事實，所以不會給人「強迫感」，可以溫和地傳達出「我希望你寫功課」的期望。

舉例來說，應該說「房間整齊的話，（我的）心情也會很好」，而不是「自己拿出來的東西自己收好！」。

不要說「你老是遲到，到底想怎樣？」，應該說「有時間觀念的人才值得（我）信任」。想讓對方採取行動，應該用「我訊息」來傳達，而不是「你訊息」。

ToDo ② 持續提供對方情報

我在序章提到「晨間散步」的好處，但是幾乎沒有人聽完建議後會立刻採取行動。尤其很多病患都會說「我身體不好，沒辦法晨間散步」，或是「我早上起不來，這對我來說太難了」等。

在這種情況下，愈是要對方去做，對方肯定不會照做，最後可能還會惱羞成怒地說「我都已經身體不好了，當然不可能辦得到」。

像這種時候，我通常會把「晨間散步」的「好處」盡量告訴對方。

「晨間散步可以重設生理時鐘，讓人晚上更好入睡，而且睡得更香。」

「還能促進血清素分泌，對預防憂鬱症非常有效。」

「有患者在嘗試晨間散步之後，身體狀況變得非常好。」

我通常都會這麼告訴患者。說太多對方也會覺得煩，大概說個三分鐘左右就夠了。聽完我這麼說之後，就連原本說自己「辦不到」的人，不知不覺間也都開始嘗試「晨間散步」了。

傳達時的技巧在於用客觀、中立的態度告訴對方「（姑且不管你要不要接受）有這樣的情報」、「有這樣的統計」、「有這樣的科學研究」等。

千萬別加入「我希望你這麼做」的想法。說話時愈是冷靜，對方「情緒上的障礙」就會愈小，效果更好。

假設希望對方養成收東西的習慣，可以先若無其事地把「收納」相關的書擺在客廳桌上。這時候千萬不要跟對方說「這本書你一定要看」。關鍵就在於就這樣擺上好幾個月都不要理它，等到連自己都忘記的時候，對方也許就會悄悄拿起來讀了。

愈是要對方去做，對方就愈不會照做。但是，如果很有耐心地持續告訴對方「做了有這樣的好處」或「這麼做會更輕鬆」，就在連自己都要忘記的時候，對方就會開始動起來了。

ToDo 3 保留半年以上的等待時間

透過以上的方法試圖改變對方，要多久才會見效呢？

以我的經驗來說，**大概需要「半年」的時間**。

假設跟 10 名患者建議「要養成晨間散步的習慣」，馬上會採取行動的有 1 人。3 個月內會開始嘗試的有 2 人。剩餘的 7 人則要半年後才會開始嘗試。大概會是這種況狀。

在開始治療的前 2 個月，我通常會不厭其煩地跟病患聊到「晨間散步」的好處。可是，過了這段時間之後就不會再提起。

等到差不多半年之後，當我跟病患說到「你最近的狀況好很多耶」，對方通常會輕描淡寫地表示自己「每天都早上八點就起床去散步」。關鍵在於，要讓對方覺得「不是因為你叫我做我才做的唷」。

被人「指使去做」真的很討厭。到頭來，要不要做還是要看自己的意思。尊重對方的意思、動力和個性，有耐心地持續做到「I Message」和「提供情報」，大約半年左右，就能看見對方開始改變。別心急，耐著性子慢慢影響對方吧。

ToDo 4 與其改變他人，不如先改變自己

比起改變他人，改變自己還是比較重要。

想要改變他人，就要先從改變自己做起。這老生常談的道理，到底該怎麼做呢？

各位都聽過伊索寓言中的《北風與太陽》的故事吧？內容描述北風和太陽在比較力量，看誰有辦法先讓行人脫掉外套⋯⋯

北風使勁地吹，幾乎快將行人的外套吹飛。可是，行人反而更是抓緊外套，不肯脫下。

另一方面，太陽持續散發陽光，行人熱得受不了，便自己脫下外套。

這個寓言故事的解釋很多，不過從故事中我們可以知道，有兩種方法可以讓人採取行動，就是**「避免不舒服」**和**「追求舒適」**。

面對寒風，人因為怕「冷」（不舒服），外套會穿得更緊。相反地，在陽光照射下身體漸漸變熱，為了想追求適當的「溫暖」（舒服），便會脫掉外套。即便北風用盡全力也只是徒勞無功，只能靠行人主動採取行動。

「避免不舒服」是屬於正腎上腺素型的動力。也就是因為不想害怕、不舒服、被罵。

「追求舒適」是屬於多巴胺型的動力。因為想開心、獲得獎勵、被誇獎，所以採取行動。

不管在公司和家裡，如果想讓對方「採取行動」，幾乎每個人都會像「北風」一樣不斷強迫對方，造成對方的反感，心生抗拒，完全聽不進建議，很多時候只會得到反效果。反而是用「太陽」的方式，對方會更容易接受。

> 想讓誰改變或變得更好是件好事，但是何不先從改變自己開始呢？這比起改變他人更有用，而且幾乎沒有任何風險。
> —— 戴爾・卡內基（Dale Carnegie，摘自《人性的弱點》）

相信對方，並且尊重對方。認同對方，並且肯定對方。多說些正面的話，用肯定的態度去影響對方。用這種方式改變自己的行動，對方一定也會跟著改變。

北風的反應	太陽的反應
正腎上腺素型的動力 避免不舒服 操控 斥責 否定 輕蔑 負面	多巴胺型的動力 追求舒適 信任、尊敬 誇獎 認同 尊重 正面

圖 ► 你是屬於哪一種反應呢？

《人性的弱點》（戴爾‧卡內基著）

　　這本暢銷書在全球銷售累積超過 3000 萬冊，可以說是自我啟發書的經典。原文書名為《*How To Win Friends And Influence People*》（如何贏得友誼並影響他人），日文版書名《影響他人》相對比較容易琅琅上口。不是「改變他人」，而是「影響他人」。「改變」聽起來很難，但是「影響他人」感覺應該做得到。

　　內容包括「改變他人的 9 種方法」、「化敵為友的方法」、「受人歡迎的 6 種方法」、「讓人認同你的 12 種方法」等。所謂影響他人，就是想辦法改變他人，改變對方的感受和想法，最終改變對方的行為。

　　其中「化敵為友的方法」之一的「拜託對方小事情」，在本書前面的內容裡也有提到。《人性的弱點》雖然已經是八十多年前的著作，但是內容至今仍然受用，一點也沒有過時的感覺。

方法1	從稱讚對方、尊重對方開始做起
方法2	委婉地指出對方的錯誤
方法3	先分享自己的失敗
方法4	用提問代替命令
方法5	顧全對方的面子
方法6	肯定對方小小的努力，稱讚對方的每一個改變
方法7	給予名過其實的肯定
方法8	給予鼓勵，讓改變變得更容易
方法9	提供對方樂於接受的建議

摘自《人性的弱點》

圖 ► 讓人欣然接受、願意改變的 9 種方法

2 章

讓「夥伴」
和「家人」
成為生活動力

私生活

降低孤單的風險

關鍵字　▶ 損友、朋友和夥伴

　　根據一項日本的調查，「覺得自己沒有真正的朋友」的人，男性約有 4 成，女性也有約 3 成左右，意外地不少人都覺得沒有值得信賴的摯友。但是，「渴望擁有交情深厚的朋友」的同時，另一方面又覺得人際關係很麻煩，或是不擅長與人來往，充滿矛盾的心情。

FACT　**1**　朋友會讓人生加倍快樂

　　各位也有稱得上是「摯友」的朋友嗎？摯友的定義很難，簡單來說就是「遇到困難時可以提供意見的朋友」。假設你被醫生宣告只能再活三個月，這時候會讓你想立刻打電話告訴他這個消息的人，就稱得上是摯友。

　　近來「一個人○○」的活動愈來愈多，例如一個人唱 KTV、一個人吃烤肉等。可是，覺得「自己一個人最開心」的人畢竟是少數，有朋友或男女朋友、家人一起陪同，快樂也會加倍。

　　舉例來說，一個人花兩個小時享用一整套餐點，應該會很無聊吧。美食就是要邊聊天邊開心享用，才會更加美味。

　　開心的時候，有能夠一起開心的朋友，可以說「人生會加倍快樂」。

　　只不過，若是問我身邊有沒有這樣的摯友，我想應該沒有。雖然念書時也有交情很好的朋友，不過年屆五十之後，和這些人的往來愈來愈少，現在都是好幾年才難得見上一次面。

　　那麼，我的人生因此就變得不快樂了嗎？事實上，我每天都過得很開心，覺得人生非常幸福。我真心認為摯友這種東西，有當然是再好不過，不過就算沒有，也沒什麼太大的困擾。

FACT **2** 朋友能降低不安的情緒

每次我問精神病患「你有跟誰聊過你的狀況嗎？像是朋友或家人之類的」，大部分的人都會告訴我：「我沒有跟任何人聊過」，或是「我沒有可以傾訴煩惱的朋友」。

因為沒有可以傾訴的對象，只好自己一個人承受煩惱和壓力。隨著煩惱逐漸壯大，一步步吞噬心靈，最後變成精神疾病。

如同前面內容中提到的，找人傾訴自己的煩惱可以釋放壓力，「輸出」和「表現」都有助於療癒。也就是說，「找人說話」這麼一個簡單的動作，就能減輕心裡的壓力，維持健康的心靈。

這就是心理諮商的作用。當事人（來談者）只要「說」，諮商師只要「聽」，如此就能讓當事人獲得紓解。換言之，透過「說」和「傾訴」，一半以上的不安和壓力都能獲得釋放。

自己孤單一人，沒有朋友和家人，對健康不是件好事。**孤單對健康造成的風險，相當於「一天抽 15 根香菸」、「死亡率是肥胖者的 2 倍」。**「孤單」會一步一步吞噬人的身心。只要有朋友陪伴，定期聚會聊天，就能長保健康，而且還有助於長壽。

<table>
<tr><td>孤單</td><td>=</td><td>一天抽
15 根香菸</td><td>=</td><td>肥胖

肥胖</td></tr>
</table>

如果一直都是一個人，對身心都是一種消磨。

圖 ► **孤單的風險**

私生活

FACT ③ 朋友一個就好

提倡「交 100 個朋友」、「和大家都變成好朋友」的日本教育可謂是萬惡之源，會造成「沒有朋友的人」很容易被貼上「糟糕」的標籤。這些被貼上標籤的孩子，很多都會成為被霸凌的對象。這種隨隨便便就高舉著「和大家都變成好朋友」等理想大旗的教育，等於給孩子帶來莫大的壓力。

「和每個人都變成好朋友」這種事，完全沒有必要。只要跟自己喜歡的人、想當朋友的人交朋友就行了。硬是跟不想往來的人成為朋友，只會給自己帶來壓力。

朋友只要有一個就夠了，當然有更多朋友也不錯，但是**沒有必要因為朋友太少而覺得自己很糟糕，為此沮喪**。

> 與其和許多愚者交朋友，應該交一個智者的朋友。
> —— 德謨克利特（Democritus，古希臘哲學家）

FACT ④ 「損友」不如不要

幾年前，LINE「已讀不回」的行為掀起一股話題。如果訊息明明已經顯示「已讀」，卻沒有做出任何回應或貼圖，就會被說是「已讀不回」而受到譴責。而且就算只是晚一個小時做出回應，也會被認為是已讀不回，等於每十五分鐘就得檢查手機有沒有新的訊息，連好好泡個澡都沒辦法，根本已經成為社會問題了。

朋友是讓你的人生更豐富、更快樂的人，彼此之間不應該是上下關係。如果因為你沒有馬上回覆訊息就生氣，這樣的人，就是用「上對下」的態度在對待你。控制你對他而言是件快樂的事。

ToDo (1) 果斷地遠離「損友」

下方表格為各位整理出「摯友」和「損友」的差異。把自己的朋友拿來做對照，馬上就會知道對方究竟是「摯友」還是「損友」。

和「損友」往來，只是有百害而無一利。在你有難的時候，對方也不會伸出援手。既然如此，不如趕快斷絕往來。

只不過，要是對方因此到處散播你的壞話或惡意騷擾也很麻煩，所以最好是慢慢地遠離，**漸漸疏遠對方，讓彼此的關係慢慢變淡。**

例如對方邀你一起吃飯，你可以這麼說：「謝謝你找我，可是我有很重要的事情要辦……」感謝對方的邀約，同時禮貌地婉拒對方。幾次之後，對方應該就不會再來找你了。

表 ▶ 「摯友」和「損友」的差異

摯友	損友
給人生帶來正面影響 彼此關係建立在友誼上 在一起很開心 在一起會讓人忘記時間 壓力可以獲得紓解 互相尊重 會包容你 對很多事物都有共鳴 談話充滿正面的語言 願意伸出援手 不會計較已讀不回之類的小事	給人生帶來負面影響 支配關係 在一起會不開心 在一起感覺很累 壓力倍增 以自我為優先 會苛責你 態度傲慢、經常自以為是地欺壓你 經常說人壞話、口出惡言 在你有難時絕不會伸出援手 會因為已讀不回而生氣

ToDo (2) 有「夥伴」就不需要「朋友」

如同方才說過的，我沒有任何朋友。最近這三年以來，我只被邀請過一

次去別人家裡作客。可是我並不會覺得寂寞，因為我有「夥伴」。

雖然沒有朋友，但是我有很多「夥伴」。像是一同寫作的「同樣身為作者的夥伴」，還有我創立的「網路心理講座的夥伴」等，全部加起來大概也有上百人吧。

夥伴指的是因為共同目標在一起，互相合作，彼此幫忙、互挺的關係。「朋友」會在一起是因為「友誼」，**「夥伴」則是因為「對未來的看法、夢想、目標」而在一起。**

夥伴之間的凝聚力，來自於實現「目標」。所以如果覺得「目標方向」不同，隨時都可以退出，彼此之間不會因為這樣而關係變差。

對我來說，「友誼」感覺是互相「束縛」，「夥伴」則是彼此「共同合作」的關係。不會互相妨礙牽制，而是像雪車比賽一樣從後方協助推動加速，這就是夥伴。

「夥伴」的好處在於「不會過問對方的私生活」。很多時候就算是已經見面過好幾十次的人，對對方的家庭成員等私生活仍然一無所知。這對維持關係來說，反而比較「輕鬆」。

ToDo 3 明確知道自己的目標

關於要怎麼找到夥伴，在下一節會有詳細說明，不過簡單來說，最快的方法就是加入社團。這是因為每個社團都有各自的「目標」。

籃球社的目標是「精進球技」，手工藝社的目標就是「提升手工藝技巧，創作展覽作品」。

每個社團一定都有目標，沒有一個社團是沒有任何目標的。換言之，**首先你得先找到自己的「目標」。**

朋友之間如果開始玩起樂團，彼此就會成為「玩樂團的夥伴」。隨著夥伴關係愈來愈深厚，說不定就能從中找到摯友。朋友可以變成夥伴，夥伴也可以變成朋友。

如果只有「朋友」，關係只會愈來愈沉重。可是有了「夥伴」不僅不會孤單，精神上的壓力也會比較少，更容易維繫關係。有了夥伴之後，就不會再

煩惱什麼「一定要交朋友」或「沒有朋友會很孤單」之類的問題。

如果可以建立以「夥伴」為主的人際關係，所有從「朋友」關係衍生出來的煩惱，或許就能獲得解決。

表 ▶ 「朋友」和「夥伴」的差異

朋友	夥伴
因為友誼而在一起	因為共同的目標和看法而在一起
往來緊密	會一起做同一件事
可以接受彼此不同的價值觀	擁有相同的價值觀
很難斷絕關係	去者不留
會介入對方的私生活	不會介入彼此的私生活
深厚（沉重，壓力大）	淺薄（輕鬆，沒有壓力）

私生活

延伸學習

《「本当の友達がいなくてさびしい」と思ったとき読む本》（暫譯：沒有真正的朋友，感覺好孤單，怎麼辦？，大嶋信賴著）

難易度
★

　　這本書針對「朋友是必要的嗎？」做了深入的探討。作者覺得「就算沒有朋友，自己一個人也沒什麼不好」，肯定了孤單的意義，所以沒有朋友的人也能放心閱讀。不過另一方面，書裡也提供了交朋友的方法，以及朋友之間各種問題的應對方法。適合 15～30 歲，甚至是 30 歲以上的人閱讀，相信大家都能從中找到「救贖」。

成熟大人交朋友的方法

關鍵字　▶　敞開心胸、社團

　　上一節提到「朋友」和「夥伴」的不同,接著下一步要說明的就是交朋友的方法。

　　每個人在求學階段幾乎都能輕鬆交到朋友,可是**出社會之後,卻很難再交到新朋友**。職場上的人際關係牽涉到太多因素,包括上下關係、同輩競爭等,所以很難交到像學生時代一樣的朋友。踏入社會後,應該很難什麼都不做就能輕鬆交到朋友。既然如此,到底該怎麼做才能交到朋友呢?

FACT 1 自己先敞開心胸

　　首先,交友最大的障礙就是「給人感覺很難親近」。如果你總是緊閉心房,人際關係很難向外拓展。你必須改變自己的心態。

　　「沒有朋友也沒差」、「我喜歡自己一個人」。一直這麼想,這些念頭**就會透過非語言訊息傳達給身邊的人**,讓你整個人散發出「別來找我說話」的氛圍。

　　有個說法叫做**「敞開心胸」**,反義說詞就是「緊閉心門」。面對心門緊閉的人,身邊的人很難主動上前搭話。你是不是也在無意識間把別人阻隔在外了呢?如果想交朋友,最好還是先拆掉這層阻礙吧。

　　首先,別再輕易說什麼「我喜歡自己一個人」這種自我防衛性的「藉口」了。應該告訴自己「我還是想交朋友」、「我也想跟大家一起聊天」。當你真心這麼想,自然會向身邊的人散發出這樣的非語言訊息,給人很好接近的感覺。

　　這就叫做「敞開心胸」。

ToDo 1 用笑容回應對方

沒有朋友的人，很多時候看起來都「沒有精神」、「感覺陰沉」。相反地，朋友很多的人總是「笑容滿面」，而且「個性開朗」。

「眉頭深鎖」的表情意味著「憤怒」、「厭惡」，會在無意識間向對方散發出「NO」的非語言訊息。「笑容滿面」則表示「開心」、「高興」、「感謝」，會在無意識間向人散發出「YES」的訊息。

好不容易身邊的人主動跟你說話，這時候如果你「眉頭深鎖」、「面無表情」、「表情陰沉」，**等於是在告訴對方「別來跟我說話！」**。

相反地，用「笑容」回應就會傳達出「我很開心你找我說話」等積極且帶有善意的非語言訊息。

想要交到朋友，平時臉上就盡量多帶著笑容吧。有人找你說話，就用笑容回應對方，否則可是會親手毀掉難得的溝通機會的唷。

只不過，要笑得自然而不做作，其實很難，平時必須多練習。**不妨多做「微笑練習」，隨時看到鏡子就提醒自己要微笑。**

ToDo 2 主動開口說話

如果都沒有人找你聊天，唯一的辦法就只好自己主動開口。這種時候，可以找「看起來和你一樣好像沒有朋友的人」聊天。找已經很受歡迎的人聊天，對方很可能根本不會理你。可是如果是看起來「沒有朋友」、「朋友很少」、「也渴望交朋友」的人，相對會比較順利。

只不過，不擅交際的人，就算要他「試著主動開口跟人聊天」，相信很多人也不知道該聊些什麼。

交朋友的閒聊只有一個重點，就是**找出自己和對方的「共通點」。**

人對於跟自己擁有共通點的人，感覺會特別親近。這是因為「相似法則」的作用。

私生活

不管是興趣也好，喜歡的運動、喜歡的藝術家、喜歡的食物、出生地、喜歡的電視節目、喜歡的搞笑藝人、喜歡的電玩、喜歡的時尚品牌等，只要找到任何一個共通點，接下來只要針對那一點進一步去聊就行了。甚至只要擁有「共同的話題」，就算是不會聊天，也都能應對自如。

ToDo 3 參加社團

踏入社會後，每天的生活就只有公司和家裡，就連想遇見「可能成為朋友的人」都變得很難，因為根本沒有機會認識其他人。

尤其如果是從鄉下到都市工作，或者是被公司分配到其他地方工作，就連原本的朋友也都不在身邊了。

面對這種情況，解決的辦法就是上一節也提過的「參加社團」。「社團」是為了某個喜歡的事物而在一起的一群人，例如興趣社團或運動俱樂部等。**擁有「相同興趣、嗜好」的人，比較容易意氣相投，更容易成為朋友。**

這時候很多人也會問，如果找不到想參加的「社團」怎麼辦？事實上，社區文化中心開設的課程也可以算是一種社團，也有人是在健身房交到朋友。你必須自己積極主動去尋找，才可能找到感興趣且感覺自在的社團。

最理想的情況是，**自己創辦社團，負責社團的經營**。自己先主動提出自己的看法和價值觀，號召其他有共鳴的人一同加入。在這種情況下，每個人之間連結都是緊密的，成為一個自己真正想參與的社團，最完美的「歸屬」。

FACT 2 緊密關係與薄弱關係

社會學家保羅・亞當斯（Paul Adams）將人與人之間的關係，依照親密程度分為八大類，分別是「摯友」、「傾訴對象」、「療癒對象」、「夥伴」、「合作對象」、「玩樂的夥伴」、「情報提供者」、「點頭之交」。

其中**「摯友」及「傾訴對象」、「療癒對象」屬於「緊密關係」，其他則屬於「薄弱關係」**。「緊密關係」的人最多大概就是 15 人，其中「真正關係緊密」的「摯友」和「傾訴對象」，合起來不會超過 5 個人，能夠稱為「摯

友」的也只有1～3人。

　　人的時間有限，不可能同時跟多達數十人的朋友和點頭之交都有密切往來。從社會學和心理學的角度來說，「交100個朋友」這種事根本是不可能。

　　既然如此，當然要珍惜跟「關係緊密」、對自己非常重要的人在一起的時間，建立更深厚的友誼。

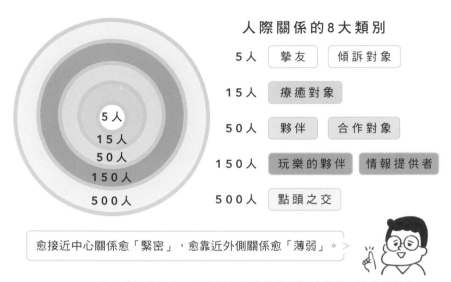

人際關係的8大類別

5人	摯友	傾訴對象
15人	療癒對象	
50人	夥伴	合作對象
150人	玩樂的夥伴	情報提供者
500人	點頭之交	

愈接近中心關係愈「緊密」，愈靠近外側關係愈「薄弱」。

摘自《社群效應：小圈圈如何改變世界》（保羅・亞當斯著）

圖 ► **真正關係緊密的人不會超過5個人**

ToDo 4 列出10個朋友的名字

　　承上頁圖，請各位將朋友和點頭之交依照親密程度，列出10個人的名字。

　　這10個人對你而言就是「關係緊密」的人，其中前3人也是你最重要的「摯友」，不妨多花點時間和精力來維繫這段「緊密的關係」。

　　假如和這些關係緊密的人吵架了，一定要確實修復好關係。

吵架的原因絕不是只有單方面的錯，如果自己也有不對的地方，就要為自己的情緒化主動跟對方道歉。最好當然是面對面道歉，但是透過 LINE 傳訊息，應該會更容易開口。

> **吵架的好處就是可以和好。**
> —— （電影《巨人》〔Giant〕，伊莉莎白·泰勒的台詞）

吵架導致關係出現裂痕，是因為彼此都太固執，不願主動先道歉。這樣下去，漸漸地關係會愈來愈疏遠。

吵架當下雖然會覺得自己的「面子」比友誼重要，不過事後再回過頭來想，肯定會為當初一時的氣憤而失去冷靜，結果失去一段友誼感到後悔萬分。對方一定也是這樣的心情。**有時甚至會變成「心理創傷」。**

對方對你而言如果是「關係緊密」、無可取代的存在，不妨就放下固執，坦然地跟對方說「抱歉」。「抱歉」是一句神奇的咒語，能夠瞬間化解緊張的關係。

吵架之後假如開不了口說抱歉，至少一個星期後也好，一個月後也好，都應該試著修復關係。如果彼此真的「關係緊密」，對方一定也會跟你有同樣的心情。

人長大之後，就很難再重新交到朋友。既然是「緊密關係」的對象，更應該花時間和精力維護彼此的關係。

《社群效應：小圈圈如何改變世界》

（保羅・亞當斯著）

難易度
★★★

私生活

　　交情好的朋友，充其量也不過才幾個人。想跟眾多人都建立良好關係，是不可能的事。第一次讀到這本書的時候，對內容感到十分震驚，同時也非常認同。一直以來我都覺得「人不可能跟多數人都有深交」，而社會學家保羅・亞當斯就根據許多研究，從科學角度提出深具說服力的證據和結論。尤其透過這本書可以明白知道，在社群媒體上想跟多數人深交根本不可能。「跟每個人的關係一定都要很好」，有這種強迫觀念的人，應該可以藉由閱讀這本書獲得解脫。

難易度
★

電影《聲之形》

　　因為過去某個事件而封閉心靈的高中生「將」是個沒有朋友的人。後來在和當年小學班上的聽障生「硝子」重逢之後，他逐漸敞開心胸，開始慢慢交朋友，等到意識到，身邊已經有了７～８個朋友。一個人雖然寂寞，可是更不想再被拒絕而受傷。曾經心靈如玻璃般脆弱、活在痛苦掙扎中的他們，彼此慢慢打開心房，最後成為朋友。透過這部電影可以知道，只要「自己先打開心房」和「一點勇氣」，一定可以改變現實。這是一部可以讓人獲得生命勇氣的傑出動畫。

社群媒體疲勞的解決方法

隨著使用智慧型手機的人愈來愈多,相信很多人應該都感覺到「社群媒體疲勞」。根據一項社群媒體的相關調查,42.7% 的人「有社群媒體疲勞的經驗」。當中比例最高的是 20 世代的女性,高達 65.0%。

使用社群媒體的人當中,有 4 成的人都曾經感覺到「社群媒體疲勞」。若是放任不管,嚴重甚至會導致「腦疲勞」和「憂鬱症」,萬萬不可忽視。

FACT 1 重度使用社群媒體會讓人變得不快樂

大家是不是也覺得「在社群媒體上多跟對方聊天就能變成好朋友」呢?

同學之間明明每天數十則訊息往來,有時候卻會因為不高興對方的一句話便吵架,或者,不過只是剛好三十分鐘「已讀不回」就吵架。

心理學上有個概念叫做**「刺蝟困境」**(Hedgehog's dilemma)。

寒冷天氣中有兩隻刺蝟,如果距離太遠會太冷,所以想靠近對方互相取暖。可是距離太近又會被對方的「針」刺痛,於是兩隻刺蝟就這樣一直不斷靠近又拉開距離,直到找到不會刺傷對方的適當距離。

這個比喻告訴我們,**心理距離最重要的是適當的距離感**。若是太近,只會互相傷害。

瞭解這個道理之後,就會知道為什麼談戀愛時明明兩人如膠似漆,一結了婚卻爭吵不斷。心理距離如果太近,不但會看見對方更多缺點,也會更容易仗著「因為關係親密」便情緒性地說出心裡的真心話。

社群媒體雖然可以快速拉近心理距離,但是一旦陷入重度使用,心理距離變得太靠近,也會引起爭吵,導致人際關係惡化。

距離太遠
會寂寞

距離太近
會彼此傷害

適當的距離
最自在

圖 ▶ **刺蝟困境**

　　美國密西根大學的研究也證實，使用臉書的次數愈頻繁，愈容易感到沮喪，對生活愈感不滿，主觀幸福感也會跟著降低。

　　社群媒體終究只是工具。聰明使用可以達成更深入的溝通，可是相對地，過度仰賴或是用錯方法，都會導致人際關係惡化，幸福感降低。

　　想要避免這種情況，必須將社群媒體當成「輔助真實溝通的工具」來使用。最重要的還是「真實溝通」，社群媒體只能作為輔助工具，這麼一來就不至於過度疲累。若是將重心全部擺在社群媒體上，結果只會被社群媒體所操控，徒增疲勞。

ToDo 1 只跟重要的人往來

　　人可以同時往來的人數有限（請參考上一節的同心圓），如果每天透過LINE 跟 20 個以上的人訊息往來，早已超出人類大腦的容量。持續跟許多人同時往來，會出現「社群媒體疲勞」也是很正常的事。

　　請各位回想自己在上一節列出的 10 個朋友（尤其是前面 3、4 人）。花時間跟這些人交流是件好事。

可是，其他那些沒有被你列出來的人，就是沒有什麼特別交情的人，沒有必要優先回覆這些人的訊息。只要用這樣的頻率與人往來就行了。

「被迫感」才是「疲勞」的真正原因

有些人「很容易出現社群媒體疲勞」，有些人則是「不易出現社群媒體疲勞」。以下就為各位整理出兩者各自的特徵。

表 ► 社群媒體疲勞的特徵

容易出現社群媒體疲勞的人	不易出現社群媒體疲勞的人
來者不拒	只跟重要的人交流往來
一有時間就打開社群媒體	只在固定的時間才使用社群媒體
重視社群媒體上的對話	重視真實世界的對話
使用多種不同的社群媒體	集中在特定的社群媒體
收到訊息會立刻回覆	重要訊息會盡快回覆，其他則視情況回覆
基於義務感而使用	當成工具利用
訊息內容冗長	訊息內容簡潔明瞭

很重要的一點是，**如果是帶著「被迫」的感覺使用社群媒體，很容易會出現社群媒體疲勞**。有「掌控感」的人，才有辦法聰明且開心使用社群媒體。

各位是「使用社群媒體容易感到疲累的人」嗎？還是「使用社群媒體不易感到疲累的人」？如果是容易感到疲累的人，最好在真正累倒之前，先調整自己的使用方法，以及跟他人交流往來的方法。

ToDo 2 聰明控制社群媒體的使用

關於調整社群媒體的使用方法，以下有兩個方法介紹給大家。

（1） 最多使用兩種社群媒體

Facebook、LINE、Twitter、Instagram，各種社群媒體這麼多，你使用了幾個呢？一旦同時使用多種社群媒體，光是利用空檔稍微瞄一下，也會佔用掉非常多時間。

如果不想帶來壓力，最好將社群媒體的數量控制在兩個以下。**手機上除了留下主要會使用的社群媒體以外，其餘的應用程式全部刪除。**只要看不到，「社群媒體疲勞」就能獲得大幅改善。

（2） 固定時間使用社群媒體

大部分的人使用社群媒體都不會控制時間。不管是工作空檔、等人的時候、通勤時間，甚至連走路時都會邊走邊看。完全就是手機成癮。

以我來說，我規定自己**「只有開電腦的時候才能使用社群媒體」**。這麼一來就能把使用次數控制在每天 4 ～ 5 次左右，一整天下來使用時間不會超過半個小時。

不用手機上社群媒體，就能省下很多時間。或者，也可以規定自己「搭電車的時候只能看書」，這樣也能減少很多掛在社群媒體上的時間。

ToDo 3 把社群媒體當成輸出工具來活用

比起用來和朋友做交流、聯絡，我更常把社群媒體當成發送情報和輸出工具來使用。每看完一本書，就在 Facebook 寫下感想；看完電影後把感想寫在部落格。如果能有更多人看到這些感想，獲得上百個以上的「讚！」，對我來說就是最開心的事。

透過「輸出型的交流」，單次發表就能跟上百人取得連結。傳統的「個別型的交流」，如果想跟一百個人交流，必須傳送一百次訊息才辦得到。比起「個別型的交流」，「輸出型的交流」的效率高出百倍以上，能夠同時和許多人拉近距離。

訊息是一種「強迫對方讀取」的東西，但是社群媒體上的動態消息可以讓對方依照自己的狀況利用空檔瀏覽，不會造成壓力。可以保持適當的心理距

私生活

離，避免發生刺蝟困境的情況。

相反地，將社群媒體當成輸入工具使用的人，不管在工作或念書時都會忍不住打開社群媒體，導致生產力下降。

根據我自己所做的調查（175 人），如果要大家盡可能寫出自己過去一週內在手機上看到的新聞和部落格情報，平均能夠記住的數量大概只有 3.9 則。這個結果相當於只有整週輸入量的 3%。也就是說，**就算把社群媒體當成輸入工具使用，其中 97% 的訊息最後都會忘記。**

只有將社群媒體當成「輸出工具」，才有辦法發揮它真正的作用。

FACT 3　不過分追求認同

為了拍出獲得許多「讚」的「IG 美照」，有些 IG 網紅會不顧危險地自拍，結果造成跌落意外而受傷，甚至還有人因此喪命。

貼文被按「讚」，確實會讓尊重需求（Esteem Needs）獲得滿足而感到開心，但是相對地也會讓自己的行為變得更激進。

> 老是尋求認同、在意他人評價，到最後我們過的就是別人的人生。
> —— 阿爾弗雷德 · 阿德勒（奧地利心理學家）

在「馬斯洛的人類五大需求理論」（第 3 章「工作 4：找到自己的『天職』」）中，「尊重需求」位於從上面數來第二層，是非常重要的需求。然而，在阿德勒心理學當中，對「尊重需求」卻是抱持否定的態度。

阿德勒認為，**為追求他人的認同而行動，會讓人生變成只是在迎合他人**，無法活出自己，也得不到快樂。

我認為不能一概地否定追求尊重需求。實際上，我自己也會每天上傳新影片到 YouTube，假如瀏覽次數超過十萬次，我也會很開心。但是這跟被控制是兩碼子事。

我會和追蹤我 YouTube 頻道的粉絲舉辦交流會等見面會。實際見到對方，聽到對方說他照著我的影片內容去做，結果病情獲得改善。這比影片獲得一千個讚更有意義，更讓人開心。

　　一味地沉迷在「網路世界」，會讓人為了多得到一個「讚」而拚命，卻忘了現實。腳踏實地活在現實才是最重要的。

> **延伸學習**
>
> ## 《生時間：高績效時間管理術》（傑克・納普 Jake Knapp，約翰・澤拉斯基 John Zeratsky著）
>
> 難易度
> ★★
>
> 　　小心不要過度依賴手機和社群媒體。可以試著剪斷網路線，或是藉由數位排毒應用程式來限制使用時間。不過最有效的方法，就是閱讀這本書。書中介紹了許多時間管理方法，其中最重要的就是減少使用手機的時間。具體方法包括「清空手機桌面」、「設定長約 20 個字數的密碼」、「每次使用完一定登出」、「刪除所有社群媒體的應用程式」、「關閉通知」、「留下裝置（在公司等）不帶回家」等各種激烈的手段。只要照著去做，絕對可以擺脫手機成癮，找回自由的時間。

如何知道對方是否對自己有好感？

　　每個人都會在意別人對自己的看法。「不敢馬上跟喜歡的人告白」的人，最常見的原因就是「因為不知道對方的想法」。

　　如果告白之前可以先知道對方的想法，就能勇敢向對方表明心意。接下來就讓我們來看看，哪些情況代表對方有好感。

FACT　1　從非語言訊息瞭解對方的心意

　　人類的溝通可分為「語言溝通」和「非語言溝通」兩種。

表 ▶ 兩大溝通方式

語言溝通	非語言溝通
語言的內容意思、語言訊息	視覺：外貌、表情、視線、姿勢、 　　　　動作、手勢、服裝、儀容 聽覺：聲音的音調、強弱、大小聲

　　「語言溝通」指語言本身的內容和意思等透過語言傳遞出來的情報訊息。「非語言溝通」指外貌、表情、視線、姿勢、動作等視覺情報，以及聲音的音調和強弱、音質等聽覺情報。

　　說話者真正的想法和情緒，就算沒有透過「語言」表現出來，也會表現在表情或動作上。仔細觀察這些非語言訊息，就能看穿對方的內心。

ToDo　1　試著邀對方一起吃飯

　　如果不敢告白的原因，是因為不知道對方的心意，也就是害怕被拒絕。

這種時候，假如知道「對方對自己有好感」，就能下定決心跟對方告白。相反地，如果「沒有好感」，也能坦然接受事實。

至於對方究竟有沒有好感，只要觀察非語言訊息便能得知。

最簡單的方法就是「試著邀對方一起吃飯」。但是，「改天要不要跟我一起吃個飯？」，這樣的問法會太過直接。

舉例來說，可以這樣說。

「這附近好像新開了一家不錯的義大利餐廳？」

「啊！我知道！」

「我有朋友去吃過，聽說東西很道地，滿好吃的。」

接下來可以注意觀察對方的反應。

如果對方說「真的嗎？好想去吃吃看喔」，表示對你有好感。但是如果對方興致缺缺地說「喔，是喔」，應該就是對你沒什麼好感。

從「第一反應」的興奮程度，可以得知對方的心情。這時候的興奮程度，就是對你的「好感」。如果對方「想跟你一起去」，就會表現出興奮；如果「不想去」，就會顯得興致缺缺。只要觀察這一瞬間的反應，就能清楚知道對方對你「是否有好感」。

假如光從這一點無法得到足夠的非語言訊息，可以接著這麼說：「我這個禮拜剛好有空，正在想要不要去吃吃看。」

如果對方的回答是「我已經有約了」或「也找大家一起去」，就表示對你沒有好感。

關鍵在於**「聽到邀約後當下的反應」**，也就是聽到「要不要一起去吃吃看？」之後 0.1 秒的表情，才是重點。

那一瞬間，對方的表情是高興還是覺得困擾？這時候的表情是出自「杏仁核」的本能反應，沒辦法用理性控制。假如對方先是露出開心的表情，但隨即又冷靜下來，說明了經過大腦皮質的思考之後，覺得「不好意思馬上露出開心的表情」，所以才會收起開心的表情。這之間大概會有一秒左右的落差。

除非受過訓練，否則要隱藏杏仁核的「真實反應」很困難。因為人總是會不由自主將情緒表現在臉上。

對方的說話方式和表情已經說明了一切。其實想去，可是卻不好意思答應？還是對你根本沒有好感？**不妨就從對方瞬間的表情去找答案吧**。

假如真的沒辦法去，可是對你有好感，這時候對方應該會提出其他替代辦法，例如「如果是下個禮拜六的話，我倒是有空」。

當然，也有可能願意「一起吃飯」，可是不接受「告白」的情況。不過通常不可能出現不願意「一起吃飯」，可是接受「告白」的情況。因此，想確認對方是否有好感，「邀對方一起吃飯」是個不錯的方法。

ToDo 2 被拒絕之後的應對方法

提出邀約後如果沒有得到正面回應，也不需要就此放棄。有個辦法可以縮短對方的心理距離，提高對你的好感度。

就算對方拒絕「一對一」的邀約，但是如果是三個人以上的邀約，應該會比較能接受。不是單獨相處也沒關係，就用這種方式增加私底下和對方見面的機會。有個心理法則叫做「單純曝光效應」，指**「見面次數愈多，感覺愈親密」**。盡量增加和對方見面聊天的機會，對提升好感度會有正面的效果。

有時候也可能約了兩三次，對方才終於答應。這是因為對方想測試你的真心，或者是因為「不想第一次就答應，給人太隨便的感覺」。

也可以挑「對方喜歡的料理餐廳」，或是以「午餐或白天的活動」代替晚上的邀約，提高成功率。

最近的年輕人應該都是用 LINE 傳訊息邀約，不過當面直接邀約的效果還是比較好。**「用 LINE 比較好開口」**，但是相對地也表示**「透過 LINE 比較好拒絕」**。

而且，用 LINE 開口看不到對方的「表情」、「興奮程度」和「興致」等非語言訊息，很可能會誤判情況。

FACT 2 男女溝通上的差異

雖然也有例外，不過一般來說，女性的非語言溝通能力比較強，但是相

對地比較不擅長語言溝通。男性則是比較擅長語言溝通，在非語言溝通方面較不擅長。

如果對方是個不容易察覺非語言溝通的人，就算再怎麼表現好感，他也不會發現。**用兩倍誇張的方式說出自己的好感，對方才有可能察覺**。就當作對方是個呆頭鵝，積極地表現出自己的好感吧。

延伸學習

難易度
★

《メンタリズムで相手の心を97％見抜く、操る！ズルイ恋愛心理術》

（暫譯：讀心術教你看穿、操控97％的人心！最強戀愛心理學，
小羅密歐・羅德里格斯Romeo Rodriguez Jr.著）

雖然說可以透過非語言訊息看穿對方的心意，但是對缺乏戀愛經驗的人來說，要做到恐怕沒那麼簡單。這本書會教你從「肢體語言」、「視線」、「姿勢」等看穿對方的心意。另外也介紹了很多心理技巧，包括如何抓住對方的心、吸引人的技巧、操控對方想法的方法等。照著書中的方法去做，不僅觀察力能變得更敏銳，溝通技巧肯定也會變得更厲害。

如何面對親子問題？

　　「爸媽總是嘮叨個不停」、「爸媽連小事都會一一插手管」。相信大家都有這種經驗。身為小孩，總是覺得父母一直唸同一件事「很煩」。

　　這當中也有不少過度干涉孩子，以言語和肢體暴力控制孩子，造成孩子的性格和人生出現扭曲的「毒親」。

　　根據一份「與父母的關係」的問卷調查，有三分之二的人都承受著來自父母的壓力。因此，接下來這一節就是要針對這個問題來探討。

FACT 1 父母「嘮叨」的心理

　　做父母的到底為什麼會囉嗦到連細微瑣事都要碎唸呢？原因其實很簡單，就只是因為他們擔心你、愛你。

　　因為希望自己最愛的孩子能擁有更好的人生，所以才會「你應該這樣做」、「那樣不行」、「要這樣做」地事事都有意見。

ToDo 1 笑著跟父母說「謝謝」

　　面對這種來自父母的愛，一定要打從心底說出自己的感謝。例如「謝謝你一直為我操心」、「你總是為我設想，真的很謝謝你」。

　　只要能夠帶著笑容好好說出自己的感謝，親子之間便能建立起愛的連結，父母也會感到開心和窩心，圓滿化解親子問題。

　　不想被嘮叨，一定要用笑容跟父母說「謝謝」。

　　有些人可能會說「我才不想說這種騙人的話」。其實這不是騙人，因為這個感謝不是針對「父母的建議」，而是**感謝「父母的關心和愛」**。

如果嫌囉嗦而回答「是是是，我知道了」，等於表現出心裡的反抗，覺得「煩死了！同一件事一直唸個不停」，反而會造成反效果。

身為父母，如果孩子感受不到自己的愛，就會覺得自己做得不夠，於是才更想出意見，變得更加嘮叨。

FACT 2 父母的建議都落伍了三十年

對於建議的「內容」和「想法」，應該分開來思考。

舉例來說，很多父母都希望「孩子能找份銀行的工作」。可是，「在銀行工作就能一生順遂」的這種想法，都已經是三十多年前的老觀念了。如今銀行的業務窗口幾乎都已全面自動化，現金也能在超商 ATM 直接提領，倘若持續推動無現金化，以後甚至連 ATM 都會消失。

為了孩子的幸福而希望他「找到銀行的工作」，等於不自覺地做出與時代不符的錯誤建議。

父母總是會根據自己的常識、知識和經驗給孩子出意見，只不過這些意見實在是已經落伍了。不管放到哪個時代都是。

ToDo 2 父母的意見，笑笑聽過就好

父母也好，他人的意見和建議也好，不過都只是你做決定和行動的「參考依據」。如果完全聽從父母的意見，放棄自己想做的事情或想做的工作，永遠沒辦法活出自己的人生。

就算照著父母的話做決定，他們也不可能為你負責，還是只能由你自己承擔後果。既然最後都是要自己負責，當然要選擇自己想要的人生。

對父母的建議如果「不認同」或「無法接受」，最好的作法是表面上姑且笑笑地說「謝謝你的建議」、「謝謝你總是為我著想」，內心則「完全漠視」就好。

「毒親」（toxic parents）這個詞是由美國醫療顧問蘇珊‧佛沃（Susan Forward）於 1989 年提出，意指「操控孩子的人生，對孩子造成危害的父母」。雖然不是學術用語，不過現在在日本同樣廣受大家所熟悉。

毒親教育出來的小孩會是什麼樣子呢？

- 人際關係扭曲
- 無法愛自己，也無法愛別人
- 過度依賴，無法獨立
- 心靈脆弱，罹患精神疾病
- 離婚率高
- 自己也會變成毒親

由於「毒性」如此強烈，如果發覺自己的父母也是「毒親」，應該想辦法別讓自己受到影響。

你出生的家庭，不如你即將擁有的家庭重要。
—— 林‧拉德納（Ring Lardner，美國作家、記者）

ToDo 3 面對毒親的應對方法

首先，如果懷疑自己的爸媽是毒親，有一點要留意的是，毒親的程度和類型範圍非常廣泛。雖說都是「毒親」，不過有些會害得孩子罹患精神疾病，或是對孩子施暴或疏於照顧等手段強烈的毒親。有些則是「過度操心」、「過度干涉」、「支配型」等程度較輕微的「毒親」，各有不同。一定要分辨清楚自己的爸媽是哪一種類型。

如同我一再重申的，我們無法改變過去和他人。在無法改變的他人當中，最難改變的就是「父母」。而且一旦成為「毒親」，就更難改變了。

他們堅信「自己一定不會錯」，想說服或反駁他們，只會更激怒他們，支配欲甚至會變得更強。

「毒親自己是不會改變的，也改變不了」，這一點一定要謹記在心。有了這點認知之後，接下來介紹幾個你自己能夠做到的應對方法。

（1） 築起心靈防護牆

在內心築起一道「防護牆」，防止自己受到父母的毒害（想法、下指導棋、影響）。「跟我不太一樣，原來他是這麼想的」，**用這種像是在看電視一樣的態度，以客觀的角度觀察父母的言行**，藉此降低「被捲入其中」的風險。

另外有一點也很重要的是，不要責怪自己。有些毒親會對孩子做出心理攻擊，讓孩子以為會變成這樣都是「自己的錯」。一定要知道，這不是你的錯，這只是父母毒害的手段罷了。

（2） 強化家人以外的人際關係

家庭中的人際關係固然重要，不過並不是一切。**如果無法冀望家庭中的人際關係，從「摯友」和「夥伴」之間的人際關係中尋求「平靜」和「安心」，對安定心靈來說就非常重要。**

尤其最重要的是找到人生伴侶。毒親可能會叫你別跟對方在一起，因為他們知道一旦你找到人生伴侶，他們就沒辦法再像過去一樣完全操控你，所以才會強力阻止，千萬不要就此屈服了。

（3） 離開家裡， 斷絕自己的依賴

毒親為了孩子，有時候甚至會過度保護，讓孩子予取予求。很多毒親的小孩對父母都相當依賴。

斬斷毒親的影響最好的辦法，就是徹底做到「脫離家庭」、「不和父母同住」。和父母住在一起，對經濟和家事負擔來說會比較輕鬆，好處不少。不過，這就是依賴的開始。

從另一個角度來說，「過度干涉的父母」其實也是「無微不至的父母」，所以會讓人在不自覺中變得依賴。也就是說，**無法逃離毒親的真正原因，很可能是出在你自己身上**。

因此，一定先看清楚自己的「依賴」，想辦法斷絕這種習慣。可以藉著「上大學」或「就業」等機會離開家裡，開始「一個人獨立生活」。

（4） 保持距離

不想受到毒親的影響，就應該和父母保持距離，包括實際的空間距離和心理距離。所以一定要「離開家裡」，「一個人生活」。在家裡附近租房子一個人住，一樣沒有意義。

另外，如果爸媽經常打電話關心，可以選擇使用電話答錄機，或是乾脆不要接，兩三天接一次，想接的時候再接就好。「不馬上回覆電子郵件和訊息」、「少聯絡」等慢慢減少接觸的機會，也是「保持距離」的方法。

表 ► 面 對 毒 親 的 應 對 方 法

（1）築起心靈防護牆

（2）強化家人以外的人際關係

（3）離開家裡，斷絕自己的依賴

（4）保持距離

難易度
★★

《毒親：毒親育ちのあなたと毒親になりたくないあなたへ》（暫譯：毒親：寫給被毒親養大、不想成為毒親的你，中野信子著）

　　市面上有不少毒親相關的書籍，其中一些從心理學角度出發的內容，對那些深受毒親之苦的當事人而言，也許會讓他們想起過去的「痛苦」和「難過」。不過在這本書當中，作者身為腦科學家，提出各種腦科學、基因、科學實驗的結果，並且從冷靜的角度分析了「何謂毒親」，幫助當事人跳脫對「毒親」爸媽及不斷迎合的自己的苛責，客觀審視自己和父母，以及自己和孩子之間的關係。

難易度
★

電影《黑天鵝》

　　建議大家可以把這部讓娜塔莉・波曼奪得奧斯卡金像獎最佳女主角的電影，當成一部描述「毒親」可怕一面的電影來觀賞。艾瑞卡是個對孩子極度掌控的母親，她將自己未能實現的芭蕾舞者夢想，全部寄託在女兒，也就是主角妮娜的身上。可是，當妮娜終於有機會擔綱《天鵝湖》的女主角時，她卻突然態度大變，開始處處阻撓女兒的成功。一心想控制女兒照著自己的意思去做的毒親，與試圖掙脫母親掌控的女兒，兩人之間展開一場激烈的心理交戰。

改善夫妻關係

　　「老婆總是臭著一張臉」、「老公都不聽我說話」。想必有很多夫妻都想增進彼此的關係。根據一項夫妻感情的調查發現，大約有 1 成左右的人覺得「自己夫妻感情不好」。大多數的夫妻雖然看似感情都很好，但是不知道問題何時會發生在自己身上。

FACT 1 穩定的夫妻關係是「幸福」的基本條件

　　美國暢銷作家史蒂芬・金曾在書中這麼說：

> 如果問我成功的秘訣是什麼，我的答案只有兩個：
> 一是健康，另一個是美滿的婚姻。
> —— 史蒂芬・金（美國小說家，摘自《史蒂芬・金談寫作》）

　　事業成功最大的祕訣是「健康」和「美滿的婚姻」。這話聽起來實在諷刺。

　　「婚姻美滿」成了生活的基本條件，還能提升工作時的專注力。夫妻如果每天吵架，所承受的壓力非比尋常，會讓人一整天心煩、焦躁。

　　根據某項研究，女性感到幸福的最大關鍵因素，就是**「穩定的夫妻關係」**。

　　夫妻關係不好，就算經濟無虞，也感受不到真正的幸福。

　　在第 1 章「人際關係 7：該說真話嗎？還是不該說真話？」中提到的「人際關係的三個同心圓」，位於圓心部分的是「重要他人」，也就是家人、戀人、摯友等對自己而言無可取代的人。

　　大部分的人對於「夫妻」這項最重要的人際關係，通常都疏於維繫，反

而花力氣在職場上的人際關係。這樣不僅浪費時間和精力，也把自己搞得心力交瘁。

即便職場上的人際關係不好，如果回到家裡能放鬆心情倒也還好。花再多時間力氣去建立職場關係，一旦轉調工作或轉換跑道，一切都得重新來過。但是夫妻關係必須花十年、二十年的時間去慢慢建立。應該把時間和精力擺在哪一邊，我想答案應該很明顯。

ToDo 1 每天找三十分鐘跟對方聊天

根據日本一項調查，「夫妻平均每天聊天的時間」有一個小時以上的佔43%，不到 15 分鐘的有 25%。幾乎有多達 25% 的夫妻，平時幾乎不會聊天。

一天 15 分鐘的對話時間實在太少了。尤其雙薪家庭要找時間聊天恐怕很困難。早上比較難抽出時間，所以夫妻倆可以好好坐下來聊天的時間，應該只剩晚餐了。

夫妻要一起吃晚餐，如果有小孩，全家人一起吃飯更重要。假使沒辦法每天做到，至少「不加班日」也要盡快回家，和全家人一起吃飯，聊聊大家最近發生的事。光是這樣就能達到最基本的對話，讓夫妻關係和親子關係更穩定。

另外還有三個實際的建議可以提供給大家。

（1） 吃飯時不看手機和電視

就算一起吃飯，但是如果彼此都不想「聊天」，一樣沒有意義。因此，吃飯時最好別看手機、電視和報紙。尤其是手機，吃飯看手機等於是透過非語言訊息告訴眼前的人「我對你的事沒興趣」、「手機比你重要」。

家裡如果有小孩，父母在吃飯時看手機，小孩最後也會有樣學樣。身為父母，也有責任別讓孩子手機成癮。

（2） 做到眼神接觸

一位好的傾聽者必須做到「眼神接觸」、「應聲附和」、「複述」三項。

相反地，「眼睛不看著對方」、「沒有反應」的傾聽方式，無助於雙方的關係。**聊天的時候，記得要看著對方，做到眼神接觸。**

　　吃飯的時間就是聊天、對話的時間。夫妻也好，全家人也好，都應該徹底做到吃飯時「不看手機」、「不看電視」，把專注力放在聊天上。

（3）　顧及彼此選擇話題的角度

　　基於男女聊天溝通的特性不同，在選擇話題時應該考慮到對方。

　　首先從「男人」的角度來說。男人通常會想從家庭中尋求「慰藉」。他們並不是不想聽太太說話，而是太太和媽媽朋友之間的那些「八卦」和「閒言閒語」等負面話題，會讓他們覺得很煩。

　　太太跟先生聊天的內容，最好都是「自己的事」，像是「自己的體驗」、「自己的心情」等。太多負面的內容只會讓先生不得不對妳說「我累了，下次再說吧」。

　　接著是「女人」的角度。女人聊天是為了紓解壓力，因此，先生只要好好聽太太說話，夫妻關係就能平安無事。只要每天花半個小時聽太太說話，夫妻就能維持和諧，太太也不會再臭著一張臉，沒有比這更簡單的事了。別再隨便就說什麼「我工作好累」，認真聽太太說話吧。

> 在滿意對方的傾聽，確定自己得到理解和認同時，
> 女人才會相信對方是愛著自己。如此便能使她感到
> 幸福，所有的不信任和猜疑瞬間消失。
> ── 約翰・葛瑞（John Gray，美國心理學博士，
> 摘自《男人來自火星，女人來自金星》）

FACT ② 　瞭解夫妻在心理上的差異

　　關於兩性差異的心理學，一直是相當受歡迎的話題。其中雖然也有例外，從腦科學的角度來說也是贊否兩論，不過既然也有不少人符合描述，姑且好好

瞭解一下也不吃虧。

一般而言，**女人都「喜歡八卦」，男人則「喜歡聊自己勝過他人」**。只要事先瞭解這一點，就能避免夫妻爭吵。假如學習異性心理就能使人際關係進展順利，那麼再也沒有比這更輕鬆的事了。以下表格大致列出了男女在想法上的差異，提供給大家作參考。

表 ▶ **夫妻在想法上的差異**

	先 生	太 太
討論事情	尋求意見	尋求共鳴
溝通	希望對方說清楚	希望對方聽懂自己的心
辯解	說明原因	訴諸感情
幸福感	「被需要」時會覺得幸福	「被愛」時會覺得幸福
希望從家庭中獲得什麼	歸屬和自在	安心和安定
疲憊時	希望能夠安靜	希望對方注意到自己
煩惱、不安	希望對方相信自己	希望對方關心
金錢觀	希望自由地花錢	希望有計畫地花錢
家事	希望有人教	希望對方自己思考
育兒	想偶爾參與	想偶爾休息

摘自《為何丈夫什麼都不做？為何妻子動不動就生氣？》（高草木陽光著）

FACT ③ 克服夫妻吵架的問題

雖然說「夫妻吵架，外人別管」，不過如果把吵架當成是夫妻之間的「意見溝通」，這不過就是「彼此說出自己的想法讓對方知道」。

重點在於**「避免情緒化」**。會吵架是因為帶著怒氣表達想法，如果可以冷靜溝通，就不會是「吵架」了。

> 憤怒在婚姻中是有其作用的。
> —— 約翰・高特曼（John Gottman，華盛頓大學心理學榮譽教授）

　　美國夫妻問題研究的先驅之一約翰・高特曼博士說過：「憤怒對夫妻關係來說絕不是一件壞事，比起憤怒和爭吵的次數，對憤怒的反應方式才是決定性的關鍵。」

　　換言之，**「將負面情緒完全發洩出來」的夫妻，關係反而會長久**。夫妻吵架是種「情緒釋放」，只要能夠確實和好，就絕對不是什麼壞事。

ToDo 2 寫夫妻交換日記

　　建議夫妻之間可以寫交換日記。

　　如果只是互相說對方「不好的地方」，會讓溝通變得負面，所以最好先寫點「當天發生的事情」或「開心的事」，偶爾再穿插一些「期望」或「希望對方改進的地方」。讓正面和負面的比例保持在大約「3：1」左右，這樣對方才會打開心胸，願意去瞭解並接受你的期望。

　　也有研究發現，**正面和負面比例為「5：1」以上的夫妻，感情幾乎都能長久，不會離婚**。

　　將情報和感情寫成文章共同分享，可以讓彼此變得更親密。一旦夫妻之間不再對話，無法分享情報和感情，就會出現「溝通不良」和「誤會」，變得更常吵架。

　　多利用 LINE 互相傳訊息也很有用，可以取代「交換日記」的作用。

　　此外，夫妻之間要維持感情，「為對方著想」和「感謝」的心意絕對不可少。不妨每天跟另一半說聲感謝，一天只要花個三秒鐘，夫妻關係就能明顯改善。

　　在聊天中找機會表達自己的感謝，千萬不要以為「不說出口對方也會知道」。**聽到別人對自己說「謝謝」，絕對沒有人會不開心**。

如果不好意思直接開口說，即便只是傳個「謝謝你」的訊息，感覺也會完全不一樣。

延伸學習

《為何丈夫什麼都不做？為何妻子動不動就生氣？》（高草木陽光著）

難易度
★

　　夫妻之間想要減少吵架、改善關係，很重要的一點，必須先瞭解男女在想法上的差異。只要瞭解這一點，就能大幅降低夫婦吵架的風險，婚姻也能變得更圓滿。不只是關係拉警報的夫妻需要讀這本書，感情和睦的夫妻看完這本書也能增進關係。作者是專門解決夫妻問題的心理諮商師，在書中傳授許多改善夫妻關係的方法，且提供相當多的案例，幫助大家清楚理解內容，讓人看完會忍不住想立刻實踐。

　　以下兩本相關書籍也非常推薦：

　　《男人來自火星，女人來自金星》（約翰·葛瑞著）

　　《男人為何不明察，女人幹嘛不明說：37條同理溝通潛規則，教你怎麼說都貼心》（五百田達成著）

面對育兒問題的挑戰

根據日本某項調查指出，有高達 87.9% 的父母對養小孩「感到負擔和煩惱」。這個數據說明了幾乎所有育兒中的父母，心裡多少都有「煩惱」和「負擔」。

FACT　1　「育兒」對誰來說都很辛苦

不同於其他的動物，人類並非天生就懂得「育兒」的方法。大家都是靠自己找資料，或是請教他人，在不斷的嘗試和錯誤中慢慢學習。沒有人天生就很懂得怎麼教養小孩。

「育兒」對每個人來說，都是非常辛苦的一件事。當然過程中也會有「開心」、「快樂」和「幸福」，不過也有像是小孩半夜哭啼睡不著等「精神上的煎熬」和「生理上的疲累」。甚至有些人長期獨自承受這些壓力，最後演變成育兒精神官能症。

育兒的過程如果不想有壓力，一定要保持「學習」。大家可能覺得「育兒」不過就是「養育小孩」，事實上**藉由「育兒」，「父母也會從孩子身上得到學習」**。

唯有父母得到學習，才有辦法克服「育兒」的難關。

ToDo　1　利用最基本的方法解決九成的問題

本書所介紹的面對「煩惱」的基本解方，用在「育兒」上也有九成的效果。只要確實做到以下介紹的這一套方法，相信就能消除大部分的「育兒」壓力。

從書本和前輩身上學到方法（輸入），經過實際嘗試（輸出）之後，思考

哪些部分做得好，並且針對做不好的部分進行修正（反饋）。這套模式不斷反覆循環去做，就是唯一的方法。

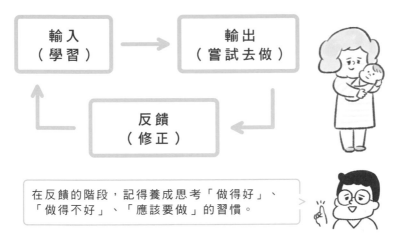

圖 ▶ 育兒的輸出循環

育兒過程中如果遇到困難，表示「輸入」、「輸出」、「反饋」其中哪裡出了問題。

假使是「輸入」階段出了問題，**代表你「不知道該怎麼做」、「不懂方法」**。可以透過看書或是請教有育兒經驗的人，找到「方法」。

如果是「輸出」方面的問題，**表示你「雖然知道方法，可是做得不好」、「因為擔心害怕而不敢去做」**。這時候應該把「方法」拆解成幾個階段，或是縮小目標，先從自己做得到的部分去做。

假如是「反饋」階段出了問題，**表示你每天忙到沒有時間思考「自己做得好不好」**。「反饋」除了自己反思以外，也可以拿自己的育兒方法去尋求有經驗的人，或是媽媽朋友或爸爸朋友的意見。

ToDo ② 幫助孩子變聰明的三種最佳方法

學齡期小孩的父母最常見的煩惱就是「小孩的成績」和「小孩的升學跟

考試」。大部分的父母都想「幫助孩子變得更聰明」，只是很多人都以為「孩子聰明與否」決定於「天生的基因」，後天無法改變。事實上並非如此。

近年來的腦科學得到許多數據，**證實靠後天的「環境」、「行動」、「努力」也能使大腦變得更發達**，提升智力和成績。換言之，你可以讓你的孩子變得更聰明。具體的方法有以下三個。

表 ▶ **養出聰明的孩子**

（1）睡眠 擁有充足睡眠和休息的寶寶，「記憶力」、「專注力」、「適應力」都會比較好，「壓力」和「哭鬧」也會比較少。6～13歲的小孩每天最好要睡滿9～13個小時。
（2）運動 有運動習慣的孩子比沒有運動習慣的孩子，在「智商」、「學業成績」、「執行能力」、「專注力」方面表現都比較好。運動可以促進腦源性神經滋養因子（BDNF）的分泌，活化大腦，強化大腦神經網絡，促進大腦神經元的增生。
（3）閱讀 每天閱讀「1～2個小時」的孩子偏差值最高，完全不看書的孩子偏差值則是落在最低的範圍。可以「唸故事」給孩子聽，或是在家裡打造一個小小書櫃，讓孩子從小養成閱讀習慣。

從這個表格可以知道，「環境」對育兒來說有多麼重要。父母如果有熬夜的習慣，小孩也會經常晚起。相對地，有閱讀習慣的父母，小孩也會跟著模仿，養成閱讀習慣。

> 產後立刻就能進行的最佳育兒方法之一就是「別讓寶寶白天長時間醒著不睡」。
>
> ——崔西・卡奇洛（Tracy Cutchlow，國際知名育兒編輯，
> 摘自《Zero to Five》）

ToDo 3 夫妻共同分擔家事

根據我身為精神科醫生的經驗，飽受育兒所苦，或是有育兒精神官能

症傾向的人，通常都是擁有強烈「責任感」的人，獨自扛起育兒工作，承受著所有的壓力。先生通常都不會幫忙做家事或帶小孩。

雖然養育小孩不是一件輕鬆的事，但是如果夫妻能夠共同分擔，一起同心協力去面對、克服，辛苦也會變成一件「開心」的事。與其讓對方想做才做，如果不直接跟對方提出要求「**你能不能幫忙分擔○○？**」，不夠體貼細心的先生是不會主動幫忙做的。

就開口請對方多少幫忙一起分擔育兒和家事吧，好減輕自己的負擔，別讓自己累倒了。

延伸學習

難易度
★★

《Zero to Five：70 Essential Parenting Tips Based on Science》（崔西·卡奇洛著）

市面上育兒相關的書籍琳瑯滿目，在眾多以「個人經驗」為出發的書籍當中，這本書從「有科學實證的正確育兒方法」切入，介紹了 55 個「合乎科學」、可信度高的育兒知識。內容網羅了從嬰幼兒期到學齡期這段時間一定會遇到的所有問題，包括「愛」、「說話方式」、「生活習慣」、「玩樂」、「互動」、「管教」等，明確為讀者提供了應對的方法。

例如在讚美孩子的時候，不能讚美孩子的「才能」，應該要誇獎當中的「過程」。如果要提升孩子的「聰明才智」，舞蹈、武術、演奏樂器都是不錯的選擇。內容簡易明瞭，清楚易懂，而且容易實踐，是一本「實用的育兒書籍」，非常推薦給大家。

消除照護壓力

關鍵字 ▶ **衰弱症、喘息**

　　隨著日本漸漸步入高齡化社會，父母或者自身的「照護」成了每個人最切身的問題。根據一項針對「老後生活的不安」的日本意識調查，「對照護問題感到擔憂」的人有 52.8%。

　　擔心以後要「照護」父母或丈夫的人佔了整體的 78.6%，對自己將成為「被照護者」感到擔憂的人有 81%，比例都非常高。此外，以照護或看護為由離開職場的人，在 2016 年一整年當中有有多達 8.5 萬人。

　　同年 65 歲以上被認定為需照護或需協助者超過 600 萬人，相當於 20 個日本人中就有 1 人是需照護或協助的年長者。若單以 65 歲以上的人來說，每 5.6 人中就有 1 人被認定為需照護或需協助。

　　照護並不是有父母的人才需要擔心的問題。照護問題所帶來的精神上和生理上的龐大壓力，甚至被稱為「照護地獄」。甚至是想不開而親手殺了父母後再自殺的「照護殺人、照護自殺」的例子也時有所聞。

　　為了避免這些狀況發生，至少要懂得如何不讓自己變成「需照護者」。事實上，預防照護的方法相當簡單，可惜知道的人卻太少。

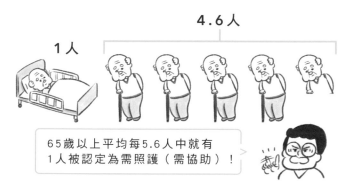

65歲以上平均每5.6人中就有
1人被認定為需照護（需協助）！

圖 ▶ **日本高齡者的照護狀況**

成為「需照護者」包括「身體衰弱」及「失智症」兩種情況。如果可以做好這兩種情況的預防，心裡也比較不會擔心。

在老年醫療與照護的領域中，「**衰弱症**」（frailty）一詞備受矚目。所謂衰弱症，簡單來說就是「虛弱」，意指「身心隨著年老而衰老的狀態」，介於「健康」與「需照護」之間。

除非生重病或受傷，否則一般身體健康的人不可能突然間變成「需要坐輪椅」或「臥床不起」。體力和肌力變差，膝蓋或腰部方面的宿疾反覆發作，變得也不想外出，身體漸漸虛弱，變成需要照護的狀態。

私生活

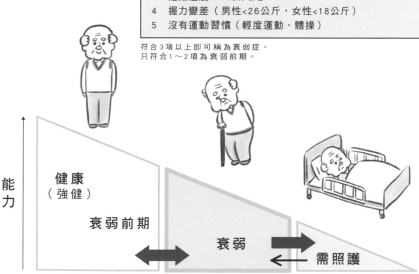

衰弱症的臨床指標

1	6個月內（在非刻意減重下）體重減輕2～3公斤以上
2	（最近兩週內）感覺到疲倦
3	走路速度<1.0公尺／秒
4	握力變差（男性<26公斤，女性<18公斤）
5	沒有運動習慣（輕度運動、體操）

符合3項以上即可稱為衰弱症。
只符合1～2項為衰弱前期。

能力

健康
（強健）

衰弱前期

衰弱

需照護

年齡增長

摘自《東大が調べて分かった　衰えない人の生活習慣》
（暫譯：不衰老的生活習慣，飯島勝矢著）

圖 ▶ 何謂衰弱症？

重要的是，**衰弱症是「可逆的」。即使變得衰弱，透過運動和復健、參與社會活動、確實攝取營養等方法，就能恢復「健康」的狀態**。相反地，如果放任不管，最終只會變成「需照護」的狀況。

一旦發現「最近好像變瘦了」、「才稍微走幾步路就很喘」、「愈來愈不想外出」等徵兆，最好就要懷疑是不是衰弱症。

ToDo 1 衰弱症預防方法

一旦演變成「需照護，需協助」的「身體活動功能障礙」的狀態，就很難再重拾「健康」。因此，如果出現衰弱症，謹慎處理以恢復「健康」，就是預防最終變成「需照護」、「臥床不起」的方法。

（1）每天運動 20 分鐘

預防衰弱症最有效的方法就是「運動」。只要每天散步 20 分鐘，便能達到十足的預防效果。從衰弱症變成「需照護」，一定會經歷「無法步行」的過程。換言之，只要還能夠散步 20 分鐘，都不會變成臥床不起。

只不過，有時候要老人家「去散散步吧」，他們也許會以「膝蓋痛」、「腰痛」、「懶得出門」等理由來推託。這時候**千萬不能覺得「他都不舒服了，還硬要他去，實在太可憐了」**，或者是「萬一跌倒骨折就糟糕了，還是別讓他出門比較好」。

「不出門也沒關係」這句話並不是「體貼」或「溫柔」的表現。如果散步 20 分鐘辦不到，10 分鐘或 5 分鐘也行，重要的是在當事人的能力範圍內保持運動的習慣。

（2）飲食均衡，細嚼慢嚥

一旦咀嚼功能退化，身體便無法吸收營養，使得衰弱症加劇，朝著「需照護」一步步惡化。每天固定攝取三餐，就是健康的根本。為了維持肌肉，確實攝取蛋白質也很重要。蛋白質攝取不足就是造成肌肉流失、跌倒骨折的最大原因。

根據一項針對百歲人瑞所做的「百歲研究」，每天「固定攝取三餐」的人佔了9成，而且多數人的攝取量都跟70幾歲時一樣多。由此可知，長壽的秘訣就是好好地吃飯。特別是**高齡者如果「消瘦」，很容易加快「虛弱」（衰弱症）的速度**。

（3）　參與社會

容易出現衰弱症的人，其特徵之一就是「社交力差」。如果沒有朋友，也不參加任何興趣社團，人就會變得不想出門，只想窩在家裡，連運動量也大幅減少。

「孤獨」是造成失智症的原因之一，換言之，**「社會活動」和「保持社交」都具有預防失智症的效果**。

只要找到開心出門的理由，例如興趣社團、打槌球、里民大會、志工活動、親友卡拉OK、泡溫泉、旅遊等，人自然會動起來。對心理上來說也有紓解壓力、預防失智症的效果等，好處不勝枚舉。另外像是擔任里民大會委員也很好，因為這也是非常重要的一種「社會參與」。

FACT 2 骨折會加快「臥床不起」的發生

前面提到健康的人不會突然間變成「坐輪椅」或「臥床不起」，不過其實也有例外，就是因為受傷或生病住院。

對年長者來說，住院短短兩個星期就會造成肌肉流失四分之一。

年長者住院的原因尤其以「骨折」佔多數。走路搖搖晃晃、腳步不穩的年長者，只要稍微一漏踩階梯跌倒，就會造成腳部骨折。才住院一個月，雙腳的肌肉就會大量流失，變得無法自己走路，必須仰賴輪椅或是臥床不起。

需照護者有12.5%都是因為「骨折、跌倒」。年長者因為「跌倒」造成「骨折」，正是加速「臥床不起」發生的最大原因。

如果稍微一個跌倒便造成骨折，很可能是因為原本就有「骨質疏鬆」。尤其女性如果疏於預防，每三人就有一人會出現骨質疏鬆症。

如同在序章「基本方法 5：最棒的晨間習慣——晨間散步」裡提到的，預防骨質疏鬆症刻不容緩。運動具有強化骨骼的作用，藉由對骨骼施力，可以達到強化的效果。

FACT ③ 預防失智

衰弱症不僅指生理上的虛弱，也有精神層面的衰弱，包括「憂鬱」和「失智症」等。

需照護者當中，有 18.7% 是因為「失智症」。可見預防失智症也很重要。

成為需照護者的原因，有可能是「生理」或「心理」其中之一，兩方面都做好預防才是萬全之道。同樣是「臥床不起」，照護失智症比其他要辛苦好幾倍。針對失智症的預防，可參考第 5 章「心理 10：預防失智症的方法」。

FACT ④ 別全心全意投入照護

也許有人會認為應該「全心全意投入照護」，不過事實上，比較好的作法應該是「投入剛剛好的心力」，差不多是**「投入六成心力」**最好。

深受照護家人所苦的人，通常都會認為自己「不能出遊」、「出遊就是對不起被照護者」。這種想法完全錯誤。正因為全心全意投入照護，反而會讓照護變得更辛苦。

對照護者而言，「轉換心情」或「喘息」、「玩樂」、「娛樂」都是必須的。在照護專業用語上，有個表示「稍微休息一下」的概念叫做**「喘息」**（respite）。不只是被照護者，照護者也需要被關心和照顧。

就算是利用被照護者交託給日間照顧的時間，和朋友去唱 KTV，也完全不需要有任何「罪惡感」。只要申請長照險，就可以依照「需協助」或「需照護」的程度，申請「日間照顧」、「居家照護（照服員）」、「短期照護」等服務。不妨多加善用這些服務。

ToDo ② 照護不是一個人的事

照護變得太辛苦的原因，是因為想自己一個人攬下所有責任。

「家人不願意協助照護」的例子時有所聞。其實只要**「大家稍微幫點忙」，對照護者而言，心情上會輕鬆許多**。

（1） 拜託家人一起幫忙

自己必須先開口，才有可能得到家人的「協助」。明確地提出要求，例如「你只要幫忙〇〇就好」。夫妻之間不妨坐下來認真地討論，一起分擔照護工作，多少減輕自己肩上的負擔。

（2） 與其他照護者建立交流

坊間有所謂的「家庭照顧者關懷協會」，大家一起喝茶聊天，分享彼此的體驗。透過這種方式瞭解「深受照護所苦的人不是只有自己」，減輕心理的壓力。

上網利用「居住地區」和「家庭照顧者關懷協會」等關鍵字搜尋，應該就能找到附近的家庭照顧者關懷協會。或者也可向地方政府的「照護」諮詢窗口詢問相關資訊。

（3） 尋求精神科醫師的建議

失智症患者經常會出現「走失」、「晚上不睡覺、哭鬧、躁動」、「暴力」等問題行為。面對這些情況，大多數的人只能無可奈何，放任不管。

根據我的經驗，這些問題行為，很多時候只要一顆藥劑就能徹底解決。失智症的極端行為是可以治療的，不妨向精神科尋求建議。

（4） 申請照護設施

倘若居家照顧有困難，就必須考慮「送到照護設施」。送到照護設施不

私生活

代表就是「拋棄」，而是「託付」給照護設施。既然在家沒辦法獲得「完善的照顧」，唯一的方法就只有「託付」給能夠確實做好照顧的設施了。

照護設施的入住申請相當困難，排上「半年」或「一年」都是很常見的事。所以，如果等到覺得「快撐不下去了」或「已經撐不下去了」時再申請，都已經太晚了。建議可以跟照顧管理專員好好討論，一方面提早物色照護設施，另一方面也要說服被照護者。

延伸學習

《東大が調べて分かった 衰えない人の生活習慣》（暫譯：不衰老的生活習慣，飯島勝矢著）

難易度
★

在 NHK 節目《老師沒教的事》（ためして ガッテン）擔任來賓的作者飯島勝矢，針對「衰弱症」寫了這本內容相當詳細，且字體放大，方便年長者輕鬆閱讀的書。拒絕外出散步的老人家讀完這本書之後，應該就會瞭解「衰弱症」的可怕，開始願意出門散步。

想進一步瞭解衰弱症的人，可參考以下幾個網站：

· 健康長壽網（日本公益財團法人長壽科學振興財團）「衰弱症」

http://www.tyojyu.or.jp/net/byouki/frailty/about.html

· 東京都醫師會「預防衰弱症」

http://www.tokyo.med.or.jp/citizen/frailty

3 章

擺脫「被迫工作」
的命運，尋找自己的
「天職」

工作

解決職場的人際關係問題

　　關於人際關係的問題，已經在第 1 章做了詳細說明。這一章會把焦點鎖定在「職場的人際關係」，為各位介紹應對的方法。

　　根據一項針對「職場上的人際關係」的調查，有 84% 的人都有這方面的問題。另一項針對轉職者的調查也發現，有多達 53% 的人是「因為人際問題所以換工作」。

FACT 1 沒有一個職場的人際關係是好的

　　我們經常會聽到「我們同事之間大家的感情都不太好」的說法，相反地卻很少聽到有人會說「我們同事之間大家感情都超好」，或是「再也找不到比我們公司更融洽的工作氣氛了」。

　　為什麼會這樣呢？其實這是因為「每個職場都有人際關係的問題」。

　　我曾待過十家以上的醫院，沒有一家醫院「同事之間大家感情都很好」。不管在任何一個組織，少則數十人，多則數百人，各種不同個性的人聚在一起，「大家感情都很好」這種事幾乎不可能發生。

　　各位可以回想自己小學、國中、高中待過的班級。全班四十幾個人，大家感情都很好，完全沒有人被欺負或排擠，也沒有人會說同學的壞話。真的有這種班級嗎？

　　各位可能會覺得自己現在身處的職場「人際關係很糟糕」，但是，從我看過這麼多職場來說，這其實相當「普遍」。**「職場上的人際關係不好」才叫「正常」**。

　　既然如此，如果因為「同事之間感情不好」而換工作，下一份工作同樣也是「同事感情不好」，再下一份工作也一樣「同事感情不好」，不管換幾份工作，應該都找不到理想的職場環境。你應該做的，是改變自己的想法。

請各位先回過頭去看看第 1 章「人際關係 7：該說真話嗎？還是不該說真話？」中提到的「人際關係的三個同心圓」。

位於圓心部分的是「重要他人」的家人、戀人和摯友。中間部分是朋友和親戚，最外側才是「職場上的人際關係」。

換言之，從心理學的角度來說，「職場上的人際關係」並不重要。然而，大部分的人卻都很重視「跟同事相處融洽」，花費龐大的時間和精力，就為了跟對待「朋友」一樣拉近和同事之間的距離。結果換來心力交瘁，一心只想趕快換工作。

如果會妨礙到工作當然很麻煩，像是「完全不說話」、「也不正眼相看」、「為了搞垮對方而處處找麻煩是家常便飯」等，不過除此之外，**職場上的人際關係只要維持最基本的往來就行了。**

剛踏入社會的人通常都會受到過去人際關係的影響，例如用「高中、大學同學」或「社團夥伴」的方式看待「職場上的人際關係」，於是試圖和職場上的同事建立和過去「朋友」一樣的「緊密關係」。無奈結果總是不如預期，只會換來煩惱和疲累。

職場上的人際關係，最好再「冷淡」一點。

別再想著要跟職場上的人「感情變好」了。重點不是在「感情變好」、「受歡迎或被討厭」，比起這些，報告、聯絡、相談等工作上最需要的溝通，更重要上千上百倍。

FACT **2** 團隊最多以 8 人為限

Amazon 創辦人傑夫・貝佐斯曾提出一個概念叫做「兩個披薩原則」（The Two-pizza Rule）。意思是對團隊作業最有效率的人數，以兩個披薩能餵飽的人數為限。也就是大約 5 ～ 8 人左右。一旦超過 10 個人，彼此之間就會變得缺乏共識，分裂成不同派系等，導致團隊合作很可能失敗。

溝通良好的團隊，人數大概在 5～8 人左右。超過十個人就會出現分裂而失敗。

圖 ► **兩個披薩原則**

> **一個會議不該超過兩個披薩不能餵飽的人數。**
> —— 傑夫·貝佐斯（Jeff Bezos，Amazon 創辦人）

我說過「沒有一個職場的人際關係是好的」，不過也有例外。8 人以下的職場就很有可能「大家感情都很融洽」。

我的經驗也是如此，有些醫院單就門診部來說，醫師、護理師、事務員加起來大概 5 ～ 6 人就是一個團隊，彼此之間都有默契和共識，做起事來非常容易。

假如是中小企業或小型部門、自己身處的 5 ～ 8 人以下的團隊等**「小團體」，彼此之間的溝通會更順利，關係更容易變得緊密**。如果是多於這個人數的組織，「想跟每個人都相處融洽」就恐怕很難。

理所當然會有討厭你的人，有你不喜歡的人也很正常。

換個角度來說，就算「整個公司的感情不好」，只要你自己身處的 5 ～ 8 人左右的團隊溝通能夠順暢，彼此之間感情還算不錯，工作上就不會有太大的麻煩。而這一點多少可以靠個人的努力去實現。

ToDo ② 給自己找一個盟友

　　如果覺得在職場上煩惱的事情太多，這時候只要找個可以讓自己放心傾訴的對象，心裡的壓力就不會那麼大。

　　「孤單」對人來說是最痛苦的。如果沒有人可以傾訴，壓力只會愈積愈多。遇到困難無法尋求建議或建言，會讓人感覺走投無路，事態也會更加惡化。前輩或同事都好，只要有一個「盟友」或「傾訴對象」，就能大幅減輕職場壓力，找到問題的解決方法。

　　請各位回想一下第1章「人際關係6：『不被討厭』的方法」中關於「關鍵人物」的內容。在職場上，只要把建立關係的重點擺在這個「關鍵人物」和「傾訴對象」，做起事來就能如魚得水。

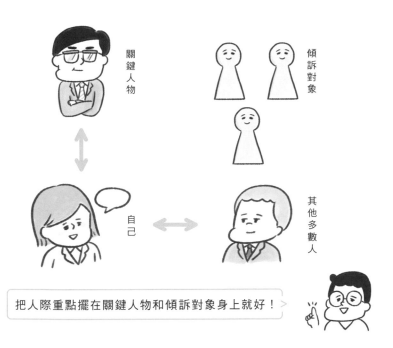

圖 ▶ 職場人際關係策略

工作

147

FACT 3　在公司裡無法融入大家的原因

剛到一個新的工作環境時，想必很多人都會感覺「只有自己顯得格格不入」、「只有自己無法融入大家」。

假如除了你之外，其他同事在公司都已經待了 5 年、10 年甚至 20 年以上，其中一定會有在同一個部門相處 10 年以上的人。這些人感情好當然很正常。

新來的你，突然之間加入這個團體，想要一下子就融入大家，只能說這是不可能的事。所以，很多剛到新環境工作的人，也許會覺得「只有自己無法融入大家」或者「只有自己被冷落」，但其實根本不需要過於悲觀。

ToDo 3　主動卸下防衛

在第 1 章「人際關係 3：克服『信不過別人』的方法」中曾介紹到「建立信任關係的五個階段」，其中第一個階段就是「戒心」。面對新的工作環境，當你抱著「戒心」觀察職場上的人際關係時，大家同樣也會用戒心更仔細地觀察「新來」的你。

「那個新來的，工作能力不知道怎麼樣？」「不知道跟我們能不能處得來？」「不知道工作態度是不是積極？」「現在的年輕人很多都做沒幾天就遞辭呈，這傢伙應該也差不多吧？」。像這樣帶著「期待」和「不信任」、「擔憂」、「擔心」等**複雜的心情，觀察著你的一舉一動**。

因此，這時候你能做的，就是主動卸下「戒心」和「疑心」，想辦法獲得大家的「瞭解」。

ToDo 4　在工作上交出成果

在職場上，讓大家瞭解你最直接、最簡單的方法，就是交出「工作成果」。**大家在你身上希望看到的不是「良好的人際關係」，而是「你能不能勝**

任工作？」「被交代的工作能不能確實完成？」「能不能盡快獨當一面地為公司效力，成為團隊的一分子？」。

因此，現在根本不是說什麼「這家公司大家的感情不太好」的時候，你應該做的是盡快熟悉工作，讓自己能夠獨當一面，努力為公司效力。這麼做才能讓你的人際關係朝「共鳴」和「信賴」更加邁進。

「在工作上無法融入大家」的人，其實都搞錯順序了，**應該先交出工作成果，如此才會相對地得到大家的「信賴」**。

延伸學習

難易度
★

《下町火箭》～一起克服困難就能成為夥伴！（池井戶潤著）

在工作上有人際關係困擾的人，建議可以去找池井戶潤原著改編的日劇《下町火箭》來看。劇情描述佃製作所的社長佃航平，一直夢想可以研發出火箭引擎。每當公司遭遇攸關「存亡」的重大事件時，在社長佃航平的帶領下，所有員工總是能團結一致，共同度過危機。

這部日劇最值得關注的重點就是「一起克服困難就能成為夥伴」。每當遇到困難，大家都會一起加班熬夜，共同度過危機。像這樣共度「困難時刻」，會讓彼此之間的信賴關係變得更堅固，激發出友情，成為「職場上的夥伴」而變得更團結。雖然也有員工對社長的作法有不同的意見，也有人跟大家總是格格不入，但是經過幾次的「一起克服困難」，最後也都漸漸融入大家。

新進員工或是剛進公司才幾年的員工，不可能輕易就成為大家的「夥伴」。只有透過和大家一起克服困難、共度危機，才能成為公司「重要的夥伴」。

覺得「工作一點都不開心」怎麼辦？

關鍵字 ▶ 守破離、自發性

各位是不是也覺得「工作一點都不開心，有一天我一定要辭職」呢？有個數據顯示，社會上有半數的人都覺得工作不開心。各位就算覺得現在的工作不開心，也是很正常的事。

FACT 1 「工作不開心」很正常

根據「社會新鮮人第一年的工作意識調查」，有 64.1% 的人都曾有過「辭職」的念頭，若是將年齡範圍縮小至 20 ～ 29 歲，比例更是高達 77.7%。

剛進公司的前幾年，應該不會有人覺得「工作實在太開心了！如果這一輩子每天都能這麼開心，我實在太幸福了！」。

面對接二連三而來的全新工作的辛苦。和主管及同事之間的人際關係問題。很多事情都不懂，光是一一學習就很吃力，當然不可能「開心」。

雖然進公司的第一年也會覺得「學習全新的工作很興奮」、「拿到薪水很開心」等正面感受，不過**大部分的人最多的感受，恐怕還是「痛苦」、「煎熬」、「辛苦」**。

根據一項不分年資、針對所有年齡層的調查，覺得「工作不開心」、「不喜歡工作」的人，也有多達半數左右。

我自己在剛當上醫生的前三年，幾乎可以說過著地獄般的生活。每天早上八點半到醫院，離開醫院回到家已經是晚上十點、十一點了。半夜三點被緊急叫到醫院也是常有的事，新手醫生都是過著這樣的生活。

不論是哪一個行業，在對工作有概略的熟悉之前，都只能算是修業期。

FACT 2 瞭解守破離原則

學習可分為「守、破、離」三個階段。

「守破離」指的是學習日本茶道、武道、藝術的態度。不管是面對學問或商業或運動等所有領域，守破離這套基本原則都能提升「學習」的效果。

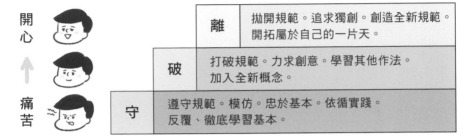

開心 ↑ 痛苦	離	拋開規範。追求獨創。創造全新規範。開拓屬於自己的一片天。
	破	打破規範。力求創意。學習其他作法。加入全新概念。
	守	遵守規範。模仿。忠於基本。依循實踐。反覆、徹底學習基本。

圖 ▶ 何謂守破離？

「守」指遵守規範。跟著老師學習基本作法，並盡力遵守。

「破」指打破規範。對學到的作法能夠完全熟悉且運用自如後，開始研究其他作法。

「離」指拋開規範。綜合自己的研究，開拓屬於自己的一片天，創造一流。

若將這套原則套用在工作上，則如下列說明。

「守」是工作的基本方法。學習上班族的基本知識。忠於基本地做好學會的工作。依照指示做該做的事。

「破」是仿傚前輩的工作方法。透過進修學習既有知識以外的東西。挑戰全新的工作及不曾嘗試過的困難工作。

「離」是將學會的作法進一步做發揮及運用，研發出自己的作法。自己做判斷，自己做決定。自己提案，展現創意。

工作

在尚未學會工作的基本方法之前，就算被指派有難度的工作，也不可能達成。

還沒學會基本方法的人，一下子就想創造「自己的作法」，當然不可能成功。依照守→破→離三個階段一步步學習，才是成功的最佳途徑。

舉例來說，一年級生加入籃球社，一開始也是被叫去做深蹲和短跑等基本體力訓練，接著再繼續做運球和傳接球的練習。剛開始的第一年，甚至連練習賽都沒有上場的機會。

基礎練習的日子肯定不可能開心。之所以能夠努力撐下去，就是希望自己趕快進步，能夠「上場比賽得分」。倘若一直停留在只能做基礎練習的「守」的階段，當然不可能會開心。

ToDo 1 盡快學會基本方法

「工作」、「才藝」、「運動」等，任何一種學習，在默默練習基本的「守」的階段，都會感到痛苦，不可能開心。

一旦進入「破」和「離」的階段，被指派工作，可以活用自己的判斷和創意，這時候才會感覺到樂趣。以運動來說就是能夠上場比賽，在場上發揮，為勝利做出貢獻，才會真的有「開心」的感覺。**也就是說，在感到「開心」之前，是需要花上一段時間的。**

「守」的階段會根據公司和職位不同而有所差異，不過一般來說學會基礎大概都需要三年左右。如果是醫生等專業工作，則需要五年的時間。傳統工藝甚至可能需要十年以上。

各位不妨好好努力，盡快徹底學會「基礎」，往下一個階段邁進。

ToDo 2 加倍「努力」讓工作變得更開心

只不過，有些人會說「還是有人雖然是剛進公司第一年，可是工作得很開心啊」。

「守」的意思包含「依照指示做該做的事」和「用學到的方法做學會的

事」。在武術和運動的世界裡，在熟練基礎之前如果加入自己的變化，可是會被罵的。不過，以工作來說，只要學會最基本的方法，接下來就能自發性地進一步學習，也必須發揮自己的創意思考。

「有不懂的就問前輩。」
「徹底鑽研前輩做事的方法。」
「透過閱讀進修。」
「想像自己將來想怎麼做。」

就算還處於學習工作基本方法的階段，一定也有某些「學習上的努力」是自己現在可以做的。即便才剛進公司第一年，也應該要積極提升自己的創意思考這種「破」的關鍵能力。

「依照指示做該做的事」就跟「奴隸」沒兩樣，只是單純「做苦工」而已。如果可以加入自己的努力，工作才有可能產生樂趣。

「被迫感」就像身處地獄，「自發性」才是天堂。在現在的工作中，自己加入一些「努力」和「應用」，為原本「不開心」、「無趣」的工作多增添一點「樂趣」吧。

透過努力和應用，促使大腦分泌多巴胺，讓工作變得更有趣。

圖 ▶ **將苦差事變有趣的方法**

FACT ③ 決定該不該辭職的判斷基準

半數的上班族都覺得「工作不開心」。但是，如果一直順從這股感覺，認為「不開心就辭職」而輕易地遞辭呈，到最後什麼也學不到，只會淪為不斷換工作的「轉職難民」。

可是，忍耐著「辛苦」和「痛苦」繼續做下去，說不定會讓「憂鬱」找上門。

「辭職」和「不該辭職」的判斷基準，到底應該怎麼拿捏呢？自己到底該努力到什麼程度呢？

舉例來說，假設是在超市打工當「收銀員」，**學會「收銀」的工作後就應該辭職**。如果才剛打工一個星期就因為「工作氣氛不好」辭職，也就沒有機會學會「收銀」了。

一樣都要辭職，工作三個月再辭，你就多了一項「收銀」的工作技能。

這麼一來，到其他超市或超商工作就能立即發揮技能。這可是相當了不起的優勢。

同樣是換工作，擁有「基本技能」的人等於擁有「即戰力」。沒有技能的人只能從零開始學習，成為大家的「拖油瓶」。

在職場上，如果覺得跟大家的關係不好，就先專注在「學會眼前的工作技能」。

> 換工作要注意必須是為了發展自己的職涯而換。如果是討厭上司這種逃避式的轉換跑道，絕對不會成功。
>
> —— 原田泳幸（貢茶日本社長）

ToDo 3 撐過「守」的階段

換工作如果只是為了逃避「辛苦」、「討厭」、「無趣」的現狀，即便到了下一份工作，也很可能會遇到同樣情況。

因為每一家公司、每一種行業都有不開心的「守」的階段。如果從來沒有撐過「守」（辛苦）的階段，**只會永遠在重複痛苦的「基本迴圈」**。

趁年輕努力拚到「破」或是「離」的階段，然後再考慮該不該轉換跑道，這才是有利於下一份工作的轉職術。

延伸學習

難易度
★

《入社第 1 年的 50 堂課》（岩瀨大輔著）

「守」的階段讓工作變得一點都不開心，必須趕緊撐過這個階段，往下一個階段提升。既然如此，剛進公司的員工該學會什麼、完成哪些任務，才能朝「破」的階段邁進呢？《入社第 1 年的 50 堂課》這本書就是在告訴大家如何達成這個目標。

書中針對剛進公司第一年的員工，提供了 50 個詳細的方法，包括「該做的事」、「工作態度」、「進修方法」等。內容中提到「工作的三大重要原則」：「被拜託的事情一定要做到」、「只有 50 分也好，盡早提交就對了」、「沒有無聊、不重要的工作」。只要用這些原則面對工作，做起事來就會更順利，上司也會給予肯定，讓工作變得更有樂趣。不只是剛進公司第一年的員工，感覺「工作不順利」、「工作不開心」的人，或是不知道怎麼指導下屬的人，建議都可以參考這本書。

實在很想離職該怎麼辦？

工作 **3**

關 鍵 字 ▶ 轉職的優缺點、過勞死線

　　想離職的原因每個人不盡相同，有人因為「現在的工作不適合自己」而考慮辭職，有人因為「身體快撐不下去」而不得不辭職。這時候到底該怎麼辦？站在精神科醫生的立場，以下是我的建議。

FACT ① 常見的離職原因

　　日本「en 求職網」針對會員做了一項「離職原因」的調查，結果發現前五名的原因分別是「薪水太低」、「沒有工作意義與成就感」、「對企業的將來沒有信心」、「人際問題」、「工作時間太長」。

表 ▶ 離 職 原 因

離職原因	比例
薪水太低	39%
沒有工作意義與成就感	36%
對企業的將來沒有信心	35%
人際問題	27%
工作時間太長	26%

日本「en求職網」調查

ToDo **1** 針對「想離職的原因」自我分析

首先就從自我分析開始吧。你想離職的原因是什麼呢？列出三個想離職的原因，接著好好想想透過自己的努力，能不能「改變」這些原因。

以「薪水太低」為例，假如除此之外有其他優點，如「工作有意義」、「可提升工作技能」等，大可繼續待下去，另外再找個副業增加收入。

如果想離職的原因是因為「沒有工作意義與成就感」，或者「不是自己想做的工作」，只要提升自己的工作能力，也許就能夠被交付重要的工作也說不定。

或者，如果可以申請轉調，換到其他部門，也許就可以做自己想做的工作、獲得成就感。

至於「人際問題」，如同前一節內容所述，「人是無法改變的，但是『人際關係』可以」，透過改變自己的想法，人際問題就很有可能可以獲得改善。

「工作時間太長」也是一樣，只要提升自己的工作能力、提升個人產能，說不定就不需要加班。

如果「想離職的原因」是可以改變的，就應該盡其所能努力去改變。否則就算換工作，也會重複發生同樣的情況。

FACT **2** 離職很難開口

根據一份離職原因及交涉的調查，「提出離職意願後被公司慰留」的人佔了 53.7%，大約半數左右。

在同一份調查中，「被慰留」的人針對「公司提出何種慰留條件」的問題，有 45.0% 的人回答「部門和薪資等條件沒有變，但是口頭上積極慰留」。其他包括「工作方式，雇用型態」、「轉調其他部門」、「晉升，加薪」等提出某些條件的比例，全部加起來超過半數以上。

表 ▶ 公司開出的慰留條件

慰留條件	比例
部門和薪資等條件沒有變，但是口頭上積極慰留	45.0%
接受員工希望的工作方式或雇用型態	20.6%
轉調其他部門	14.4%
晉升，加薪	11.3%

日本網路媒體「d's JOURNAL」調查

ToDo 2 先試著跟主管商量

我常聽當老闆的朋友聊到，很多員工都是突然間遞出辭呈說要離職，事前完全沒有任何商量，所表現出來的態度就是「我已經決定了，沒什麼好說的」。

但是，如果事前可以先跟主管商量，有時候公司多少也會有所通融或調整。如果是「工作內容」或「人際關係」方面的問題，有時候只要「換部門」，問題便能解決。就算沒辦法馬上「換部門」，說不定也可以讓公司做出某些讓步，例如「我盡量想辦法讓你明年四月轉調其他部門」。

大部分的人應該都是覺得「反正跟主管說了也沒用」，所以才不想開口。不過根據前面提到的調查，提出離職意願後被慰留的人，有半數都能得到公司開出的慰留條件。

就算公司沒有開出慰留條件，或是條件不夠好，不過**反正自己已經決定要離職，所以也不會有任何損失**。只要有 1% 的可能可以讓公司做出讓步或通融，不提出商量就是自己的損失。

如果沒辦法找主管商量，也可以找公司裡的前輩聊聊。假如不想讓公司的人知道自己「想離職」，也可以找跟公司無關的朋友聊聊。總而言之，在決定「離職」之前，都應該找「某個人」聊一聊。聊過之後也會比較清楚自己的

狀況，可以重新冷靜思考自己目前的處境。

如果對方剛好也跟自己面臨同樣處境，不妨問問對方「如果是你會怎麼做？」。有時候或許會得到自己沒有想過的答案。

人在煩惱當下的人際問題而猶豫「該不該離職」的時候，腦袋通常都很混亂，導致很多人會做出情緒性或不夠周詳的判斷，事後才感到後悔。

找個人聊一聊，藉由第三者的角度，可以減少許多因為情緒性的判斷而「鑄下大錯」的風險。

ToDo 3 找立場相反的人討論

只聽「成功轉職的人」的意見，會只注意到「換工作的優點」，讓人「更想離職」。

相反地，只聽「轉職失敗的人」的意見會只注意到「換工作的缺點」，讓人覺得「還是再撐一下好了」。

因此，**不管是「成功轉職的人」或是「轉職失敗的人」，兩方的意見都應該納為參考**，這樣才有辦法知道「換工作的優缺點」、「換工作該注意的事」，做出更正確的判斷。

有「離職」念頭的人通常會變得目光狹隘，一心只覺得「討厭現在的工作」、「真想快點離開這裡」。工作什麼時候要辭掉都行，所以不要急著做出決定，先聽聽有轉職經驗的人或其他人的意見後再謹慎做決定也不遲。

FACT 3 在惡劣的工作環境下繼續工作會導致死亡找上門

根據日本厚生勞動省每年發表的《預防過勞死等對策白皮書》（2019 年）的數據顯示，約有 6 成的勞工對工作和職業生活感到不安和煩惱，工作時數超過國定過勞死線的勞工有 397 萬人，約佔全國勞工人口的 7%。當年度因為工作自殺的人更是多達 2018 人。

過勞死、過勞自殺絕不是事不關己的事情。惡劣的工作環境，或者是長期長時間工作，都很有可能會導致過勞死或過勞自殺而死亡。

表 ► 厚生勞動省《預防過勞死等對策白皮書》（2019年）

對工作和職業生活感到不安、煩惱、壓力的人	58.3%
工作時數超過「過勞死線」的人	397萬人（6.9%）
職場上的「霸凌、找麻煩」等相關投訴案件	8萬2797件
因為工作自殺的人	2018人
因為違法超時工作而被要求改善或接受指導的公司	1萬1766家
被認定為黑心企業的公司	410家
超過國定過勞死線的勞工	16.2%
因為精神疾病而自殺的人數	約半數
媒體傳播業因為罹患精神疾病而自殺的人	年齡全介於20～29歲

ToDo 4 如果「身體快撐不下去」，就該當機立斷馬上離職

各位每個月都平均加班幾個小時呢？一個月多達 80 ～ 100 個小時的加班即稱為「過勞死線」，一旦超過這個時數，過勞死的風險相當高。

每個人「想離職」的原因千差萬別，沒有辦法籠統地給予建議。但是，在黑心企業裡被半強迫要求進行違法的無償加班，會造成精神疲勞。假如除了自己以外的所有員工也都處於同樣嚴苛的工作環境，且今後也沒有改善的可能，那麼盡快離職才是上上策。

如果繼續待下去，說不定會因為腦中風或蜘蛛膜下腔出血而倒下死亡。假設就算被救回來，也有人會因為半身不遂或言語障礙等後遺症而一輩子受苦。如果不幸罹患憂鬱症，能痊癒倒還好，只是很多人即便症狀減輕也會反覆發作，遲遲無法再重返職場。

雖然知道「應該在生病之前趕快離職」，**可是愈是工作認真拚命的人，通常都是生了病才辭職**。

> 就算擁有再優秀的工作能力，一旦健康受損，連工
> 作都做不好，再好的能力也無法發揮。
>
> —— 松下幸之助（Panasonic 創辦人）

因此，長期在惡劣的環境下工作遲早會生病，這種公司還是盡早離開才對。

延伸學習

難易度
★★

《轉職思考法：唯有「隨時能換工作」的人，才能獲得自由》（北野唯我著）

針對不知道自己應該「繼續待在現在的公司？」「還是換工作比較好？」的人，這本書提供了一套「思考方法」，教你如何思考判斷。針對「應該以上司為指標，還是以市場為指標？」的問題，判斷的基準在於「用可提高自我市場價值的方式面對工作」。只要懂得這個道理，不管是該轉換跑道到哪家企業等轉職相關的各種問題，都有辦法靠自己解決。

找到自己的「天職」

在一項工作相關的調查當中，針對「是否認為應該在一生中找到屬於『天職』的工作？」的問題，回答「是」和「應該是」的人共計佔了 87.8%。可見多數人都認為應該瞭解天職的重要性，並且找到自己的天職。

FACT 1 天職與適職的差異

跟「天職」相似的另一個說法叫做「適職」。兩者有何不同呢？

適職指的是適合那個人的個性與能力的職業。天職指的則是彷彿上天賜予的適合自己的職業。跟自己「對將來的看法」或「生活態度」一致，彷彿「自己來到這個世上就是為了做這份工作」、「上天賜予」的職業，就叫做天職。

如果「每天工作都很開心」、「喜歡現在的工作」，就可以算是「適職」。但如果覺得「感受不到工作意義」或「好像少了點什麼」，就不能算是「天職」。

首先應該找到自己的「適職」，透過經驗的累積慢慢地自我覺察，清楚知道自己適合跟不適合做什麼，以及想做什麼。感覺就像一步一步最後終於找到自己的「天職」，而不是突然間就找到。

一旦找到覺得「自己來到這個世上就是為了做這份工作」的職業，工作就會變成你「存在的意義」，讓你完全沉浸在工作的樂趣中。

換言之，人生要活得開心，「找到自己的天職」很重要。

FACT 2 天職不是輕易就能找到

我直到年過四十之後，才發現「以精神科醫生的立場向大眾傳遞資訊」

就是我的天職。我一直到三十九歲都在北海道的醫院擔任精神科醫師。在前面內容裡也有提到，醫院醫師的工作本身相當辛苦，壓力也非常大。我完全不覺得這就是我的「天職」。

後來，我發現比起「治療」患者，「預防」更為重要，於是我在留學期間創立了電子報「芝加哥發信：電影中的精神醫學」。三年後我回到日本，立志「透過資訊傳遞預防精神疾病發生」，於是全心全意投入其中。直到後來才確定透過出版和 YouTube 等「以精神科醫生的立場向大眾傳遞資訊」就是我的天職。

也許很多人都擔心「找不到自己的天職」，不過事實上，天職並不是那麼容易就能找到。它並不是從天而降的東西。

相反地，每次聽到有人才二十幾歲就斷定「現在的工作是自己的天職」，我心裡都會懷疑「你真的確定嗎？」。實際上這些人在幾年過後很可能都換了其他的工作。

擔心「找不到天職」的人，一定都經常問自己「什麼職業適合自己？」、「什麼職業會讓自己想一輩子做下去？」，不斷地進行自我覺察。一邊煩惱「找不到天職」，一邊不斷地嘗試錯誤，這是非常棒的一件事。

每天忙碌工作的人，根本沒有多餘的心力思考「現在的工作是否適合自己？」。擔心「找不到天職」的人，代表自己正在尋找「天職」和「適職」的路上。只要不放棄地繼續找下去，總有一天會找到自己的天職。

FACT 3 為什麼找到天職是件好事？

大家應該都聽過「馬斯洛的需求層次理論」吧？馬斯洛將人類的需求像金字塔一樣分成五個層次。低層次的需求獲得滿足之後，人就會追求更高層次的需求。

如果把這套理論套用在「工作」上，滿足「生理需求」和「安全需求」的是「**Rice work**」，意指為了生存，為了滿足食衣住的需求而工作，跟開不開心沒有關係。

接下來，能夠滿足「社交需求」和「尊重需求」叫做「Like work」或「適

職」。覺得工作很開心，**「喜歡」（Like）這份工作，身為公司的一員「努力」受到肯定，獲得評價**。尊重需求獲得滿足，想更加努力。

只不過，這時候也許會覺得好像少了點什麼。那就是最高層次的「自我實現需求」。能夠實現自己真正想做的事，且獲得滿足和成就感，叫做「Life work」或「天職」。

用「Rice work」、「Like work」、「Life work」這三個關鍵字來思考，應該就能更清楚瞭解什麼叫做天職。

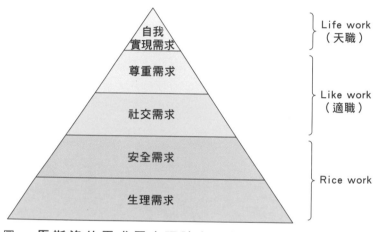

圖 ► 馬斯洛的需求層次理論與工作

> 人生最大的幸福就是找到自己的天職，並且付諸行動。
>
> —— 內村鑑三（基督教思想家）

尋找自己的天職之前，請先思考以下三個問題。

（1）做什麼事情讓你覺得很開心，又有意義？

（2）自己的強項是什麼？哪個領域可以讓你發揮卓越的能力？

（3）什麼事情可以綜合以上兩點又能對社會做出貢獻？

這三個問題可以幫助各位找到天職。心理學家阿德勒曾說過，**工作的本質在於「對他人的貢獻」**。想獲得幸福，必須為共同體的利益做出貢獻。透過自己擅長的領域工作，為共同體做出貢獻，就是自己的「工作＝天職」。

做起來既開心又滿足的事情，就是對自己有「意義」的事。透過不斷反覆去做，可以累積該領域的知識和經驗，提升技術，成為自己的「強項」。

比起用一般能力對社會做出貢獻，把自己的「強項」活用在工作上，更能為社會帶來更大的貢獻。也就是說，綜合「有意義」、「強項」、「貢獻」三者的工作，就是自己的「天職」。

圖 ► **尋找天職的方法**

尋找天職的方法，可以依照「價值→強項→貢獻」的順序進行。

（1）對自己有意義的事。從「開心」中得到啟發。

（2）自己比別人優秀的能力是什麼？從強項中獲得啟發。

（3）運用做起來很開心的「強項」，可以對社會做出什麼
貢獻？

利用「價值，強項，貢獻」等三個要素作為線索，能幫助你更快找到自己的天職。

ToDo 2 踏出舒適圈

有個說法叫做「舒適圈」（感到自在的領域）。

你每天活動的場所，每天見面的人，每天從事的工作等，這些都包括在你的「舒適圈」、「感到自在的領域」、「覺得放鬆、舒適的地方」當中。以動物來說就是「地盤」。

假如在你「現在從事的工作」或「到目前為止做過的工作」當中，都找不到屬於你的天職，代表**你的天職在舒適圈之外**。可能跟你沒有做過的「工作」或「職業」、「業務」有關，或是跟「全新的對象」和「全新的場所」有關。

也就是說，除非你踏出舒適圈，否則很難找到自己的天職。大部分的人都不喜歡「失敗」和「挑戰」。不過，踏出舒適圈接受挑戰，才能發現自己全新的「價值」跟「強項」。或者是透過挑戰也能鍛鍊自己的「強項」。

想要找到自己的天職，唯一的方法就是踏出舒適圈。別害怕接受挑戰，慢慢增加全新的體驗。就算「失敗」，也是促使自己成長的寶貴經驗。

以下整理了一些練習面對挑戰的小秘訣，請各位務必嘗試看看。

（1）找沒有嘗試過的書種來閱讀（瞭解自己不知道的事情）

（2）參加跨業交流聚會（聆聽別人的經驗）

（3）參加研習會、演講（學習未知的商業領域）

（4）欣賞電影（體驗「原來也有這種人生方式」）

（5）觀看電視節目《情熱大陸》和《行家本色：工作的流儀》（發現全新的職業）

（6）接下「沒有做過的工作」（發現自己全新的可能）

（7）出國旅行（看看沒有看過的世界）

（8）從事打工或副業（稍微體驗不同的工作領域）

（9）全心全意投入喜歡的事情（加強自己的「強項」）

（10）尋找導師（尋找「理想的自己」）

（11）開始全新的才藝或興趣（發現「價值」）

（12）每天寫3行正能量日記（發現「價值」）

工作

延伸學習

《やりたいこと探し専門心理カウンセラーの日本一やさしい天職の見つけ方》

難易度
★★

（暫譯：專門幫人找到真正想做的事的心理諮商師教你尋找天職的方法，中越裕史著）

　　如同書名，這是一本鎖定「尋找天職的方法」、看似不可能的書。「不開始去做就絕對不可能找到自己的天職」。採取行動，經過不斷的錯誤嘗試，才有可能發現自己「真正想做的事」。藉由「每天花5分鐘做一件小事」找到自己的天職。不管你是想找到自己的天職，還是對現在的工作覺得不滿足，可是不知道要做什麼的人，這本書都非常適合你。

克服「工作被AI取代」的憂慮

「聽說『AI』（人工智慧）會取代人類的工作，怎麼辦？」「現在的工作被列入『未來將會消失的職業』之一，怎麼辦？」諸如此類關於將來「AI會取代人類的工作」的說法時有所聞，真的是這樣嗎？

根據日本媒體「MarkeZine」針對AI所做的調查，擔心AI的導入帶來的後果當中，有52.1%的人回答「自己現在的工作被取代」。另一方面，關於對AI的期待，最多的是68%的人回答的「解決人力不足的問題」，及67%的人回答的「可交付簡單及危險的任務」。

擔心「工作被AI取代」的人，和期待AI能夠增加勞動力的人，兩者人數各佔約一半，不相上下。

FACT　1　人都偏好負面消息

各位覺得下列兩句話何者正確？

「在接下來的十年、二十年當中，因為AI和機器人的導入，多數人的工作將會被取代，許多行業都會消失不見。」

「在接下來的十年、二十年當中，AI和機器人的導入會使得許多全新的行業誕生，大多數的人都從事全新的工作。」

這兩句話都沒有錯。雖然大家對「AI會取代現有工作」愈來愈感不安，不過如果從「AI可以代替人類工作」和「機器人可以代替人類扛下體力勞動等費體力的工作」的角度來思考，未來不也是讓人感到期待嗎？只不過，大部分的人都比較容易注意到「負面」消息。

人類有所謂的「負面型直覺偏誤」，也就是直覺上**比起事物正向的一面，更容易注意到不好的一面**。

以「負面消息」和「正面消息」來說，一般人對「壞消息」通常印象比較深刻，也比較容易記得。

> 這個世界同時存在著「很糟」跟「愈變愈好」兩種狀態。
> 負面消息由於經常被誇大報導，所以比正面消息更容易引人注目。
>
> ── 漢斯‧羅斯林（Hans Rosling，《真確》）

確實理解這句名言，才有辦法控制負面型直覺偏誤，正確瞭解世界的現狀。

ToDo 1 好壞消息都要看

人都有「負面型直覺偏誤」，因此在看到「負面新聞」或「負面消息」時，都應該養成習慣抱持懷疑的心態想想「真的是這樣嗎？」。

> 「AI 會取代人類工作」的說法並不正確。
> ── 堀江貴文（實業家）
> 人工智慧沒有厲害到輕易就能搶走人類的工作。
> ── 齊藤康己（京都大學教授）
> 「人類的工作會被 AI 取代」的說法是錯的。
> ── 山田誠二（人工智慧學會會長）

網路上隨便都可以找到專家學者認為「AI 不會取代人類的工作」的說法。

除了「人類的工作會被 AI 取代」的新聞報導，應該連同立場相反的報導也一併瀏覽，如此才有辦法判斷何者比較可能正確。

從正面角度來看，隨著科技進步，會帶來許多全新的「行業」及「商業機會」，這一點無庸置疑。

「職業」自古以來本來就是會不斷地改變、替換。江戶時代的「武士」和「金魚商販」等職業已不復存在，明治到昭和時期極度興盛的「煤礦業」和「造船業」，如今幾乎完全沒落。即便是現在的職業，再過不久也會被淘汰消失，出現其他全新的職業。幾百年來都是這樣不斷地反覆重演，根本沒有什麼特別需要擔心的。

　　別再隨隨便便就只被「負面」報導給吸引了。**要把「正面」和「負面」消息擺在天平的兩端，自行做判斷。**聰明善用網路搜尋，在「負面」和「正面」，「不安」和「安心」當中取得平衡，自然不會再感到過度擔憂。

ToDo ② 不偏頗的閱讀術 ── 三點閱讀法

　　網路消息很多都是非專家學者所寫，因此錯誤的報導不少。不僅如此，「假新聞」也愈來愈多，甚至還有懷著惡意蓄意散播謊言的報導，讓人不得不懷疑其可信度。

　　如果對網路消息感到不信任，不妨養成「看書」的習慣。書一定都有載明「作者」，內容代表的就是「作者的想法」，從這一點來說，責任所在相當明確。

　　只不過，**書如果只讀一本，就跟看網路消息一樣會有情報偏頗的問題。**所以如果想判斷「哪個立場正確」，建議最好採用「三點閱讀法」。

　　舉例來說，假設想瞭解「AI 會不會取代人類的工作？」，最好把「AI 危險派」、「AI 贊成派」、「AI 中立派」三種不同立場的書都找來看看。

　　如果沒有時間看完 3 本，可以改用「兩點閱讀法」。例如「贊成」和「反對」立場的書都找來看。就算只有這樣，也足以清楚瞭解問題的正反兩面論點跟優缺點，讓自己做出正確的判斷。

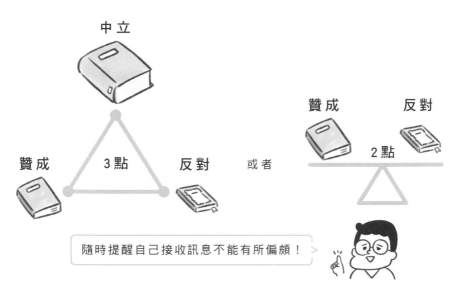

中立

贊成　　　　3 點　　　反對　　或者

贊成　　　反對

2 點

隨時提醒自己接收訊息不能有所偏頗！

圖 ▶「三點閱讀法」與「兩點閱讀法」

ToDo 3 抱持中立的角度

　　大多數的人看網路新聞或影片都不會看到最後，而是只看「標題」或「擷取的一小段內容」就做出判斷，其他部分都只是「概略看過」。想避免這種閱讀方式，一定要先設定蒐集情報的方法。

　　事實上，如果問「這篇報導的內容在說些什麼？」，大部分的人都不會記得詳細的內容，只有對標題有印象。

　　大家應該拋開先入為主的想法，**用中立的角度去接收情報**。很多報導雖然標題聳動，不過其實內容不像標題那麼令人不安。

　　報導應該捨棄先入為主的想法，好好地從頭看到最後。影片也是。只有這麼做才不會只接收到偏頗的內容，導致無法做出正確的判斷。

ToDo **4** 做好準備迎接AI時代

雖說 AI 不會取代人類的工作，不過無庸置疑的，在接下來的時代，失業人口只會愈來愈多。因為如今存在的行業，到了十年後、二十年後，誰也不知道是否還繼續存在。

舉例來說，現在需要二十個人力、花一個星期時間才能完成的土木作業，到了機器人科技已臻成熟的十年後，肯定不再需要花費相同的人力，一切都漸漸「省力化」。只不過，機器人還是需要人工操作，因此人數會慢慢減少為十人、五人、三人……隨著科技的進步，工作變得比現在更「省力」。這一點是可以肯定的。

如果不跟著時代的變化自我「進化」，只會被時代拋棄。無法適應「變化」的人將會落入「貧窮階級」，適應得好的人則能順著產業革命帶來的機會，一躍成為「富裕階級」。

我認為最重要的「AI 時代必備能力」，就是「輸出力」。**AI 時代必備的「創新力」、「創造力」、「溝通力」、「思考力」等，全都可以歸納為「輸出力」。**

這世上的工作可以分成「輸入型工作」和「輸出型工作」。「輸入型工作」指忠實地執行他人的命令。

在過去工業化的全盛時代，社會上需要的是「正確理解上級指示並忠實執行的員工」。

然而，就「忠實執行命令的能力」來說，人類肯定贏不過機器人。換言之，只能做到「輸入型工作」的人，勢必會漸漸被機器人取代。

相反地，「輸出型工作」需要的是在工作上發揮自己的創意和想法，為工作增添獨創性。簡單來說就是發揮創新、從零到有的創造型工作。

發想力、創造力、靈感、努力。AI 要在這些能力上凌駕人類，恐怕還需要很長一段時間。

表 ▶ 工作的兩大類別

輸入型工作	輸出型工作
被動	主動
被迫感	自發性
等待指令	自主，獨立
受人驅使	驅使他人
刻苦耐勞	機動性
接收情報	發送情報
保守，重視前例	挑戰，創新
努力，有毅力	創造力
學習，被教導	教導他人

　　人類正從「輸入型工作」慢慢轉換成「輸出型工作」。更擅長輸出的人，今後的評價會愈來愈高，愈受肯定，收入也會隨著水漲船高。

> 想從事生產性的工作，就必須將思考重點擺在成果，也就是工作上的輸出。技能、情報、知識不過都只是工具罷了。
> ── 彼得・杜拉克（Peter Drucker，美國管理學家）

延伸學習

《2030工作地圖》（堀江貴文著）

　　針對「人類的工作是否會被 AI 取代？」，這本書給了大家一個明確的答案。作者精準地掌握了時代潮流，以結論來說，雖然有些工作會「消失」或「改變」，但是也多了許多「因應趨勢而生的工作」和「有發展性的工作」。根本不需要悲觀，反而應該因應時代的變化，抓住絕佳的工作機會。朝未來做足準備的人，等在前方的就是明亮的未來。只要細讀這本書，應該就會明白這一點。

工作

提升工作和念書的專注力

關鍵字 ▶ 依核、力量姿勢、認知失調

「很難靜下來開始工作」、「雖然坐在書桌前,卻始終無法專心念書」。很多人都有類似的煩惱。坐在書桌前東摸西摸,任憑時間一分一秒過去,這種經驗相信每個人都有。以下就為大家整理克服這種情況的方法。

FACT 1 每個人都有「無法專心」的問題

如果可以按下動力「開關」後瞬間開始工作或念書,那該有多好啊。其實大腦確實有個「動力開關」,只不過要「啟動」大腦的「動力開關」需要一點時間。

大腦的「動力開關」就位於叫做「依核」(nucleus accumbens)的部位。對「依核」做出「某種程度」的刺激,會促使依核開始作用,促進多巴胺這種「產生動力的神經傳導物質」的分泌,讓人感覺到「動力」。

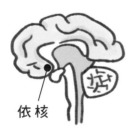

依核

先開始動手做,
等依核進入興奮狀態之後,
就能開啟動力開關!

圖 ▶ 大腦的動力開關

既然如此,該怎麼刺激「依核」呢?答案是**開始工作(念書)**。這時候大家一定會反問「不是啊,這樣不對吧,我就是想知道要怎麼讓自己開始工作(念書)呀」。不過事實上,以大腦的運作來說,「依核不會馬上進入興奮

狀態」。

　　做些簡單的事也行，藉由開始動腦讓依核慢慢進入興奮狀態，就像開車前要先熱車，等到大腦漸漸動起來之後，差不多五分鐘的時間，就會開始「認真」。

ToDo 1 用力量姿勢騙過大腦

　　建議大家可以試著先擺出仁王立姿，接著兩手握拳向上舉，擺出勝利姿勢，大喊「我要開始工作了！」。喊得愈大聲，效果愈好。

　　實際做過就會發現，**只要大聲喊出來，精神自然會變好，湧現一股動力。**這是世界最厲害的潛能大師東尼‧羅賓斯（Tony Robbins）經常使用的手法。藉由大聲喊出來促進腎上腺素的分泌，加快大腦甦醒的速度。

> 人類的情感來自於活動身體。
> 　　　　　　　── 東尼‧羅賓斯（世界第一潛能大師）

力量姿勢

- 讓自己看起來強大
- 兩手向上舉，展現自信
- 擺出仁王立姿，挺起胸膛和頭（臉）
- 睪固酮分泌增加20%
- 壓力荷爾蒙降低20%

力量姿勢能夠提升動力和自信，更能對抗緊張和壓力！

圖 ▶ **力量姿勢的驚人效果**

專門研究身體語言的哈佛大學艾美‧柯蒂（Amy Cudd）教授指出，**光是擺出力量姿勢，身體睪固酮的分泌就會增加，壓力荷爾蒙降低，覺得更有動力。**

睪固酮是一種跟動力、熱情、挑戰有關的荷爾蒙。要是不能大聲喊出來，也可以只擺出力量姿勢並維持一分鐘的時間，同樣有提升動力的效果。

ToDo 2 做出宣言

如果是在公司等不能大喊的地方，可以小聲地說出來，例如「我現在要開始工作了！」。這種類似「宣言」的作法會帶來非常棒的效果。

這裡運用到的是心理學上的**「認知失調」**（cognitive dissonance）的技巧。「認知失調」是美國心理學家利昂‧費斯汀格（Leon Festinger）所提出的概念，意指當出現兩個相互矛盾的認知時，會讓人感到不協調及壓力，而想試圖消除矛盾。

說出「我現在要開始工作」的自己，和「還沒開始工作」的自己，兩者互相矛盾。這時候除非「收回說出口的話」，或者是「開始工作」，否則矛盾不會消失。

「收回說出口的話」不太可能，所以只好不得不開始工作。這就像採取行動，讓寫下來的事情變成現實。

在廁所裡經常會看到的「謝謝你為廁所的乾淨整潔付出一份心力」字條，也是運用了認知失調的技巧。

宣言要說幾次都可以。或者把宣言大大地寫在紙上，貼在辦公桌前，也一樣有效。接下來只要大聲唸出內容，大腦就會知道「差不多得開始工作了」，慢慢進入工作狀態。

ToDo 3 做什麼都行，開始動手就對了

當然，還是有某些人怎麼樣就是沒辦法靜下來開始工作和念書。這是因

為一下子就要開始做該做的工作或念書難度太高，所以大腦做出抗拒的反應。

這種時候應該做的是，先開始做點「其他事情」，什麼都行。可以從下列表格中，挑選自己可以馬上辦到的開始嘗試。相信很快就能讓你找到工作和念書的動力。

表 ▶ 開始做點其他事情

（1）訂定計畫

每天早上從擬定「待辦事項」開始。如果是下午或晚上，就以「現在開始一個小時內能夠完成的事」等方式，以時間為區分安排「待辦事項」和「目標設定」，這麼做就能促使大腦分泌產生動力的神經傳導物──多巴胺。

（2）寫些什麼

「手寫」很重要，可以刺激大腦，使依核進入興奮狀態。光是「看」沒有辦法刺激大腦，總之就是動手寫點東西，或者是透過電腦「打字」來活動手指頭。電子郵件回覆個三封，就能開啟「動力開關」。

（3）聽些振奮精神的音樂

許多研究都指出工作邊聽音樂會影響工作效率，不過，在工作開始之前聽點喜歡的音樂，或是快節奏的音樂、節奏感強烈的音樂等，都有提振精神的效果。最重要的一點是，聽完一首之後就要馬上開始工作（念書）。

（4）關掉手機和網路

美國德州大學奧斯汀分校的研究發現，光是把手機放在桌上，就會影響到專注力等的認知功能及考試成績。因此，記得關掉手機電源並且收到包包裡，或是拿到其他房間放好，或是收到置物櫃。電腦也是一樣，最好關掉Wi-Fi等網路連線。

（5）擺出工作（念書）的樣子

就算沒有要工作（念書），也要坐在書桌前，打開電腦或書本，擺出工作（念書）的樣子。總之就是先坐好，身體做好準備，就能進入準備開始的狀態。擺好「樣子」持續個五分鐘，大腦漸漸就會切換成「動力模式」。

（6）制定一套自己的儀式

結合以上五點，制定一套「自己的儀式」。以每天同樣的模式或儀式，就能毫不費力地快速進入工作（念書）的狀態。

工作

ToDo **4** 最後一招只有「睡覺」了

如果寫不出「待辦事項」，沒辦法「回覆電子郵件」，甚至連「擺出工作的樣子」都做不到，也就是「完全沒辦法專心工作」，表示大腦已經相當疲勞。有時候甚至距離「憂鬱症」只剩一步之遙。

這應該是因為長期睡眠不足、運動不足、承受過度壓力等所導致，應該重新檢視自己的生活習慣，先從睡滿 6 小時開始做起，其他包括盡量減少壓力、每週運動 150 分鐘以上等。

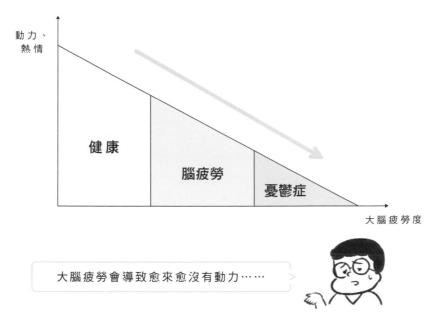

圖 ▶ **腦疲勞**

睡覺可以消除大腦疲勞。睡眠不足會使得大腦不斷累積疲勞，結果影響到動力和專注力，沒辦法發揮全力。

在睡眠不足或腦疲勞的狀態下，人不可能「動力」滿滿。因此，記得先確保足夠的睡眠，想辦法消除腦疲勞。

難易度
★

《五秒法則》 （梅爾·羅賓斯Mel Robbins著）

以律師、CNN評論員、電視節目主持人、作家兼主講人的身分活躍於各個領域的梅爾·羅賓斯所寫的這本書，在全美熱賣超過上百萬冊，堪稱超級暢銷書。

書中所介紹的「五秒法則」相當簡單，而且效果立見。方法就是當你想做任何事情的時候，只要倒數「5、4、3、2、1、GO!」就行了。例如早上爬不起來，就倒數五秒後大喊「GO!」，然後立刻起床。這個五秒法則不只能讓你馬上動起來，還能幫助你克服心裡的恐懼，藉由勇氣和自信的自我喊話，變成一個採取行動的人。以結果來說，這個方法對於不管是「戒酒」、「減重」、「改掉拖延的壞習慣」、「治療依存症和憂鬱症」等都很有效。

《成功人士一定會做的9件事情》
（海蒂·格蘭特·海佛森著）

難易度
★★

這是由在哥倫比亞大學教授動機論的社會心理學家，所寫的一本符合心理學角度的目標達成法書籍。將目標拆解細分，決定好「什麼時候」做「什麼事情」，目標實現的機率便能提高2～3倍。另外書中也告訴大家，相信自己「現在雖然做不到，但總有一天一定能辦到」，能力就會大幅提升。另外還有一項令人意外的研究結果是，只要告訴自己「失敗了也沒關係」，竟然就能大幅降低失敗的機率。內容相當實用，只要稍微改變一下「思考方式」，就更能達成目標。

工作

「工作記不住」的應對方法

　　覺得自己「工作記不住」、「工作能力比其他人差」的人,明明做事情沒有偷懶,卻總是不得要領,最後白費工夫。

　　只要徹底做到「加強工作要領」、「記得交代的事情」、「透過提問和確認避免犯錯」,就能排除大部分的失誤。接下來就教大家如何成為一個確實「記住工作」的人。

FACT 1 工作記不住的原因出在聽的方法不對

　　我在醫院開立新的處方藥給病人的時候,都會跟病患說明藥物的使用方法。花了約十分鐘說明完藥物的服用方式跟副作用之後,我會問病患「都聽懂了嗎?」,對方通常都會說「懂了」。不過當我接著問「那麼,可以請你把我剛剛說明的複誦一遍給我聽嗎?就你記得的內容就好」,大部分的病患都回答不出來。

　　人在聽別人說話時,雖然看似專心,其實幾乎都沒在聽。這種情況我稱之為「有漏洞的聆聽」。在同一個時間、同一個地方聽同樣的說明,有些人「記得住」,有些人則「記不住」(有漏洞的聆聽)。

　　前者是「會不斷成長的人」,後者是「無法成長的人」。舉例來說,假設你接收到上司或前輩的指令。指令中包含五個重點,可是如果你只瞭解其中「三個」,之後不管怎麼努力,都只能完成五分之三的工作。雖然說聆聽是一種「情報的輸入」,但是大部分的人都只是讓情報左耳進右耳出而已。因為如果要對方把剛聽到的複誦一遍,根本「說不出來」或「沒辦法說」。這根本不是貨真價實的輸入(有漏洞的聆聽)。

　　真正的輸入是將情報放入大腦(IN),並且擺好(PUT)。如此才能稱為「INPUT」。真正的輸入是可以複誦出聽到的內容,也能向人說明,所以自

己也會急速成長。

　　在職場上總是記不住工作的人，通常都是有漏洞的聆聽。工作能力好的人，大部分都有做到扎扎實實的輸入。

確實做到輸入

能夠複誦
能夠說明

情報

相反地，
有漏洞的聆聽是
沒辦法向人好好
說明的……

圖 ▶ 工作記憶力好的人

ToDo 1 做筆記／「百分之百完全聽懂」

　　上級的指示和指導，必須要「百分之百完全聽懂」。聽不懂或不記得的東西，不可能做得到。因此，首先最重要的是提高「聽懂他人說話的精準度」。

　　想提高「聽懂他人說話的精準度」，不想「漏聽」，該怎麼做呢？

　　其實很簡單，只要做「筆記」就行了。邊聽邊把對方說的一一做筆記寫下來。這麼一來當然就不會「漏聽」，之後也不會有「想不起來」的情況發生。

　　不過奇怪的是，「會漏聽」的人幾乎都是不做筆記的人。以向患者說明藥物為例，能夠精準複誦出重點的人，五個人當中大概只有一個人，就是會做筆記的人。

　　我到現在還沒有遇過有人可以光靠記憶就能完全複誦出重點。各位也許會說「工作能力好的人，才沒在做什麼筆記呢」。其實這是錯的。愈是「工作能力好的人」，都是在不被發現的情況下偷偷做筆記，或是把重點統整在記事本裡。

聽完之後靠回想做筆記，這種事厲害的人才辦得到。「會漏聽」的人最好還是乖乖拿出筆記，抱著「要百分之百完全聽懂」的心態，一一寫下重點。

另外，可以的話，請準備一本「工作筆記」。**人的記憶力除非有做到輸出，否則通常 2～4 週就會忘記。**前輩熱心教你「工作方法」，如果只是「聽」，一個月就幾乎全忘光了。

這並不是因為你的大腦比較笨，而是只有做到輸出，大腦才會留下記憶。這就是人類大腦的運作方式。光是「聽」，就算聽得再認真也記不住。

「百分之百完全聽懂對方說的話」，這是記住工作的第一步，第二步則是「百分之百照實寫下對方說的話」。

ToDo 2 別說「我懂了」

接到上司指令，當最後被問到「聽懂了嗎？」，相信大家都會反射性地回答「聽懂了」。不過，這樣的回答其實並不好。

我在跟患者說明完藥物使用方法之後，都會問「聽懂了嗎？」，大家都會跟我說「聽懂了」，可是實際上能夠複誦出來的人只有五分之一。表示大部分的人明明沒有聽懂，嘴上卻都說「聽懂了」。

有聽不懂或不清楚的地方，不妨當場就提出來問清楚。

面對上司，提問的最好時機是接到指令之後。如果過了三天才跑去問問題，只會被痛罵一頓「那你這三天什麼都沒問是在做什麼！」。

接收到指令和指導之後，絕對不要留下任何疑問或疑惑。假設百分之百的瞭解，加上八成的執行度跟達成度，工作的完成度也才只有 80 分。如果只理解六成，最後就只能完成 48 分。所以「一開始的理解」一定要將近百分之百才行，這一點很重要。

假使沒有「問題」，也可以先做「確認」。接收到指令後當場複誦一遍聽到的重點，跟對方確認「是這樣沒有對吧？」。如果有漏聽的重點，對方一定會馬上指出來。

總之，這世上有太多明明「沒聽懂」卻說自己「聽懂了」的人。既然都

說「聽懂了」，對方當然不會再說一遍，也不會給予任何指導。

實際動手做之後，「不清楚」、「不明白」的事情愈來愈多，到最後根本連自己哪裡不會都不知道。所以才會演變成「工作記不住」、「工作做不好」的情況。

> 馬上就說瞭解的人，
> 其實從來沒有瞭解過
> —— 小早川隆景（日本戰國時代智將，以毛利家三矢之訓的故事聞名）

要徹底做到「提問」和「確認」，不要留下任何「不清楚」或「不明白」的地方。

也許會被質疑「你怎麼連這個也不知道？」，但那也不過只是一時的「羞愧」。假使不懂的事情放任不管，不只工作會記不住，人也會停止成長，到最後變成公司的「拖油瓶」。

我懂了～

……

放任不懂的
事情不管 → 永遠不會
進步！

當下看起來沒什麼問題

圖 ► 千萬不要馬上就說「聽懂了」

ToDo 3 百分之百做好被交代的事情

記住工作的第三步是「百分之百做好被交代的事情」。

依照聽到的去做。依照指示去做。這是守破離當中的「守」的階段，也

是工作的基本方法。各位或許會覺得不可能「百分之百做好被交代的事情」，但是，「口頭上被交代的事情」，不過只是「最基本必須做到的程度」。

百分之百做好被交代的事情，最後只會得到 70 ～ 80 分的評價。因為上司和前輩都會認為「做好被交代的工作是理所當然」。

「百分之百做好被交代的事情」，結果只能得到「基本評價」，不過只是「最基本的工作」。自己也許不滿「自己都已經做到 80%，卻得不到評價」，但是以上司的角度來說，只會覺得你是個「沒有能力，只能做到 80% 的人」。

被交代的事情只是「最低水準」、「最基本的程度」、「剛好及格」，所以百分之百做好，也才得到及格的 70 分或 80 分。

百分之百去「執行」、「做好」被交代的事情，才有辦法獲得學習。達到一次「記住工作」的結果。

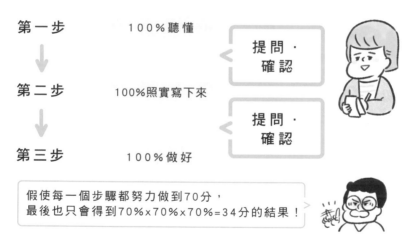

第 一 步	100%聽懂
第 二 步	100%照實寫下來
第 三 步	100%做好

提問‧確認

提問‧確認

假使每一個步驟都努力做到70分，
最後也只會得到70%×70%×70%＝34分的結果！

圖 ► **記 住 工 作 的 三 個 步 驟**

藉由這「三個步驟」，可以打從根本加強你的工作要領，讓你在「記住工作」上有飛躍的進步，加快自我成長的腳步。

「100% 聽懂」、「100% 照實寫下來」、「100% 做好」，這些相乘起來就是 100 分。如果是「80% 聽懂」、「80% 寫下來」、「80% 做好」，結果就

是 51 分。「70% 聽懂」、「70% 寫下來」、「70% 做好」的結果只有 34 分。只有提高「聆聽」、「記錄」、「執行」的「精準度」，才有辦法更快「記住工作」。

ToDo 4 讓記不住工作的下屬記住工作的方法

各位的下屬當中如果有人工作記不住，這套「記住工作的三個步驟」同樣很有用。只要要求下屬照著做就行了。

要求下屬確實做好筆記，複誦聽到的內容。身為上司的你要不斷地做到「提問和確認」，要求下屬向你報告工作進度。下屬沒做好的部分，你也要明確告知，讓他的「執行度」接近百分之百。只要做到這樣，相信你的下屬在記住工作上一定會進步神速。

延伸學習

《筆記的魔力》（前田裕二著）

難易度
★★

記不住工作的人，最重要的一定要確實做筆記。只不過，「備忘錄」性質的筆記，不過只是筆記的「基本功能」而已。透過這本書可以學到筆記的進一步功能，也就是將「零碎的情報」重組，學會「抽象思考」。抽象思考的能力就是「思考本質的能力」。透過抽象思考，零碎的情報可以成為應用在工作上的「發現」或「靈感」而廣泛地轉用。落實書中介紹的筆記方法，不僅能做好被交代的工作，還能透過自己的思考和發想，增加工作的附加價值。

「不被肯定」、「得不到晉升機會」怎麼辦？

關鍵字 ▶ 優於平均效應

　　根據一項有關「中小企業人事評價之煩惱與課題」的調查，有 50.6% 的人覺得「自己在目前公司裡的評價很低」。換言之，一般員工有大約半數的人都覺得「自己的評價不高」。

　　「沒有被交付重要工作」、「不被肯定」、「沒有晉升機會」等，是許多上班族共同的煩惱。假設被交付重要工作，也獲得上司和社長的肯定，成為同期的同事中最快獲得晉升的人，肯定會覺得工作很有意義，有繼續努力的動力。

　　反過來說，如果可以輕鬆做到這些，便能將公司的工作從「辛苦」和「無趣」，轉變成「開心」和「有趣」。

ToDo 1 好好地自我分析一番

　　各位都能針對自己的狀況確實做分析嗎？大部分的人通常都會忽略狀況分析，在負面情緒如「被同期的同事搶先一步獲得晉升，真不甘心！」「我真沒用」「上司完全不瞭解我的能力」的影響下而停止思考。

　　人必須藉由反省來分析自己的狀況，找到對策及應對方法，並落實執行，才有辦法得到成長。一旦受到情緒影響，便無法冷靜自我分析，當然也就無法找到正確的對策及應對方法。如果只是繼續維持現狀，恐怕很快就會被後進晚輩給超越。

　　因此，最重要的是**先拋開自己的「負面情緒」，冷靜地自我檢視**。

　　各位可以試著把自己「在公司裡不被肯定的原因」好好地詳細寫下來，然後再針對這些原因一一思考「應對方法」。

除了沮喪以外……

> 自己在公司裡不被肯定的原因是什麼？

> 針對這些原因，有何應對方法？

我回頭看。

圖 ▶ 正確的反省

FACT 1 愈是能力差的人，自我評價愈高

　　自我評價與實際的能力之間通常會有很大的落差。如同以下列表所示，這個現象已經得到許多心理實驗的證實。

> ・先測試學生的幽默感，再請學生為自己的幽默感評分。結果測試成績倒數 25% 的人，給自己的評分卻都落在「前 40%」。
> ・請受試者給自己的社會性評分，有 60% 的人覺得「自己的分數在前 10% 以內」，甚至有 25% 的人覺得「自己的分數在前 1% 以內」。
> ・70% 的學生認為自己的領導能力優於平均值。
> ・85% 的學生認為自己的開車技術優於平均值。
> ・94% 的大學教授認為自己的教學表現優於平均值。

　　由此可見，有 7 ～ 9 成的人在給自己的技能或能力評分時，都認為「自己在平均以上」，甚至有 25% 的人覺得「自己的程度位於前 1%」。

　　心理學上稱這種現象為**「優於平均效應」**（above average effect）。研究也發現，**「自我評價」**與**「他人評價」**之間的差距有 **20 分之多**。也就是說，就算你認為自己的工作表現是「100 分」，但是在主管心中其實只有「80 分」。從這個心理學法則來看，多數上班族會覺得「自己沒有得到正確的評價」，當

然是很正常的事。

各位一定要對自己的自我評價抱持著懷疑的態度。

> 他人的量尺　自己的量尺
> 長短是不一樣的
>
> ──相田光男（日本詩人）

FACT 2 「實力不足」就是你不被肯定的原因

你在公司裡不被肯定的原因，簡單來說就是「實力不夠」。你給自己的評價，一定都高於你真正的實力和成績。

假如你擁有出色的實力，工作能確實達成，交出實際的漂亮成果和成績，絕對可以獲得肯定。

你也許覺得「自己在工作上不被肯定」，不過其實並非如此，**「外界對你的工作成果所給予的評價，就是真實狀況的評價。」**

「實力不足」換句話說就是「努力不夠」、「自我成長不足」。如同上

自我評價和他人評價之間可是會有這麼大的差距

圖 ▶ **自我評價與他人評價**

一節說過的，「自我評價」和「他人評價」之間有很大的落差。

換言之，必須再「進步 20 分」，「自我評價」和「他人評價」才能達到一致。你需要做的，就是多努力 20 分，讓自己多進步 20 分。

FACT 3 「自我學習」做得不夠

為了在公司能有更好的表現，請問你做了什麼努力？

「把前輩和上司教的確實學會並落實執行。」
「把研習時所學的，好好地實踐。」
「把公司的工作指南好好看懂，確實落實執行。」

各位也許覺得做到這些「公司裡的學習」就算是努力了。事實上，這些作為等於「沒有努力」。

舉例來說，「工作指南」所象徵的標準並不是「只要做到這些就算滿分」。工作指南所代表的，其實是最低標準，也就是「至少這些都要做到」。

包括上司和前輩的指導，以及公司內部的研習也是，所教的都是身為社會人至少應該知道的事情。

換言之，**就算瞭解工作指南並落實執行，也照著上司和前輩教的去做，確實做到「公司裡的學習」，這樣也不過只能拿到及格的「70 分」而已。**

讓員工學會最基本的事情，這就是工作指南，是研習，是日常指導。如果身邊的同事，大家工作都做得比你好，那麼他們究竟是如何擁有這些技術的呢？答案就是「自我學習」。

ToDo 2 加強「自我學習」

「公司裡的學習」是最低標準。既然是每個員工都會做的學習，在這方面再怎麼努力，大家都做一樣的事，自然看不出差距。

如果只會依照被交代的事情去做，不過就跟機器人一樣而已。

公司想要的員工是會自己思考並採取行動，而且不管在工作的品質或量上面，都能做到比交代的更好的人。也就是可以帶來「附加價值」的員工。

100 分的工作做出 100 分的表現是理所當然。**被交代 100 分的工作，卻能做到 120 分的表現，才會「被誇獎」、「被肯定」。**

所以一定要「自我學習」。

「自我學習」指的是學習工作技巧，鍛鍊自己的工作能力。包括說話技巧、寫作技巧、溝通技巧、做備忘錄的技巧、筆記術等，公司並不會特地教你這些工作技巧，你只能靠自己學習。

學會這些工作技巧之後，工作產能便能提高，做事情更有效率，工作的質量也變得更好。

表 ► 「公 司 裡 的 學 習」和「自 我 學 習」的 差 異

公 司 裡 的 學 習	自 我 學 習
特徵	特徵
・有助於當下的業務內容	・有助於每一項工作
・最基本的知識	・附加知識
・具緊急性	・沒有緊急性
・理所當然要做到	・容易拖延
具體內容	具體內容
・工作指南	・工作技巧
・公司研習	・溝通技巧
・上司與前輩的指導	・參加讀書會、研習會、演講等
（有做到是理所當然）不會因此受到肯定	（有做到的人）獲得肯定

根據一項針對日本人的閱讀量的調查，從來不看書的人，佔了整體的47.5%。也就是說，日本人每兩個人當中就有一人從不看書。明明學習的基本就是「看書」。

比你更快獲得晉升的人，很可能就是將通勤時間當成「自我學習」的時

間，每天「自我學習」，不斷地進步。

一天 2 個小時，一週就有 10 個小時，一個月 40 個小時，一年 480 個小時，三年 1440 個小時。假設你的競爭對手為自我成長投入這麼多時間，而在他花了 1440 個小時「自我學習」的時候，你卻只會玩手遊、渾渾噩噩地看電視、滑手機，在能力上當然會出現落差。

也許單純就工作上的努力程度來看，你的表現毫不遜色於他人。但是，比你備受肯定的那些人，私底下一定都花了很多時間「自我學習」。

像這樣不斷累積工作以外的學習，實力一定也會備受大家肯定。這些都是名符其實的評價。

少花一點時間漫無目的地滑手機、打電玩、看電視，把時間用來「自我學習」吧。只要幾個月，上司和公司對你的評價一定會改變。

延伸學習

《東大教授が教える独学勉強法》

（暫譯：東大教授的自學讀書法，柳川範之著）

難易度
★

在職場上提出問題，主管可能會跟你說「這種事情你自己想辦法！」。可是，如果連怎麼蒐集資料、怎麼思考問題都不會，該怎麼辦呢？很多人就算想自己找答案或自己學習，也不知道「自學」的方法。這本書可以教會大家如何不依賴他人地自我學習、解決問題。包括具體步驟、設定主題、蒐集資料、閱讀書本的方法、怎麼做備忘錄和筆記、成果的輸出等所有自學的基礎，都可以透過這本書的內容學會。作者自己就是靠自學當上東大教授，他所提供的方法相當清楚明瞭，非常適合重新學習的社會人。

工作 **9** 找個不同於本業的「副業」

關鍵字 ▶ 網路副業、第一個1000日圓

　　近年來有愈來愈多人想從事副業，但是以目前來說，允許員工從事副業的企業仍屬少數。不過，有多達 31.9% 的企業已經準備將開放員工經營副業，相信接下來會非常值得期待。

FACT **1** 經營副業已是勢在必行

　　日本近年來的「副業風潮」，與「勞動方式改革」有關。

　　因應「勞動方式改革」，厚生勞動省在 2019 年 3 月公布的最新標準就業規則中提到「勞工可在工作時間外從事其他公司之業務」。換言之等於直接宣告「副業解禁」。

　　截至 2020 年，有大約七成的企業都有「禁止從事副業」的規定。不過，在這股風潮的影響下，相信在接下來的幾年內，解禁副業的企業定會一口氣增加。所以，**即便現在任職的公司「禁止從事副業」，提早做好準備也絕對不會吃虧**。

　　此外，日本金融廳 2019 年 6 月的報告書指出，今後的老後生活費必須再多準備兩千萬日圓。引起廣大討論。

　　高齡無職者家庭平均每個月大約會有 5 萬日圓的赤字，以開始領取年金的 65 歲到平均壽命這段時間來計算，試算出來的數字就是「兩千萬日圓」。

　　「兩千萬的存款」聽起來似乎不太可能，但是**如果每個月能持續達到 4 萬日圓的副業收入，即便沒有存款，也能擁有生活無虞的老後**。

　　從這個角度來說，相信大家不會再覺得副業不關自己的事了吧。在退休之前，每個人都有必要維持某種程度的副業收入。

FACT ②　賺錢以外的副業優點

經營副業除了「賺錢」以外，還有一個很重要的意義，就是找到「生存意義」和「畢生事業」。

可以像162頁提到的找到自己的「天職」當然最好，如果找不到，將本業當成滿足生存與生活所需的「Rice work」，把副業視為「畢生事業」，同樣能達到「自我實現」。

在上述內容中曾提到，尊重需求與自我實現需求都是屬於高層次的需求。然而，在現實世界中，一般人並沒有太多機會得到他人的尊重。

從增加受人尊重的機會來說，經營副業也是辦法之一。藉由自己個人的技術和網路找到客源，就能拓展商品或服務的市場。

由於自己的努力會直接表現在成果上，所以也特別容易得到「成就感」。

FACT ③　該選擇什麼副業作為開始呢？

既然如此，該選擇什麼作為副業呢？我個人的推薦是「使用網路的副業」，好處如下方列表。

表 ▶ 網路副業的優點

> （1）具備槓桿效應
> （2）不受限於「場地」和「時間」
> 　　　（可利用空檔時間和咖啡廳等進行作業）
> （3）一旦上軌道之後，放任不管也能賺錢
> （4）幾乎不需要初期本金和固定成本
> （5）較少生理上的疲勞
> （6）年長者也能辦得到

相反地，千萬別嘗試「出賣時間的副業」，也就是利用本業的下班時間和假日到餐廳或超商等打工。因為這些工作不僅會帶來疲勞，還會偷走你的休息時間，造成睡眠不足，很可能影響到原本的本業。

經營副業不妨選擇「具備槓桿效應的副業」。槓桿效應指的就是「槓桿原理」。現在的努力，能夠為日後帶來好幾倍的成果，這種副業才是最佳首選。

以寫部落格當副業為例，花同樣的時間寫部落格，如果瀏覽人數增加十倍，收入也會增加十倍。就算是沒有更新的日子，只要能夠保持流量，就會產生收入。

經營副業應該選擇沒有場地和時間限制、隨時隨地都能做的「網路副業」，而不是「出賣時間的副業」。

ToDo ① 先做再說

不管我怎麼勸說大家「最好開始經營副業」、「尤其網路副業更是好選擇」，實際上會真的動手去做的人還是很少。

這是因為大家已經先告訴自己「才不可能那麼簡單就賺到錢」。可是，**只要真的去做，任何人都可能「靠副業賺入數萬日圓收入」**。

舉例來說，「網路副業」中最容易看到成果的，應該就是二手交易平台「Mercari」了。只要把家中用不到的東西放到平台上賣掉，就能給自己賺得一些小錢。一旦熟悉這套操作模式之後，也能自己進貨一些熱賣商品來賣。不同於「ヤフオク」（YaHoo! 拍賣），在「Mercari」上有些商品甚至會瞬間就被下標，因此第一天嘗試就賺到錢的大有人在。

根據「Mercari」的官方數據顯示，2018 年平均每個會員的月營業額竟然高達 1 萬 7348 日圓。假設全部約 250 萬個會員，每個人平均一個月都能賺進 1～2 萬日圓的小錢，這樣大家應該就會想嘗試了吧？

其中賺最多的年齡層，出乎意料地竟是 60～69 歲的男性，平均 3 萬 1960 日圓。也就是說，這些人在退休之後，光是靠「Mercari」就能每個月賺到三萬日圓的收入。

總而言之，只要找到有興趣的副業，不妨就先從小規模大膽地去嘗試。你必須先從「0」跨出第「1」步，否則永遠都不可能變成「10」。

ToDo 2 先賺到「第一個1000日圓」

經營副業首先最重要的是，用輕鬆的心情開始嘗試，體驗賺錢的感覺。先從小目標開始，可以以「1000日圓」為目標，實際體驗「從網路賺到錢」。1000日圓大概就是打工一個小時的時薪。

一旦利用網路賺到1000日圓，接下來就可以慢慢提高目標到5000日圓、1萬日圓、3萬日圓……等到體會到「原來這麼簡單就能賺到錢」之後，自然就會愈做愈起勁，漸漸投入其中。

FACT 4 因應「副業禁止令」的辦法

對想從事副業的人來說，最大的阻礙就是任職公司的員工守則。各位可以仔細研究其中的「副業規定」，有時候雖然「禁止從事副業」，不過只要提出申請，還是可以有例外。事實上，我認識一些公立高中老師，他們只要申請獲准，還是可以到日本各地進行演講活動。

再說，就算公司禁止從事副業，也不可能因為只是把家裡用不到的東西拿到「Mercari」上賣掉賺個2、3萬日圓，就因此被開除。

只有像是「影響到公司業務」、「失去外部信用」、「為同業競爭對手做事」等情況，才會受到懲戒處分。

舉例來說，因為經營副業到深夜，導致白天上班一直打瞌睡，或是上班時間滑手機查看副業狀況等，除非是像這種很嚴重的情況，否則應該都不會受到懲戒處分，甚至開除。

實際上真的因為從事副業而受到懲戒處分的案例，平均一年大約有30～50件左右。這些都是因為繳稅金額太高，或是被人告發才被發現。

甚至有些會針對懲戒解雇而鬧上法庭，最後判定員工必須接受懲戒解雇的，都是一些比較極端的案例，例如從事副業的時間太長，或是創立同業公司

與本業的公司相競爭等。

　　一般人就算從事副業，一開始也賺不了多少錢。賺個幾萬日圓的副業收入，對公司來說大概都不會在意（不過畢竟得自我負責，所以如果擔心的話，最好還是放棄副業）。

　　另外，法律原則上禁止公務員從事副業。少數例外的只有房地產投資和股票投資、外匯投資等「投資」行為是被允許的。

ToDo 3 從副業拓展個人的創業野心

　　開始經營副業之後，起初的收入可能只有幾萬日圓，不過等到收入愈來愈多，就可以開始考慮成為「個人事業主」。

　　只要依循著「副業→個人事業主→創立公司」的步驟來增加收入，風險相對也會比較小。

　　剛開始「個人事業」，即所謂的「自營業」，不妨先把家裡當工作室使用，可以節省固定成本，將風險降至最低。一般而言，副業收入超過一千萬日圓，設立公司對節稅來說才有優勢。在這之前「個人事業主」就夠了。

　　創業對多數人來說，都是個遙不可及的夢想。事實上，只要先降低風險，從「個人事業主」開始嘗試，創業就不再是多困難的一件事。

　　一旦開始思考到副業的未來展望，對於目前的本業也會慢慢改變態度和作法。

　　上班的心態會變得更積極學習工作技術，以利將來的創業，也會開始用不同的角度看待原本的工作。當思考模式從原本的員工立場，轉變成經營者的角度，就會獲得許多過去不曾注意到的學習。

　　從只要照著命令做事的輸入型工作，變成靠自己思考、發揮創業的輸出型工作。

　　自2020年起，在疫情帶來的經濟影響之下，倒閉的企業與失業人口只會愈來愈多。在接下來的時代，每個人必須思考即便離開公司，自己是否還具備

「賺錢能力」？千萬不能覺得「現在工作穩定，沒什麼好擔心的」而有輕慢的心態，必須先做好準備，一步步調整為風險較低的工作型態。

延伸學習

難易度
★

《いちばんやさしい 副業のはじめ方がわかる本》（暫譯：副業經營指南，成美堂出版編輯部編著）

坊間副業相關的書籍琳瑯滿目，其中我要推薦的是這本對副業完全一無所知的人，讀起來最清楚明瞭的《いちばんやさしい 副業のはじめ方がわかる本》。豐富的圖解與表格，能幫助大家快速理解。從副業的基本，到如何探索、選擇副業，就連禁止從事副業規定的問題和納稅問題，全都毫無遺漏地收錄於內容中。看完之後，應該可以幫助大家減輕對經營副業的不安和擔心。

難易度
★★

《個人無限公司：轉職和副業的相乘×生涯價值最大化生存法》（moto著）

「想變成有錢人，就先去創業吧！」話雖然這麼說，但是大部分的人還是對辭去工作感到不放心，不敢貿然嘗試。這本書透過邏輯思考的方式教讀者如何一邊當個上班族，一邊經營自己的副業事業。作者moto自己的本業年薪為一千萬日圓，副業年收入卻高達四千萬日圓，而且他表示接下來還要繼續當個上班族。

工作 10　消除「金錢焦慮」

關鍵字　▶　邊際效用遞減法則、非地位財、自我投資

　　每個人都有金錢煩惱，我們也常見到大家只要一想到老後的生活，就不免心生擔憂。在這一節裡，就讓我們來看看消除這些不安和焦慮的方法吧。

FACT 1　日本人的存款真相

　　各位都有聽說過日本人的平均存款為「1752 萬日圓」嗎？聽到這個數字，相信很多人一定對自己的存款感到難過和悲觀。

　　事實上，這個數字暗藏著圈套。**「平均」存款雖然是 1752 萬日圓，不過「中位數」卻是 1036 萬日圓。**

　　平均數和中位數是兩個看似相似，其實不一樣的概念。假設存款 10 萬日圓的有 4 個人，1 億日圓的有一個人。中位數指的是由高到低排列後正中間的數字，因此第 3 個人的「10 萬日圓」即為中位數。但是，平均數是 5 個人的存款全部加起來之後平分的數字，所以是「2008 萬日圓」。

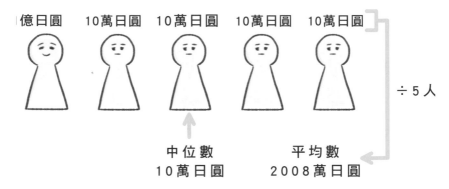

圖　▶　平均數與中位數

這種時候，**比較能反映出實際狀況的，其實是中位數。**

再加上這裡的存款包含了壽險及有價證券，如果光就現金存款來看，數字會降低許多。順帶一提，40 世代的單身者平均存款為 657 萬日圓。從這個數字來看，可以說有錢的老人家對於提升「日本人平均存款」做出了很大的貢獻。

根據一份 30 ～ 40 世代的金錢觀調查顯示，存款在 100 萬日圓以下的人佔了 6 成，**其中竟然有高達 23% 的人完全沒有任何存款。**比起政府公布的「不切實際的數字」，這項數據更能呈現真正的現實狀態。因此，各位現在就算沒有存款，也不需要感到悲觀。因為大家都一樣。

FACT 2 「財富」與「幸福」不成比例

關於幸福跟收入的關係，曾獲諾貝爾經濟學獎的普林斯頓大學名譽教授丹尼爾·康納曼博士（Daniel Kahneman）曾做過一項相當知名的研究。他指出，收入增加所帶來的幸福感有限，**「年收入一旦達到 7 萬 5000 美元（800 萬日圓）後，就不會再帶來快樂。」**

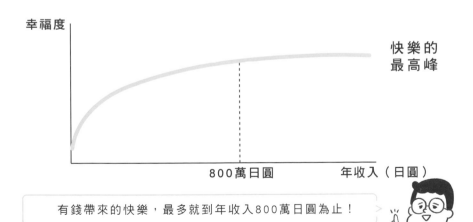

有錢帶來的快樂，最多就到年收入800萬日圓為止！

圖 ▶ **年 收 入 與 幸 福 感 的 關 係 變 化**

同樣地，大阪大學「21 世紀 COE 計畫」所做的調查也顯示，幸福感的飽和點大概落在年收入約 700 萬日圓左右。

經濟學有個理論叫做**「邊際效用遞減法則」**（Law of Diminishing Marginal Utility）。假設得到 1 萬日圓，每個人都會很開心，不過第二次再得到 1 萬日圓，就不會再像第一次那麼開心。因為已經「習慣」了。

第一次的 1 萬日圓會刺激多巴胺的分泌，讓人感到「開心」和「幸福」。但是，接下來除非得到更多，例如 2 萬日圓，否則都無法再刺激多巴胺的分泌。為了持續分泌多巴胺，人會沒有止境地追求財富，到最後就算賺到 1000 萬、1 億日圓，也沒辦法得到真正的幸福。

大部分的人都想成為有錢人，以為愈多財富能帶來更多快樂。其實並非如此。

英國新堡大學的行為科學心理學家丹尼爾‧內特爾教授（Daniel Nettle）指出，**金錢和物欲等「地位財」所帶來的幸福不會持久，健康、愛情、自由等「非地位財」所帶來的幸福，才有辦法長久。**

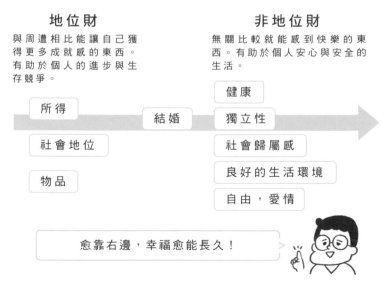

圖 ▶ 「地位財」與「非地位財」

也就是說，太過於在「財富」上追求快樂是沒辦法獲得幸福的。以「賺錢」為動力努力工作或念書固然是件好事，但是如果太執著於財富，只會帶來不幸。

甚至有人為了賺錢拚過頭，結果賠上了健康，犧牲了家庭時間，私生活幾乎瓦解。

幸福除了「金錢」以外，也能從「健康」、「關係」、「愛情」、「尊重」、「自我實現」、「社會貢獻」等方面獲得。

瞭解這一點之後再努力工作，拓展事業，一步步提高收入，才是比較正確的作法。

> 財富累積到某種程度之前，都可以帶給人快樂。但是，就算擁有財富，愛你的人也不會變多，你也不會變得更健康。
>
> ── 華倫·巴菲特（Warren Buffett，被譽為「股神」的美國投資家）

FACT ③ 要成為有錢人只有兩個方法

經常有人告訴我他「好想成為有錢人」或「好想賺錢」，要我教他該怎麼做。答案其實很簡單。

只要看看全球的億萬富豪就會知道，成為有錢人的方法只有兩個，就是**「創業」跟「投資」**。

就算繼承了一大筆「遺產」，也只會愈花愈少，除非藉由「投資」不斷增加，否則再多的錢，花一輩子也會花光。

也有人想靠「樂透」一攫千金，然而，中樂透頭彩的人當中，有7成最後都是「宣告破產」。可見就算真的中頭彩，也不保證就一定會幸福。

自己「創業」開公司，只要能把事業做大，提高公司獲利，年收入就能以倍數成長。甚至如果成為上市公司，還可能成為身價幾十億到數百億的富豪。

或者以「投資」來說，有股票、外匯、房地產等各種投資方法，10萬日圓左右的小金額就能開始嘗試。

ToDo 1 從小投資開始

關於創業，在上一節已經談過，接下來就來看看投資的部分。投資時要注意，千萬別一開始就做高額投資。投資不可能僥倖成功，靠的是一步一步扎扎實實的「學習」。

最好的方法是，先拿零用錢之類開始嘗試少額的投資，運用小錢學習如何投資。

雖然「想靠投資成為億萬富豪」，不過大部分的人應該都是用每個月幾萬日圓的零用，加上一年幾十萬的獎金作為投資的「本金」。要把這些錢變成「1億日圓」，不是件簡單的事。在「本金」少的狀況下，投資高風險高報酬的商品，甚至有可能賠上全部。所以還是先一步一步地多賺一點「本金」吧。

FACT 4 保證一定能獲得最大報酬的投資，就是「自我投資」

假設你有100萬的存款。這時候如果有人告訴你，有個可以讓你在「10年內獲利10倍」的金融商品，可說是完全零風險、絕對安全的保本型投資，你會怎麼做？現實中真的就有這種夢幻般的投資。

那就是對自己的投資，即所謂的「自我投資」。世界上找不到任何投資可以像自我投資一樣穩賺不賠。「10年內獲利10倍」還只是個相當保守的數字，以我自己來說，**比起25年來在自我投資上花費的金額，我所得到的回報肯定有百倍以上。**

20～40歲的這段期間，我把賺來的錢，全部用來累積自己的知識和經驗。從大學時代開始，我每個月的閱讀量至少20本以上，電影也是每個月看20部，出社會之後才減少為每個月10部。每年至少一次以上的國外旅行，近年來更是一年多達四次以上，累計至今已經超過50次。

這些經驗都成為我現在發送情報和寫作的材料。正因為從 20 幾歲以來就一直投資自己，所以才有今天的我。

真正有幫助的知識，是過去十年間讀過的書。十年前讀過的書，後來成為我的一部分，養成我現在的思考模式。

金錢投資有損失的風險，但是投資自己絕對不會背叛你。現在的自我投資，會造就出十年後的你。

撇開有明確想購買的東西以外，說到底「存款」真的有意義嗎？現今的利息幾乎等於零，一旦遇上通膨，貨幣還會大幅貶值。**連「儲蓄」本身就是個高風險的行為**。

假如有錢儲蓄，不如用來投資自己。具體的投資方法如下列表格，各位不妨參考看看，積極地把錢花在這些地方吧。

表 ► 具 體 的 自 我 投 資

健康	上健身房、按摩、整體、營養補充品、健康食品、體檢、全身健康檢查、到牙科洗牙
人際關係	跟人見面、參加聚餐、交流會、出席派對、請客
情報、知識	買書、看書，參加讀書會、講座、演講、學習會、文化中心等舉辦的文化講座、欣賞電影、演劇、音樂劇、逛美術館等
技能提升	語言學校、資格證照、證照補習班、補習班、社會大學、研究所
全新體驗	國外旅行、國內旅行、國外留學、志工活動、體驗學習、品嘗美食、住高級飯店
美容	美容院、美甲沙龍、美容沙龍、購買衣服、化妝品
時間	搭計程車、家事服務、家事管理、聘雇員工、善用在宅服務

難易度
★★

《快樂錢商》（本田健著）

　　沒有財運的人，對金錢通常都會有「心理障礙」，而這本書就可以幫你消除這種心理障礙。根據書中的說法，花錢時只要懷著感謝的心情，金錢會以倍數的方式回到你身邊。各位或許覺得不可能有這種事，不過有一點一定要知道，錢不是什麼「骯髒」的東西，裡頭其實包含著花錢的人對錢的「感謝」和「開心」。

《「お金持ち列車」の乗り方 すべての幸せを手に入れる「切符」をあなたへ》（暫譯：一張獲得所有幸福的「富豪列車」車票，本田健著）

難易度
★★

　　作者從一個普通的上班族，搖身一變成為擁有上千戶房地產的超級房東，公司年營業額高達 30 億日圓，個人年收入就超過 1 億日圓。他以自身的經驗，用簡單易懂的方式一步步說明成為有錢人必備的「思考」、「想法」、「行動」及具體作法。讀完這本書就會知道，如果想成為有錢人，你該做哪些準備和行動。

4 章

打造「不會
疲累的身體」

健康

擺脫睡眠不足

根據「日本國民健康營養調查」（2018 年），睡眠時間未滿 6 個小時的人口比例，男性為 36.1%，女性為 39.6%。以年齡層來看，30 ～ 39 歲男性和 50 ～ 59 歲女性睡得最少，分別為 50.0% 和 54.1%。有睡滿充足的睡眠時間 7 個小時以上的人，男性只有 29.5%，女性也只有 25.7%。由此可知，**壯年世代中每 2 ～ 3 人就有 1 人有睡眠不足的問題**。

FACT 1 睡眠不足的危害

大家雖然都知道睡眠不足有害健康，不過多數人卻不瞭解睡眠不足真正可怕的地方。睡眠不足的危害，大致有以下三點。

（1） 帶來疾病 （影響壽命）

許多研究都證實睡眠不足會導致疾病上身。睡眠不滿 6 個小時的人，比一般人罹癌的機率高出 6 倍、腦中風 4 倍、心肌梗塞 3 倍、高血壓 2 倍、糖尿病 3 倍、感冒 5 倍。甚至有研究指出**死亡率超出 5.6 倍之多**。

大家都知道「抽菸」有害健康，不過，也有許多研究學者主張「比起抽菸，睡眠不足對健康的危害更大」。

即便覺得自己還年輕，不會有問題，但是睡眠不足在經過 10 ～ 20 年以後，最後都會引發「生活習慣病」。

（2） 影響工作效率

雖然當事人自己不會察覺，不過睡眠時間減少會造成大腦的工作效率大幅下降。**對大腦來說，連續 14 天每天只睡 6 個小時，等於整整 2 天徹夜未眠**。換言之，每天都只睡 6 個小時的人，等於是以「每天熬夜工作沒睡覺的狀

態」在工作。

研究已經證實，睡眠時間減少會降低整個大腦功能，包括專注力、注意力、判斷力、管控功能、短期記憶、工作記憶、量化能力、數學能力、邏輯推理能力、心情、感情等。也就是說，睡眠不足的人，每天都只有用原本能力的 5 ～ 7 成在工作。

> 有益健康的事物大多很討人厭，
> 只有一樣是人們喜歡的，
> 就是一夜好眠。
> —— 埃德加・華森・豪（Edgar Watson Howe，美國小說家）

（3） 容易發胖

另一個風險是「睡太少會變胖」。減重失敗的人，很多都是因為在睡眠不足的狀態下進行減肥。

根據睡眠時間與肥胖關係的研究發現，睡眠時間只有 5 ～ 6 個小時的人，發胖的機率是一般人的 1.2 倍，4 ～ 5 個小時是 1.5 倍，4 個小時以下是 1.7 倍。

也有研究數據顯示，**「睡眠不足的人，一天會多攝取 385 大卡的熱量。」** 可見睡眠不足會讓人食慾大增。

睡眠不足會使得促進食慾的荷爾蒙飢餓素（ghrelin）提高分泌，減少分泌抑制食慾的荷爾蒙瘦體素（leptin），對蔗糖、脂肪、垃圾食物的攝取慾望增加。也就是食慾變好，會想吃甜食和高油脂的東西。

這是因為睡眠不足時，身體會察覺到「危機」，所以拚命地儲存能量。由此可知，如果想瘦身，在「減重」之前，記得先「睡飽」。

FACT 2 人體所需的充足睡眠時間

針對這一點有許多不同的研究和數據，其中一個答案是，人體所需要的充足睡眠為「7 個小時以上」的優質睡眠。

根據美國加州大學所做的睡眠時間與死亡率的研究顯示，睡眠時間「6.5～7.5 個小時」的人最長壽。一旦少於這個時間，死亡率會提高。睡眠時間與死亡率的關係呈 V 字形。

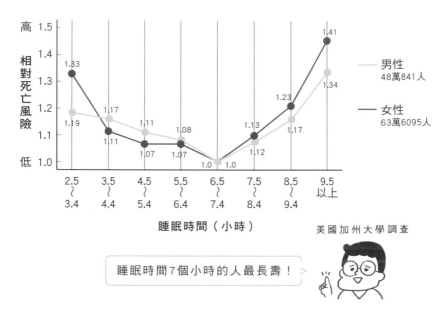

圖 ▶ 睡眠時間與死亡率的關係

厚生勞動省的調查指出，約半數 40 世代的人睡眠時間都未滿 6 個小時，5 個人中就有 1 人有睡眠問題，20 個人中有 1 人有服用安眠藥的習慣。可見對多數日本人而言，睡眠是個非常頭痛的問題。大家還是想辦法保持 7 個小時以上的睡眠時間吧。

ToDo 1 「睡眠優先」的一週試驗

覺得自己睡眠不足的人，不妨可以試著「增加 1 個小時的睡眠時間」。「只要 1 個小時」就好，比平常提早 1 個小時上床睡覺，增加 1 個小時的睡眠時間。減少滑手機、看電視或打電玩的休閒時間，或是在打掃、洗衣等家事上

稍微偷懶，增加睡眠時間。

　　只是短短增加 1 個小時，對大腦功能就會有明顯的改善效果。工作效率變好，生產力提升。一旦能提早完成工作，也能確保更多的睡眠時間。

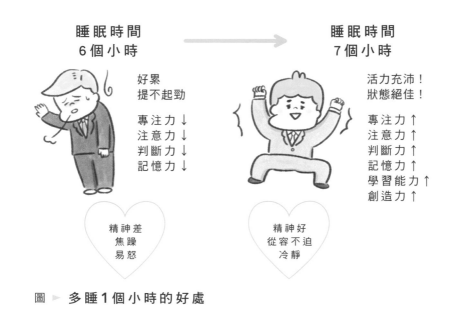

圖 ▶ 多睡 1 個小時的好處

FACT ③ 睡覺該重「質」還是重「量」？

　　關於睡眠最重要的是「質」還是「量」，從結論來說，**「兩者」**都很重要。睡眠品質固然重要，但是研究也顯示睡眠時間最少要 6 個小時才夠，所以到頭來兩個都很重要。相反地，就算睡了 7 ～ 8 個小時，但如果睡得不安穩也沒有用。

　　睡眠品質的好壞，可以從早上起床的心情來判斷。睡眠品質好的人，起床後會覺得很舒服、神清氣爽，前一天的疲勞完全消除，整個人充滿幹勁。不用鬧鐘叫自然就起床，也是優質睡眠的特徵之一。

　　相反地，睡眠品質不好的人，通常早上都起不來，想再多睡一會，還感

覺得到前一天的疲憊，不想上班。不斷延後鬧鐘的時間、想睡到最後一秒的人，就要特別注意了。

另外，**很難入睡、半夜一直醒來、白天一直打瞌睡等，這些也都是睡眠品質不好的特徵**。

手機的「睡眠 App」和智能手錶都能將睡眠狀態轉換成圖表，擔心自己睡眠品質的人可以多加利用。

ToDo 2 改掉不好的睡眠習慣

首先你應該做的是，徹底改掉會影響睡眠的生活壞習慣。也就是**調整「睡前 2 個小時」所做的事**。想要提高睡眠品質，必須讓睡前的大腦「放鬆」，避免在大腦「興奮」的狀態下上床睡覺。以下是幾個會影響睡眠的生活壞習慣。

（1） 避免藍光照射

「藍光」指的是手機、電腦、螢光燈等散發出來的光。藍光的波長屬於藍天的波長，也就是白天陽光的波長。另外，傳統燈泡的紅色光則屬於「夕陽」的波長。

照射藍光會使得大腦誤以為「現在是白天」，抑制睡眠促進物質褪黑激素的分泌。相反地，照射紅光可以讓大腦知道「接下來是晚上了」，因而開始分泌褪黑激素，漸漸減少全身的活動，準備進入睡眠。

（2） 睡前不喝酒、 吃東西

有些人以為「喝酒可以助眠」，其實是完全錯誤的觀念。喝酒雖然可以縮短入睡時間，不過**也會縮短整體的睡眠時間**。相信各位都有經驗，聚餐喝酒的隔天，一大早就會醒來。這是因為「縮短睡眠時間」和「早起」都是酒精的藥理作用。

喝酒對睡眠的影響非常大，這也是為什麼很多酒癮患者都會併發睡眠障礙的原因。

我曾經有個患者長期失眠，每天必須吃 10 顆以上安眠藥才睡得著。後來不過是住院禁酒一個星期，病情就好轉許多，可以不再靠安眠藥自然入睡。**有喝酒的習慣，且「睡不好」的人，建議應該暫時戒酒試試看。**

另外，睡前 2 個小時「吃東西」也會影響睡眠品質。因為吃東西會導致生長激素無法分泌。由於生長激素會使「血糖升高」，一旦睡前吃東西，在血糖過高的狀態下，生長激素便不會再分泌。生長激素的分泌對優質睡眠相當重要，**倘若缺乏生長激素的分泌，身體便無法消除疲勞**。

（3） 避免興奮型的娛樂活動

興奮型的娛樂包括電玩、電影、戲劇、漫畫、小說等。打電玩之所以玩到深夜還不想睡覺，是因為大腦會分泌興奮物質腎上腺素。腎上腺素分泌會讓交感神經處於優位，心跳和血壓跟著上升，變成「興奮」的狀態。

睡覺時身體必須要是副交感神經優位的「放鬆」狀態，換言之，「興奮型的娛樂」相當不利於睡眠。會讓心跳加速、緊張到流手汗的事情，睡前還是盡量避免比較好。

健康

延伸學習

難易度
★

《最高睡眠法》（西野精治著）

史丹佛大學又被譽為全世界最頂尖的睡眠研究機構，而這本書就是任教於史丹佛大學的西野精治教授所寫，可說是帶動睡眠書潮流的第一本。「睡眠負債」的說法，可以說就是從這本書開始的。熟睡最重要的關鍵在「體溫」，因此作者建議「最好在睡前 90 分鐘泡澡」。書中內容兼具科學根據與方法，可幫助大家讀完立即實踐。

提升睡眠品質

上一節針對一般常見睡眠不足的煩惱，介紹了解決辦法。接下來在這一節，讓我們進一步來看看提升睡眠品質的方法吧。

FACT 1 「睡不著」的問題放任不管，可是會生病的

說到底，「睡眠品質不好」指的到底是什麼意思呢？

大腦和身體中有一套「睡眠」系統，可幫助消除疲勞、提升免疫力、促進新陳代謝、修復細胞、整理腦內情報等作用。對生物而言，睡眠是絕對必要的功能。

「睡不著」對生物來說是相當異常的狀態，原因在於生活不規律或壓力等因素，造成「正常的睡眠功能」出問題。

人類的身體天生就具備**「自癒力」**。自癒力在白天雖然也會作用，不過真正發揮作用的時間，其實是免疫系統最活躍的「睡眠中」。睡眠時間太短或是睡眠品質不好，都會讓自癒力無法發揮作用，最後導致「生病」。

「睡不著」就是身體發出的「警告」。如果不傾聽這個警告，排除不健康的因素，就很有可能會面臨精神疾病和心肌梗塞、腦中風等身體疾病的風險，甚至是猝死或過勞死。也就是，「睡不著」意味著身體正處於「健康」和「生病」之間的「未病」狀態。

如同在序章「基本方法 4」中提到的，長期失眠的人與睡得好的人，兩者憂鬱症的發病率相差了 40 倍之多，失智症的風險也高出了 5 倍。

大家一定要重新認識一點：睡不好的問題一旦放任不處理，就非常有可能會讓疾病找上門。反過來說，只要調整生活習慣，就能活得健康又長壽。

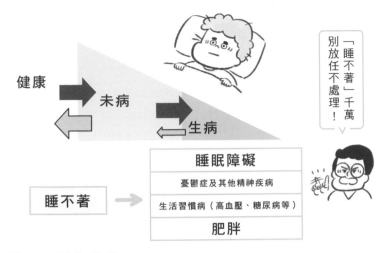

圖 ► 睡眠不足的風險

ToDo 1 改善睡眠品質的方法

上一節提到不好的睡眠習慣,接著在這裡就為大家介紹幾個可以改善睡眠品質的「良好睡眠習慣」。

(1) 正確地泡澡

史丹佛大學的西野精治教授在其著作中整理出一個結論:**「泡澡才是熟睡最關鍵的方法。」** 他建議最好在睡覺前 90 分鐘完成泡澡。

想進入深沉睡眠,必須要**「身體的深層體溫下降」** 才行。泡完澡後,人的體溫會慢慢下降,90 分鐘後深層體溫跟著降低,這時候生長激素也會大量分泌。

另外,**泡澡的水溫最好維持在 40 度,泡澡時間為 15 分鐘。** 如果想泡更熱一點的水溫,請把時間提前到睡前 2 個小時以上。

（2） 養成運動習慣

　　奧勒岡州立大學的研究指出，每週運動 150 分鐘可以改善 65% 的睡眠品質，白天打瞌睡的情況減少 65%，白天的疲憊感和專注力也能獲得 45% 的改善。也就是說，每天運動約 20 分鐘就能大幅改善睡眠品質。**「每週進行 2 次 45 ～ 60 分鐘以上的中強度運動」**效果更好（促進生長激素分泌的運動方法請參見第 4 章「健康 4：理想運動持之以恆的方法」）。

（3） 調整照明及室溫

　　上一節提到，「藍光」是睡眠最大的敵人。一般的日光燈也會散發藍光，所以最好**改變白熾燈或 LED 燈泡的「色溫」**。

　　睡覺時，**「全黑」的環境**睡眠品質最好。盡量不要開著小燈睡覺。窗簾布如果太薄，陽光會透進來，所以也不行。一點點微弱的光，都會抑制睡眠促進物質褪黑激素的分泌。

　　「室溫」也很重要。睡眠的舒適室溫為夏季 25 ～ 26 度，冬季 18 ～ 19 度。進入深層睡眠必須要「人體的深層溫度降低」，「18 ～ 19 度」正好是略有寒意的溫度。稍微低的室溫，有助於提升睡眠品質。所以，睡覺時最好保持室溫在不至於會感冒的微涼環境中。

ToDo 2　睡 前 2 小 時 的 放 鬆 儀 式

　　做好環境的基本準備之後，接下來就是落實提升睡眠品質的方法。也就是**「睡前 2 個小時保持放鬆」**。白天時交感神經處於優位，到了晚上就必須換副交感神經處於優位，準備進入睡眠，這一點很重要。以下表格整理了一些睡前 2 個小時可以做的事情。

表 ► **睡前 2 小時 的 放 鬆 儀 式**

睡前90分鐘完成泡澡（40度水溫）
跟家人或寵物一起開心度過
攝取適當水分（避免咖啡因和酒精），避免飲食
做伸展或瑜伽等輕度運動，或是聽音樂、點精油、按摩等非視覺性的娛樂（避免藍光）
寫日記，回想今天一整天開心的事（以正面的心情為一天畫下句點）

ToDo ③ 不 依 賴 安 眠 藥 的 方 法

　　有些人會因為失眠到精神科拿安眠藥吃。如果不想再吃安眠藥，請先把上一節提到的「會影響睡眠的生活壞習慣」**全部戒掉**。只調整一兩項的效果不大，必須「全部做到」才行。另外也要養成「晨間散步」的習慣，讓生理時鐘重設。只要徹底調整生活習慣，睡眠障礙肯定能夠獲得改善。各位一定要認真試試看。

> **延伸學習**
>
> ### 《Sleep Smarter》
> （暫譯：聰明睡眠，Shawn Stevenson著）
>
> 難易度 ★★
>
> 　　所有睡眠相關的書籍中，我最喜歡的就是這本書了。醫生和研究學者寫的書大多強調「科學根據」、「機制」、「原因」等，雖然有說服力和可信度，可是卻都缺乏「方法（該怎麼做）」。身為健康諮詢師的 Shawn Stevenson 是個對健康和睡眠相當狂熱的人，他蒐集了各種方法，經過親身試驗後，將所有驗證結果整理成這本睡眠方法的百科全書。全書多達 21 個章節，內容尤其強調「方法」，對讀者非常有幫助，堪稱是睡眠方法書的絕佳之作。只要從方法當中找自己做得到的盡量去實踐，一定能看見效果。

健康 3　缺乏運動的解決辦法

關鍵字　▶　死亡風險、快走

　　忙碌的上班族幾乎找不到時間運動，根據厚生勞動省的「日本國民健康營養調查」（2016 年）指出，持續一年以上每週 2 次 30 分鐘以上運動習慣的人，男性只有 35.1%，女性 27.4%。

　　事實上，每年平均有 5 萬人因為「運動不足」死亡。接下來就讓我來告訴大家運動不足的危險性，以及輕鬆開始嘗試運動的方法。

FACT　1　運動不足的危害

　　「運動不足有害健康」的道理，想必大家應該多少都猜得到。但是，實際上真的能具體說出不運動有什麼壞處的人，恐怕沒幾個。因此，以下為大家整理了運動對健康的效果。

表 ▶ 運動帶來的健康效果

整體死亡率	降低30～35%
心臟疾病	降低27～60%
整體癌症發生率	降低30%
乳癌	降低30%
結腸癌	降低50%
糖尿病	降低58%
憂鬱症	降低12%
失智症	降低30～50%

「每週進行150分鐘中強度的運動」就能有這樣的效果！

　　綜合各項研究成果，只要每週運動 150 分鐘，就能讓這麼多重大疾病的發生率降低 30 ～ 60%。

在死亡率方面，輕度運動就能降低 30% 的死亡率。研究也發現，如果再稍微提高強度，每週運動 150 分鐘，死亡率甚至會降低 50%。**可見運動不足對健康的危害，幾乎可以說是到會致死的程度。**

FACT (2) 不可計量的運動功效

運動的功效不只是「預防疾病」和「減重」而已，這些不過只是其中一部分。下方列表為各位整理出運動不可計量的效果。

表 ▶ 運動的功效

1「瘦身」：促進生長激素分泌、燃燒脂肪。
2「預防生理疾病」：預防心血管疾病、糖尿病、高血壓、癌症等所有重大疾病。
3「變聰明」：促進大腦海馬迴產生新的神經元。預防大腦退化及失智症。
4「強化工作記憶」：提升大腦轉速。做事情變得有技巧。
5「工作能力變好」：專注力、判斷力、創造力等大部分大腦功能獲得提升。
6「增加肌肉、強健骨骼」：預防衰弱與骨折。提高新陳代謝，不容易變胖。
7「免疫力提升」：殺死癌細胞的能力變強。對抗病毒的免疫力變好。
8「消除疲勞」：分泌生長激素，達到消除疲勞的作用。
9「睡得更沉」：促進睡眠的健康效果。
10「更有幹勁」：促進多巴胺的分泌。
11「紓解壓力」：抑制壓力荷爾蒙的分泌。
12「情緒、心情變得穩定」：促進血清素的分泌（改善焦躁不安、易怒、衝動）。
13「精神疾病的預防與治療」：可預防精神疾病。對憂鬱症的治療效果等同藥物，甚至更好。

摘自《脳を鍛えるには運動しかない！》（暫譯：大腦鍛鍊唯有靠運動，NHK出版）

從以上列表可以知道，運動的功效除了生理上以外，還包括「變聰明」、「工作能力變好」、「穩定情緒」等許多優點。

如同在序章所言，光是靠「運動」就能消除或改善大部分的煩惱和不安。

活動身體可以促進快樂物質多巴胺的分泌，讓人感到快樂。因此，**煩惱不停、想不開的時候，首先應該做的事就是「運動」**。

FACT 3 沒辦法養成運動的原因

很多人都會因為「沒有時間」、「太麻煩」等原因而不運動。這是因為這類型的人**認為「必須要有完整的一段時間才能運動」**。

根據世衛組織（WHO）的指引，「人體必要運動量」的標準為**「每週150 分鐘健走等中強度的運動，慢跑等激烈運動則為每週 75 分鐘」**。「快走」也算是中強度的運動之一。

換言之，每天只要快走 20 分鐘左右，就能達到最基本的運動量。事實上，根據美國國家癌症研究所的研究結果，「每週快走 150 分鐘」就能延長 4 年半的壽命。聽到這裡，是不是也覺得運動其實沒有多困難了呢？

> 我一天只有 23 個小時。
> 另外 1 個小時是留給運動。
>
> —— 村上春樹（小說家）

ToDo 1 利用空檔時間運動

只要在生活中稍微用點心，就算不特地花時間上健身房做激烈運動，一樣能達到可觀的運動效果。

針對找不到完整時間運動的上班族，以下介紹幾個利用空檔時間就能達到效果的運動方法。

表 ▶ 利用空檔時間就能達到效果的運動

（1）快走通勤
上下班時不要慢慢走，改成「快步走」。
如果是搭電車通勤，可以提前一站下車走回家。

（2）快步爬樓梯
只要從原本的手扶梯改成爬樓梯，就能達到相當可觀的運動量。

（3）站立時順便練深蹲
從椅子上站起來時順便做10下深蹲。屁股往下坐，膝蓋盡量呈直角，確實做到深蹲的動作。

（4）中午外出用餐
午休時間走個5～10分鐘，到遠一點的地方用餐吧。以快走的方式就能
達到來回10～20分鐘的運動量。

（5）做家事
打掃、整理房間、洗衣等做家事也算是運動。

根據加拿大麥克馬斯特大學（McMaster University）
的研究指出，每天20分鐘的運動不需要是「真正的運動」，
「做家事」活動身體也能達到效果。

　　由此可知，只要在生活中用點心，就能輕易擠出「運動時間」。就算一天只能擠出 10 分鐘運動，也不必沮喪。因為研究已經證實，就算達不到 WHO 建議的「每週運動 150 分鐘」，**每天運動 10 分鐘也能降低 30% 的死亡率**。總之，時間不是重點，重要的是開始運動。

健康

延伸學習

《運動改造大腦》（約翰・瑞提John J. Ratey、艾瑞克・海格曼Eric Hagerman著）

難易度
★★★

　　這本書為全世界揭開了「運動有益大腦」的秘密，是講述「運動和大腦」關係最完整的一本書。內容介紹許多關於運動和大腦的論文和研究，以及運動的好處。讀完之後會讓人迫切地想運動。我自己也在看完之後開始真正的運動，可以說是改變我人生的一本書。

理想運動持之以恆的方法

上一節提到基本的運動量，接下來要介紹的是可進一步促進健康、提升工作表現的「理想的運動」。

FACT **1** 何謂「理想的運動」？

「每天快走 20 分鐘」是最基本的運動。養成習慣之後，接下來就能更進一步進行真正的運動。綜合許多相關書籍和論文研究，以及我自己的體驗，所謂「理想的運動」包含以下四點。這也是我自己正在做的。

（1）進行中強度以上的運動（每次 45 ～ 60 分鐘以上，一週 2 ～ 3 次）

（2）結合有氧運動與重量訓練

（3）加入複雜，必須用腦的運動

（4）保持適當運動量，不過度運動

接下來就為各位一一詳細說明。

ToDo **1** 進行中強度以上的運動

沒有運動習慣的人，建議可以利用每天 5 ～ 10 分鐘的空檔時間來運動。不過，最好還是抽個完整 30 分鐘以上的時間來運動，效果更好。

這是因為，**從開始做有氧運動 20 ～ 30 分鐘後，生長激素才會開始分泌**。生長激素可以燃燒脂肪、提升睡眠品質、消除疲勞、提高免疫力、使肌膚變得更好等功效，是對身體非常好的「終極健康物質」。

另外，運動一開始的時候，身體能量的主要來源是碳水化合物，並不會燃燒脂肪。由於生長激素也有燃燒脂肪的效果，所以**運動 30 分鐘以後才會開始真正燃燒脂肪**。這也是為什麼運動不到 30 分鐘的人瘦不下來的原因。

運動強度最好也要維持「中強度或以上」。中強度運動差不多是「快走」或「超慢跑」的程度。難度不高，但是做完之後還是會稍微流汗。

ToDo 2 結合有氧運動與重量訓練

運動分為有氧運動及無氧運動兩種。以重要性來說，兩者都很重要。

表 ▶ 有氧運動與無氧運動的差異

有氧運動 （邊呼吸邊運動）	無氧運動 （憋氣運動）
種類 ・健走、慢跑 ・游泳 ・騎自行車	種類 ・重量訓練 ・短跑衝刺 ・重量訓練
優點 ・促進BDNF分泌 ・促進生長激素分泌 ・鍛鍊大腦 ・提升記憶力↑、專注力↑	優點 ・促進睪固酮分泌 ・促進生長激素分泌 ・鍛鍊身體 ・提升肌耐力↑、強健骨骼
特色 ・燃燒脂肪 ・運動負荷低～中 ・講求持久力，因此長期 　下來能看見效果	特色 ・提升基礎代謝率↑ ・運動負荷高 ・講求瞬間爆發力，因此短時間 　即可見效

有氧運動指的是健走、慢跑、游泳、自行車等邊呼吸邊做的運動。無氧運動則是憋氣進行的運動，包括重量訓練、短跑衝刺、重量訓練（啞鈴、舉重）等。

有氧運動和無氧運動的運動效果截然不同。**有氧運動可活化大腦功能、燃燒脂肪；無氧運動則能鍛鍊肌肉及骨骼、提高基礎代謝率等建立身體功能的基礎。**

如果結合這兩項運動，效果更是加倍。因此與其分開進行，同一天進行效果更好。

有研究指出，只要深蹲 1 分鐘，就能刺激生長激素大量分泌。以難度較高的無氧運動來說，做個 5 ～ 10 分鐘，身體就會分泌大量的生長激素。有氧運動需要做 20 ～ 30 分鐘，身體才會分泌生長激素，但是做重訓只要幾分鐘就能見效。換言之，**在進行有氧運動之前先做重訓，如此一來開始慢跑之後，身體就能直接燃燒脂肪，運動效果更好**。

一般來說，喜歡重訓的人就只會做重訓，喜歡慢跑的人就只會跑步。這實在很可惜，如果可以搭配進行，運動效果將會增加好幾倍。

重訓能解決所有問題！
不管任何煩惱，先練重訓就對了。
—— Testosterone，《重訓最強日本社長》

ToDo 3 加入複雜、必須用腦的運動

有氧運動可以活化大腦，分泌增加腦神經網絡的物質 BDNF（腦源性神經營養因子）。也就是會釋放讓人變聰明的物質。**同樣的運動量，比起反覆進行單純的運動，複雜的運動更能刺激 BDNF 的分泌。**

舉例來說，跑步機跑起來很單調，容易覺得厭煩。如果換成戶外跑步，還能感受景色的變化。有種運動項目是跑在山中小徑的「越野跑」（Trail Running），被視為是最能活化大腦的運動之一。

複雜而有變化、有難度的運動更能活化大腦，所以像是「跳舞」（有氧舞蹈）和「武術」等也都符合條件。

我學習「古武術」已經很長一段時間。古武術必須隨著對手的動作臨機應變，可以同時達到運動和鍛鍊大腦的效果。

ToDo 4 保持適當運動量，不過度運動

各位或許會覺得運動量愈大愈好，但其實這是錯誤的想法。

有研究指出，「每天運動的人」比「每週運動 2 ～ 3 次的人」，心臟病發和腦中風的機率都高出 2 倍。而且，根據運動量與死亡率的調查發現，**從事「中強度運動」的人壽命最長，接著是「輕度運動」**。「重度運動」的人比「輕度運動」的人死亡率來得更高。這樣的研究結果實在相當諷刺。

以中強度運動來說，每天做也沒關係，但是如果每天進行高強度的運動，並不保證一定有益健康。運動還是保持適度最健康。

FACT 2 運動無法持之以恆的原因

運動最辛苦的是「持之以恆」。「開始嘗試慢跑，結果卻只持續了 3 天」、「加入健身俱樂部成為會員，卻找不到時間運動」的人非常多。

人很容易持續做「開心」的事，「不開心」的事卻無法持之以恆。**「開心」會讓大腦分泌多巴胺，「辛苦」和「痛苦」則會刺激壓力荷爾蒙的分泌**。大部分無法持之以恆的人，都是因為把運動視為是一件「辛苦」、「痛苦」的事情。

尤其以減重為目的的人，更是很難持續保持運動。因為**運動不是那麼容易就能達到減重的效果**。假使慢跑了一個月，卻瘦不到 1 公斤，當然會覺得沮喪而提不起勁繼續運動。

同樣地，立志要「一個月瘦 3 公斤」或「每天早上一定要慢跑 1 個小時」等**目標愈大的人，絕對沒辦法持之以恆**。

另外像是慢跑等單獨一個人進行的運動，雖然「隨時都能開始」，但是相對地也**「隨時都能放棄」**。這些讓人「想放棄的原因」都必須一一想辦法克服才行。

ToDo 5　加入開心的元素

找到自己無法持續運動的原因之後，接下來只要一一排除，就能養成運動習慣。

首先要找到自己喜歡的運動。相信應該沒有人會說自己每一項運動都很喜歡吧。

「我喜歡自己一個人靜靜地做的運動，像是跑步或重訓。」
「我喜歡和大家一起運動，像是瑜伽或舞蹈社團。」
「我喜歡和大家一起競爭的球類運動。」

像這樣**從各種運動項目中，找到適合自己、能讓自己開心的運動**，這才是最重要的。

不過話雖這麼說，做事情沒有毅力的人獨自開始嘗試運動，大多會以挫敗收場。**建議最好是夫妻或朋友、男女朋友一起進行。**

找人一起運動還可以彼此互相鼓勵，會更容易克服運動的「辛苦」和「痛苦」。

或者像是健身俱樂部也會定期舉辦交流會或派對等活動，促進會員之間的交流。就算對運動本身感受不到快樂，「關係」和「社群」也會帶來不同動力的快樂，讓人可以持續做下去。

最後，運動結束之後，**請輕聲對自己說一聲「今天也通體舒暢！」**。這麼說就能提升運動的動機。

運動的過程中雖然會感到「辛苦」和「痛苦」，但是結束後應該都會充滿「暢快感」和「成就感」。這時候不妨把心裡的感覺說出來，例如「真是暢

快」、「流了一身汗，真舒服」、「今天也很努力呢」、「我真厲害，竟然這麼努力」等。

每次從健身房回家途中，我都會這麼對自己說，感受運動帶來的快樂。這也讓我對運動後的「暢快感」和「成就感」充滿期待，想繼續運動下去。

延伸學習

《10万人が注目！ 科学的に正しい人生を変える筋トレ》（暫譯：眾所矚目合乎科學方式、改變人生的重量訓練，谷口智一著）

難易度
★

作者就是創辦日本全國性健美比賽「BEST BODY JAPAN」的谷口智一。他將自己與 10 萬名參賽者接觸的經驗，加上科學根據，完成了這本書。內容風趣易懂，光是看內容就會讓人想跟著做重訓。書中提供許多可輕易開始嘗試的方法，所介紹的訓練也幾乎都不需要使用槓鈴或啞鈴等道具，自己在家就能做，非常實用。

《重訓最強日本社長》（Testosterone著）

難易度
★

作者是推特追蹤人數超過百萬人的重訓傳道師 Testosterone，內容集結了他所發表過的推特文章。讀完可以幫助瞭解重訓不可計數的重要性，絕對會讓你想馬上開始做訓練。運動最重要的是「開始」和「持之以恆」。作者正面帶有幽默的文字，不僅會讓人想開始嘗試重訓，也會成為「想持續訓練下去」的動力。啞鈴絕對不會背叛你！大家也一起練起來吧！

健康

真正有益健康的食物

關鍵字 ▶ **全營養食物、低醣飲食、神經維生素**

「什麼是有益健康的食物？有害健康的食物又是哪些？」「結果根本不知道該吃什麼才對」。想必很多人都有這種感覺。

可是，鑽研了許多書籍和論文後發現，每個內容都不一樣，甚至很多時候即便是類似的研究，實驗結果卻是大相逕庭。

關於健康飲食，雖然各派學者各持論點，不過在這裡還是篩選出一些「至少這些要知道」的內容跟大家分享。

FACT 1 符合科學觀點的「健康食物」只有5種

符合科學觀點的健康食物有哪些呢？根據許多研究顯示，真正有益健康，也就是可降低腦中風和心肌梗塞、癌症等風險的食物，有下列5種。

「魚類」、「蔬果」（不包含果汁和馬鈴薯）、「褐色碳水化合物」（糙米、蕎麥、全麥麵包）、「橄欖油」、「堅果類」。

相反地，一般認為有害健康的有「紅肉」（不包含雞肉。尤其火腿、香腸等加工肉品更不健康）、「白色碳水化合物」（白米、烏龍麵、義大利麵、麵粉做成的麵包）、「奶油等飽和脂肪酸」等3樣。

這些食物如下列表格可分為5大類。避開有害健康的3種食物，增加攝取有益健康的5種食物，就是最符合科學的健康飲食法。**「以糙米取代白米，以魚取代肉，以橄欖油取代奶油，點心一把堅果」**，這樣的飲食可說就是有科學根據的健康飲食。

其中讓人意外的是，白米竟被歸類在「有害健康的食物」中。事實上，精製白米已經少了原有的營養和膳食纖維，加上容易使血糖上升，吃太多會提高罹患糖尿病的風險。

類別	說明	食物	
1	多項值得信賴的研究證實有益健康的食物	·魚 ·褐色碳水化合物 ·堅果類	·蔬菜水果 ·橄欖油
2	應該有益健康的食物 少數研究顯示可能有益健康	·黑巧克力 ·咖啡、茶 ·優格、豆漿	·納豆 ·醋
3	沒有研究指出對健康有害或有利	其他大部分食物	
4	應該有害健康的食物 少數研究顯示可能有害健康	·美乃滋和乳瑪琳 ·果汁	
5	多項值得信賴的研究證實有害健康的食物	·紅肉（牛肉和豬肉，不含雞肉）和加工肉品（火腿和香腸） ·白色碳水化合物（含馬鈴薯） ·奶油等飽和脂肪酸	

摘自《科學證實最強飲食》（津川友介著）

糙米富含維生素、礦物質和膳食纖維，可攝取到人類健康所需的大部分營養素（維生素 C 除外），因此被稱為**「全營養食物」**。

糙米雖然給人印象「口感較硬」、「烹煮時間長」，不過炊煮時水量只要比白米多加 2～3 成，放置一晚讓米粒吸飽水分，以一般的電鍋就能煮出不輸白米的鬆軟口感。

其他一些可能對健康有益的食物還包括「黑巧克力」、「咖啡」、「納豆」、「優格」、「醋」、「豆漿」、「茶」等。

> 讓食物成為你的藥，讓藥成為你的食物。
> ── 希波克拉底（古希臘醫生）

健康

FACT 2 減醣對健康到底是好是壞？

「減醣」成了現今的健康風潮，究竟減醣對健康是好是壞，也是經常被拿出來討論的話題之一。從以前就有研究指出「過分減醣會提高死亡率」。權威雜誌《刺胳針》曾在 2018 年發表一份研究結果，被認為可信度相當高。

研究人員花了 25 年的時間，追蹤約 15000 名年齡介於 45 ～ 64 歲的美國人，結果發現碳水化合物的比例佔總攝取熱量的 50 ～ 55% 時，死亡率最低。比例過多或過少都會提高死亡率。也就是說，**醣質攝取過量當然有害健康，但是，嚴格控制醣質攝取，對健康同樣不是件好事**。從「變瘦」的角度來說，減醣飲食確實有效，但稱不上是健康的瘦身。

某項調查發現，40% 以上的日本人，每天醣質攝取量都超過標準的 300 克。

對醣質攝取過量的人而言，減少部分醣質攝取量的「適當減醣」，可說是必須的。

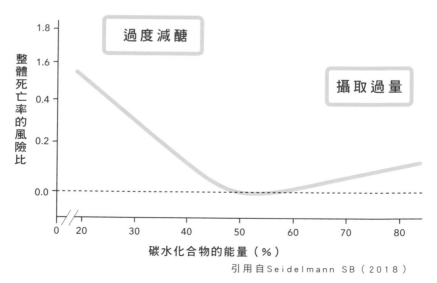

引用自 Seidelmann SB（2018）

圖 ► 碳水化合物攝取量與死亡率的 U 形曲線關係圖

ToDo ① 避開壞醣

　　關於每天應該攝取幾克的醣質，也就是「量」的問題，各家說法不一。然而，比攝取量更重要的是，我們到底應該攝取何種醣質，也就是「質」的問題。重點在於「升糖指數」，而不是醣質的攝取量或熱量。當血糖急速上升時，胰島素會增加分泌。胰島素將糖轉變成脂肪，使人容易發胖。

　　再者，胰島素分泌太頻繁，會導致製造胰島素的胰臟細胞過度勞累，而無法再製造出胰島素。這正是糖尿病的發病原因之一。因此，與其「減少醣質攝取量」，更重要的應該是避免攝取升糖指數高的「惡性程度高的醣質」。

　　惡性程度最高的醣質是「罐裝咖啡、汽水、果汁」。「1 罐罐裝咖啡」的醣質等於 3 ～ 4 顆的方糖，「加糖咖啡歐蕾」的醣質甚至等於 10 顆以上的方糖。「1 罐可樂」等於 14 顆方糖，就連看似健康的「蔬果汁」也含有 3.5 顆方糖的醣質。加上液體的吸收快，喝完血糖瞬間就會爆增。

　　「甜點」也最好避免。

　　主食避開屬於「白色碳水化合物」的白米和白麵包，改吃糙米和全麥麵包等「**褐色碳水化合物**」，就能抑制血糖上升，吃得更健康。

ToDo ② 選擇優質點心

　　感覺焦躁不安時，很可能是因為「血糖過低」造成。大腦所消耗的熱量佔整體熱量的 20%，其來源主要為葡萄糖。血糖過低會影響大腦效率，所以才說下午的「點心」是不可或缺的一餐。

　　雖說是點心，分量只要小包裝的餅乾抓個一兩把就夠了，吃太多反而會有反效果。**當血糖急速上升時，胰島素會分泌，接著血糖又會急速下降**，回到血糖過低的狀態。

　　最健康的點心是「堅果」。「堅果」是經科學證實「有益健康的食物」之一。養成吃堅果的習慣，30 年全因死亡率會降低 20%，心臟疾病和糖尿病的風險也會變少。

健康

有些人因為「熱量高」而選擇不吃堅果。事實上研究發現,「每週吃 2 次堅果的人,比不吃的人變胖的機率小了 31%。」

堅果的主要成分是脂質,膳食纖維含量也很高,因此吸收慢,不易造成血糖上升。換言之,堅果可以慢慢提供身體能量,是最適合的點心選擇。**堅果的攝取量每次最好控制在「28 ～ 57 克」**。一般手抓一把的量大概是 30 克左右。

FACT 3 營養補充品到底好不好?

營養補充品是攝取人體必需營養素的選擇之一。然而,營養補充品雖然方便,但也經常會聽到「完全沒有效果,吃了等於沒吃」的說法。

根據約翰霍普金斯大學的研究,**不論是針對心血管疾病或癌症、失智症或言語記憶、心肌梗塞等,維生素和礦物質等營養補充品都不具預防效果。**

營養素和營養物質多達上百種,**服用單一種營養補充品,就能大幅降低罹患生活習慣病的風險,這是不可能的事。**

生活習慣病通常是許多不同的因素共同造成,包括抽菸、運動不足、睡眠不足、壓力、飲食不均衡等。飲食也是其中因素之一。

因為缺乏單一營養素而直接導致生活習慣病,或者相反地,藉由攝取單一營養素而變得更長壽等,這些都是不可能的事。

既然如此,營養補充品就毫無意義了嗎?其實也未必。

舉例來說,「維生素 B6」是多巴胺、腎上腺素、正腎上腺素、GABA、乙醯膽鹼等重要大腦神經傳導物質生成時必需的維生素。「維生素 B12」則是維持大腦神經功能不可或缺的維生素。這些都稱為「神經維生素」。

「神經維生素」的不足雖然不會馬上導致疾病發生或是影響壽命,但是非常有可能會使大腦的效率變差。

厚生勞動省的「日本國民健康營養調查」發現,20 世代在維生素及礦物質等 18 種營養素當中,有 16 種處於缺乏的狀態,尤其「維生素 C」、「維生

素 A」、「維生素 D」、「鈣」、「膳食纖維」等 5 種更是極度缺乏（目標值的 60% 以下）。

雖說一定要努力「盡量從飲食中攝取營養」，但是如果真的做不到，也可以靠營養補充品來補足。

我自己每天都會服用的營養補充品包括有「綜合維他命」（結合 25 種維生素及礦物質）、「DHA 和 EPA」、「維生素 C」、「維生素 D」、「鎂」等 5 種。我的目標是從飲食中均衡攝取營養素，只有一些容易缺乏的營養素才靠營養補充品來補足。

延伸學習

難易度
★★

《科學證實最強飲食》（津川友介著）

由美國加州大學洛杉磯分校（UCLA）內科學副教授親自撰寫的這本書，從具科學根據的飲食觀點來看，是我讀過最淺顯易懂，統整得最清楚，讀者最容易瞭解，也最容易實踐的一本書。內容針對「綜合分析」、「隨機對照試驗」、「觀察性研究」之間的差異，以及證據等級之間的差異，解說得相當清楚明瞭。以一般大眾為對象的書籍當中，沒有一本像它一樣解說得如此清楚。這本書為讀者清楚解釋了何謂「科學根據」。一般常見關於「健康飲食」的問題，幾乎都囊括其中。對這方面有興趣的人，這本書絕對會讓你感到滿意。

健康瘦身飲食法

關鍵字 ▶ BMI、免疫力

　　每個時代都有各種不同的瘦身方法，這也反映了多數人「想瘦身」卻成功不了的現實狀況。瘦身及所謂的「健康飲食」，指的到底是什麼呢？各位也一起來想想看吧。

FACT ❶ 「瘦身」不只是「健康」

　　檢視坊間的各種瘦身方法會發現，每一本書的說法經常是完全相反。這也難怪看得愈多，愈不知道自己到底該相信哪一種飲食及瘦身方法。

　　在閱讀瘦身方法和飲食方法的相關書籍時，「作者是誰」以及「寫書的目的是什麼」非常重要。

　　如果目的是「瘦身」或「增肌」，照著書裡的內容去做，也許真的可以「暫時瘦下來」或「增加肌肉」。可是**長時間執行下來，對健康不一定是件好事**，反而很多時候對健康會造成危害。反觀由醫生執筆所寫的瘦身書，大都是以「不會生病」為出發點，因此可信度相對較高。

　　例如，糖尿病專家所提出的飲食方法，重點大多會擺在「不會提高血糖」、「不會導致糖尿病發生」。如果像我一樣是精神科醫生，最重視的則是精神疾病的預防。因此，接下來就讓我從精神科醫生的角度，跟各位分享我對「飲食」和「瘦身」的見解吧。

FACT ❷ 「瘦」是不健康的

　　「瘦」和「胖」，哪一個比較健康呢？各位也許會覺得「當然是瘦比較健康」，但其實這是錯誤的想法。

一起來計算自己的BMI（Body Mass Index）吧

$$BMI = \frac{體重（kg）}{身高（m）\times 身高（m）}$$

狀態	BMI值（WHO的標準）
過瘦	未滿16
瘦	16～16.99
稍瘦	17～18.49
正常體重	18.5～24.99
過重	25～29.99
輕度肥胖	30～34.99
中度肥胖	35～39.99
重度肥胖	40以上

圖 ► BMI的標準

有個概念叫做 BMI，是由體重和身高就能計算出「胖」或「瘦」的世界標準指標。BMI 的標準值是「22」。一般來說，愈接近「22」，罹患高血壓、糖尿病、心肌梗塞等的機率最低。

然而，真正觀察 BMI 和壽命之間的關係，**最長壽的 BMI 值，日本和東亞的研究為「24～27」，歐美的研究則大多是「25～29」。**

根據日本肥胖學會的標準，BMI 值「18.5～25 以下」為「正常」，「25.0～30 以下」為「輕度肥胖」。意思就是，介於正常值的上限到「輕度肥胖」的下限之間的人最長壽。換言之，**壽命長短的順序依序是「稍微肥胖」→「正常」→「瘦」→「過胖」。**

在近年來的大規模研究當中，雖然有部分研究否定了「稍微肥胖」的優點，不過大多數的研究都顯示，比起「正常」和「稍微肥胖」，「瘦」反而有害健康。

即便如此，大部分的人卻不斷地「想變瘦」、「想瘦身」，變得不健康。這可以說根本是渴望縮短壽命。

這個社會有種很強烈的觀念認為「脂肪＝不好」，然而，**從醫學上來說，其實「體脂肪＝免疫力」**。脂肪太少意味著「免疫力不足」，當然就容易生病，對疾病沒有抵抗力，沒辦法長壽。

據說練健美的人很容易感冒。我有個朋友告訴我：「一旦比賽前把體脂肪率降到 9%，光是身邊的人打個噴嚏都會感冒。」可見免疫力有多差。

不僅如此，癌症患者如果太「瘦」也活不久。因為沒有體力可以撐過化療，存活率自然降低。

雖然都說「體重」，不過**「肌肉」和「脂肪」的比例也很重要**。體重相同，同時具備肌肉和脂肪的「肌肉猛男」，和只有脂肪而顯胖的人相比，健康程度也大不同。後者當然是最糟糕的情況。就算是「稍微肥胖」，「血壓太高」、「血糖太高」等有高血壓和糖尿病前兆的人，也稱不上是健康。這類型的人罹患生活習慣病的風險都相當高，必須確實進行飲食療法，並且調整生活習慣才行。

「過胖」當然不健康，但是「瘦」也不能算是健康。這一點大家一定要記住。

FACT 3 別理會「肥胖不健康」的說法

「體重標準但不運動的人」和「肥胖但有運動習慣的人」，其實後者比較健康。南卡羅萊納大學的研究顯示，「肥胖但有運動習慣的人」，死亡率只有「體重標準但不運動的人」的一半。

「體重正常」和「肥胖」兩者，相信大家一定都認為「肥胖」比較不健康。事實上，**最不健康的是「運動不足」**。

主導上述研究的布萊爾教授（Steve Blair）指出，就算體型肥胖，只要維持適當的運動習慣，就能降低肥胖帶來的風險。

根據各種危險因子的死亡數，「運動不足」的年平均死亡數為 5.2 萬人，相較於此，「體重過重、肥胖」只有 1.9 萬人，只有約三分一的程度而已。可

見比起「肥胖」，「運動不足」的死亡風險高出近 3 倍之多。

FACT 4 一天 2 餐限制熱量的作法健康嗎？

有些人為了健康每天只吃 2 餐，或者是為了啟動身體裡的長壽基因「Sirtuin」，所以每天只吃 1 餐。

科學家從昆蟲、老鼠、猴子等動物研究中，證實了握有長壽關鍵的「Sirtuin」基因的存在。如今更是進一步在人類身上發現，「透過極端的熱量控制，可以啟動 Sirtuin 基因的作用，達到延長壽命的效果。」

動物實驗通常是在無菌實驗室中進行，所以沒有人知道受到極端熱量控制的動物在野生環境中是否依然能生存。

威斯康辛大學麥迪遜分校（WNPRC）在 2009 年發表一份研究報導，指出在猴子身上「進行熱量控制可達到延長壽命的效果」，受到全世界的注目。幾年後，美國國家老化研究所（NIA）也進行了一項類似研究，最後得到的結論卻是「限制熱量無助於延長壽命」。

根據針對百歲人瑞的飲食調查，**「每天確實吃 3 餐」的人有 9 成之多。**「每天 2 餐」的男性有 7.5%，女性有 5.4%。其中值得關注的是這些人「食量和 70 幾歲時相比幾乎沒有減少」、「魚肉蔬菜和主食都會均衡攝取」。在日本人所做的「百壽研究」中也發現，現實中幾乎沒有人是靠減少攝取熱量而活到百歲以上。

從預防糖尿病和憂鬱症的角度來說，也會建議最好每天均衡攝取 3 餐。

FACT 5 「吃早餐」到底好不好？

關於吃早餐到底健不健康，一直以來都備受討論，也有不少相關的論文研究。如果你是「不吃早餐，一整天的工作效率比較好」或「早上空腹不吃東西就能完成一整天大半的工作」的人，不吃早餐也無妨。

但是，有以下症狀的人，建議最好還是要吃早餐。

□晚上睡不好，早上爬不起來

□早上容易精神不濟，工作效率不好

□要花很長一段時間才會進入工作狀態

□一早就心情憂鬱

□有睡眠障礙，長期服用安眠藥

根據一份關係早晨習慣的研究顯示，有 49.7% 的人「**早上會賴床到最後一秒**」。「**早上爬不起來的人**」，只要養成吃早餐的習慣，就很有可能改善身體狀況，變得比現在更健康。

早上是一整天血糖最低的「低血糖」時刻。低血糖會讓人精神渙散，無法專注。很多早上工作效率不好的人，都只是因為沒有吃早餐所引發的「低血糖」所導致。

從精神醫學的角度來說，**早餐具備「重啟生理時鐘」、「使自律神經從副交感神經切換至交感神經」、「開啟血清素的分泌」等作用**，扮演了啟動舒適快活的一整天的重要角色。

透過吃早餐，大腦和消化系統會知道「接下來要開始工作了」，促使大腦和身體開始運作。

尤其有精神疾病的人，很多都不吃早餐。事實上，「生理時鐘」及「自律神經」紊亂，正是引發精神疾病或導致病情惡化的原因之一。

就算是一般正常人，如果希望一早工作就能充滿幹勁，建議最好還是養成吃早餐的習慣。**即便早餐不夠豐盛，一杯熱湯或一根香蕉也好，同樣都有「啟動身體開關的效果」**。

ToDo 1 細嚼慢嚥

這一章介紹了很多關於「瘦」和「飲食控制」的壞處。這麼說來，難道減重萬萬行不得嗎？

其實並不是這樣，減重也有健康的作法，就是**「吃東西細嚼慢嚥」**和**「慢慢吃」**。

吃相同的食物、相同的分量，花時間細嚼慢嚥地吃，就會有減重的效果。

大家都知道「吃太快」容易胖。這是因為吃太快會造成血糖急速上升，胰島素分泌，所以容易變胖。**只要改變習慣，吃東西放慢速度，減緩身體吸收和血糖上升的速度，就不容易變胖了。**

另一個好處是，慢慢咀嚼還會刺激大腦的飽食中樞，讓人更快有飽足感。可抑制過於旺盛的食慾，防止吃得太多。

序章裡曾提到，「咀嚼」會活化血清素神經，因此，早餐細嚼慢嚥可以帶來完美的一整天。各位可以**試著每一口咀嚼 30 下**。雖然有點累，但是比起減少食量或餓著肚子減重，這種作法簡單多了。各位務必要試試看。

健康

延伸學習

《名医が考えた！ 免疫力をあげる最強の食事術》（暫譯：名醫親授提升免疫力最強飲食法，白澤卓二著）

難易度
★

2020 年 COVID-19 疫情爆發以來，許多人開始關注如何提升免疫力。「飲食」是提升免疫力非常重要的一個因素。這本書是由出版過 70 多本飲食健康相關書籍的白澤卓二醫師執筆，可說是提升免疫力飲食法的最完整版本。

與嗜好品和平共處

接下來針對香菸和酒精、咖啡等嗜好品的優缺點，為大家做一個整理。

FACT 1 吸菸確實有害健康

想必大家都知道吸菸對健康的風險，就像香菸的外包裝也會標示抽菸的罹病風險一樣。不過，由於這實在是個很重要的事實，所以請容我再為大家做更詳細的說明。

有數據顯示，吸菸會使人**「減少約 10 年的壽命」**。事實上，有半數的吸菸者壽命比一般人短了 15 年，四分之一的人短了約 25 年。

在日本，每年平均有 12 ～ 13 萬人因為吸菸死亡，另外有 1.5 萬人因為吸二手菸而死亡。以癌症風險來說，罹患喉癌的風險為一般人的 5.5 倍，肺癌 4.8 倍，整體癌症風險為 1.5 倍。

有人會說「有些吸菸的人也沒生病啊」。然而，身為精神科醫生，我擔心的是吸菸對心理方面造成的影響。**吸菸者的憂鬱症風險是一般人的 3 倍，睡眠障礙 4.5 倍，失智症 1.4 ～ 1.7 倍，自殺的風險也高出 1.3 ～ 2 倍之多**。吸菸會影響「睡眠品質」，因此相當於背負著在第 4 章「健康 1：擺脫睡眠不足」當中提到的關於睡眠不足對健康的危害。

不只是為了預防疾病上身，吸菸也會使得工作效率嚴重下降。有些說法會主張「吸菸可提高專注力」，不過這完全是謬論。吸菸者通常都有尼古丁成癮，因此平常專注力嚴重不足，唯有靠吸菸才能恢復正常的專注力。**當事人只是誤將這種狀況當成「吸菸可提高專注力」罷了**。

吸菸者由於專注力，導致容易犯錯，職業災害率比一般人高出了 6 成。成功戒菸的人都覺得比起過去，現在「頭腦比較清楚」、「專注力也變好了」。可見吸菸確實會造成身體的各項認知功能變差，進而影響到工作效率。

ToDo 1 戒菸的方法

關於吸菸，簡單來說就是「如果想健康長壽，現在就立刻戒菸吧」。只不過，大部分的人都是想戒卻戒不掉。原因就是因為「尼古丁成癮」。因為「想吸菸」的強烈慾望是來自「大腦的指令」，不是靠意志力能夠抵抗的。

因此，最好的方法是尋求「戒菸門診」的協助，而不是靠自己戒菸。也就是尋求專家的意見，借助尼古丁貼片、尼古丁口香糖、口服藥（Champix 戒必適）等**「戒菸輔助藥物」的力量來戒菸**。比起靠自己戒菸，使用戒菸輔助藥物的成功率高出了 3 ～ 4 倍。

尼古丁口香糖和尼古丁貼片雖然在一般藥局就能買得到，但是靠自己戒菸很難抵抗吸菸的慾望，所以最好還是痛下決心，尋求戒菸門診的協助。服用醫生開立的口服藥，成功戒菸的機率是只靠尼古丁貼片的 1.5 倍。

FACT 2 酒精與健康的關係

關於「酒精」對健康究竟是好是壞，各種研究和說法都有。以下就分成四個重點來說明。

（1） 「少量飲酒有益健康」 的謬論

「少量飲酒有益健康」是一般人對於酒精與健康的認知之一。在過去，飲酒的「J 形曲線」的確說明了這一點，亦即少量飲酒的人死亡率比完全不喝酒的人更低。

可是，最近的研究發現，少量飲酒可降低風險只侷限在缺血性心臟病、腦中風、第二型糖尿病等疾病，**針對高血壓、血脂異常、腦出血、乳癌等疾病，酒喝得愈多，風險愈高**。也就是說，「J 形曲線」的優點幾乎不存在，或者只有微乎其微，一般還是認為**喝酒會增加罹病的風險**。

因此，原本幾乎不喝酒的人，如果因為「聽說喝酒有益健康」而勉強自己喝酒，根本是百害無一利的行為。

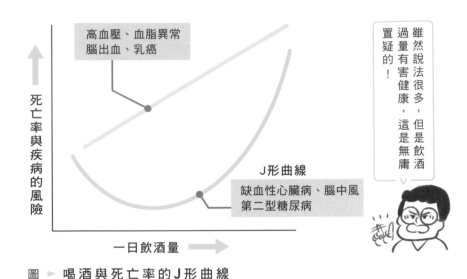

圖 ▶ 喝酒與死亡率的 J 形曲線

　　當中關於「適量」的部分，也有各派不同的說法。在厚生勞動省提出的「健康日本 21」政策當中，根據日本大規模研究的結果，建議適當飲酒量應為**「每日平均約 20 克的純酒精量」**。相當於 1 瓶 500 毫升的啤酒，或者是清酒 180 毫升。相關容量可參考下列圖表。

摘自「健康日本 21」（厚生勞動省）

圖 ▶ **不會危害健康的一日安全飲酒量**

（2） 超過適量愈多愈不健康

飲酒量一旦超過建議適量，罹患生活習慣病（高血壓、腦中風、血脂異常、糖尿病）、癌症、肝功能障礙、精神疾病的風險就愈高。不僅如此，啤酒喝太多也會增加痛風（高尿酸血症）的風險。

根據「健康日本 21」的標準，會致使生活習慣病風險提高的一日飲酒量為酒精 40 克，60 克即為飲酒過量。也就是說，**一天喝 3 罐 500 毫升的啤酒就算「飲酒過量」**。

（3） 不要每天喝酒

就算是適量飲酒，如果每天都喝，也算「極度」不健康的行為。**因為這會使得肝臟必須每天不眠不休地代謝酒精，沒有休息的機會，導致肝功能惡化。**而且，每天喝酒也會使得酒精成癮的風險大幅提升。一年內沒有一天不喝酒的人，最好就要懷疑自己可能已經酒精成癮。**「休肝日」，也就是不喝酒的日子，最好確保一週有 2 天以上。**

（4） 喝酒對心理方面的危害極大

喝酒會影響睡眠品質，是造成睡眠障礙很大的原因之一。而且罹患精神疾病的風險也會變高。飲酒過量的人罹患憂鬱症的風險是一般人的 3.7 倍，失智症 4.6 倍，自殺的機率也高出 3 倍。

正在接受治療中的精神疾病患者，必須嚴格「禁酒」。只要還持續有喝酒的習慣，晚上就沒辦法熟睡，導致精神疾病的治療變得更困難。

從科學的角度來說，「喝酒可以紓解壓力」的說法根本就是錯的。喝酒反而會促進「皮質醇」這種壓力荷爾蒙的分泌。隨著長期喝酒，人的抗壓性會變差，「抑鬱」程度也會變高。壓力愈大，酒喝得愈多，等於是加速「憂鬱症」的病發。

酒精具有活化「GABA」分泌神經的作用。「GABA」是一種可抑制大腦興奮的神經傳導物質，也就是說，**攝取酒精效果就像服用鎮靜劑一樣。然而，這只是在「拖延問題」罷了**。拖延問題不解決，事情只會變得更嚴重，到最後無法解決，徒增自己的壓力。所以最好還是別靠酒精來紓解壓力。

ToDo ② 正確的飲酒方式

應該很多人都喜歡「晚上在家小酌」吧。只不過，在家喝酒很容易一不小心就喝過量。喜歡在家小酌的人，應該是每天晚上都會喝。在這種情況下，要想喝酒不過量，實在有點困難。**在家喝酒，最好還是節制點。**

我也是個熱愛喝酒的人，不過基本上我都要求自己不要在家喝酒。而是每個星期找兩三天的時間，趁著聚餐跟大家一起喝。**以一週喝酒 2 次來說，就算每次喝 3 杯啤酒，飲酒量也不會超過一整週的適量範圍。**

我認為「正確的飲酒方式」應該是開心喝酒。也就是以慶祝或犒賞為由，和親密好友一起邊聊天邊喝酒。

表 ▶ 正確的飲酒方式

正確喝法	錯誤喝法
開心喝酒。慶祝。犒賞	紓解壓力。邊喝邊說人長短
跟親密好友或夥伴一起喝	獨自喝酒
每週2天以上的休肝日	每天喝
適量。邊搭配著水喝	過量。單純只喝酒
酒醒之後再睡覺	睡前喝酒

> 喝酒、抽菸也要「剛剛好」就好。吃飯也是八分飽「剛剛好」就好。工作也是別拚過頭、別偷懶，「剛剛好」就好。運動也一樣「剛剛好」就好。「剛剛好」的話，一切都會很順利。
>
> —— 齋藤茂太（精神科醫師）

咖啡和茶的優點

最後要介紹的嗜好品是「咖啡」和「茶」。一般認為**咖啡跟茶富含抗氧化物質，對健康非常好**。

尤其是咖啡。也許是因為全世界都有喝咖啡的習慣，相關研究非常多，以下就是咖啡常見的健康功效。

表 ▶ **咖 啡 的 健 康 功 效**

- 膽結石發生率降低45%
- 心臟疾病風險降低44%
- 糖尿病風險降低50%
- 預防白內障
- 憂鬱症風險降低20%
- 阿茲海默型失智症的風險降低65%
- 促進快樂物質多巴胺的分泌
- 提高專注力、注意力、短期記憶、反應速度
  （攝取咖啡因之後再開車，車禍的發生率可降低63%）
- 肥胖者的脂肪燃燒率可提升10%，瘦的人可提升29%
- 提升肌耐力，讓人可長時間運動也不會覺得累

> 上述研究大多是咖啡攝取量
> 在 4 杯以上的結果！

另外，針對「綠茶」，根據日本國立精神經醫療研究中心的研究，「**每天喝 4 杯以上綠茶的人，罹患憂鬱症的風險只有喝不到 1 杯的人的一半**」。研究推測這是因為綠茶中所含的甘甜成分「茶胺酸」，及澀味來源「兒茶素」的功效。

健康

「茶胺酸」也被拿來做成促進睡眠的營養補充品在市面上販售，由此可知它的放鬆效果備受肯定。

　　「兒茶素」具有強烈的抗氧化及消除活性氧的作用，因此也被拿來製成特定保健用飲料。可抑制膽固醇和血糖上升，滿滿都是優點。

　　我每天都會泡中國茶來喝。好的茶葉可以沖上 5 ～ 10 杯以上，跟只能泡一次的咖啡相比，更是物超所值。加上茶胺酸及兒茶素的含量幾乎等同綠茶，健康效果應該也不相上下。

> 咖啡是一種可以喝的魔法
> ──凱瑟琳・瓦倫特（Catherynne M. Valente，美國小說家）

ToDo 3　咖啡和茶的正確攝取方式

　　大家都知道咖啡和茶含有「咖啡因」。咖啡因具有提神的作用，所以早上喝咖啡能提振精神的說法，就科學上來說是正確的。

　　除了可提神之外，咖啡因還具有「放鬆效果」，因此中午休息時間喝杯咖啡也很不錯。只不過，**咖啡因在人體的半衰期大概是 4 ～ 6 個小時**，代謝時間意外地長。

　　晚餐後喝咖啡會導致失眠，最好避免。攝取咖啡因最晚還是控制在「下午 2 點以前」，才不會影響到睡眠。

　　喝咖啡千萬別「加太多糖」。甜咖啡會使血糖急速上升，如果一天喝上好幾杯，糖尿病的風險也會跟著變高。我有患者很喜歡喝罐裝咖啡，一天甚至會喝上 4 罐甜的罐裝咖啡，所以年紀輕輕就有糖尿病。

　　最好是喝黑咖啡，或是加少量砂糖飲用。要特別小心的是，咖啡連鎖店的「星冰樂」跟「焦糖瑪奇朵」等都含有大量砂糖。一般人一天的砂糖攝取量最好不要超過 3 大匙。

不論是罐裝咖啡或即溶咖啡、寶特瓶茶飲等，有益健康的各種成分含量，本來就比一般的咖啡跟茶少非常多。

　　用咖啡豆跟茶葉當場沖泡來喝，才是健康效果最好的喝法。與其買超商或自動販賣機的成品，大家不妨養成自己在家沖泡的習慣，還能達到轉換心情的效果。

　　以上雖然介紹了許多咖啡跟茶的優點，不過還是有些人天生基因就對咖啡因比較敏感。

　　這類型的人一旦喝太多咖啡，心肌梗塞的風險會跟著變高。最近的研究甚至還發現**對咖啡因敏感的基因型態**。就算沒有做基因檢測，對咖啡因敏感的人比一般人代謝咖啡因的速度更慢，只要一喝咖啡，就會「睡不著」、「覺得很累」等，影響特別明顯。

　　因此，如果你是不適合喝咖啡的人，請千萬別因為咖啡的健康效果很多，就勉強自己多喝咖啡。

《頑張らずにスッパリやめられる禁煙》
（暫譯：不用忍耐的輕鬆戒菸法，川井治之著）

難易度
★

什麼是「尼古丁成癮」？又有什麼特徵？正因為對「敵人」毫無認識，光靠自己的方法「戒菸」，所以才會失敗。如果能夠瞭解「生理成癮」、「習慣成癮」和「心理成癮」等三種成癮症的型態，學會各自的應對方法，相信成功戒菸的機率會大幅提升。在開始戒菸之前，先瞭解關於戒菸的基本知識，才能提高成功率。

《 The Big 5: Five Simple Things You Can Do to Live a Longer, Healthier Life 》
（暫譯：5件讓你更長壽、更健康的小事情，桑吉夫・邱普拉 Sanjiv Chopra著）

難易度
★★

作者從坊間琳瑯滿目的健康術當中，挑選5種最具科學依據，且效果最好的方法來介紹。也就是「咖啡」、「運動」、「維生素D」、「堅果」、「冥想」。在眾多的健康書當中，應該找不到跟這本一樣，對咖啡的健康效果解說得如此詳細。

5 章

整頓心靈，活出
「全新的自己」

心 理

怎麼做才能改變自己？

　　根據一項針對包含日本在內共 7 國年輕人的意識調查（2013 年），日本年輕人「對自己感到滿意」的比例只有 45.8%，為 7 國當中比例最低。

　　也就是說，有半數左右的人對自己不滿意，當中甚至有很多人「想改變自己的個性與外貌」。

FACT 1 「改變個性」永遠沒有停止的一天

　　先從結論上來說，人沒有必要改變自己的個性。以精神醫學的角度而言，人的個性並非一朝一夕就能改變，或許努力個三年左右還有可能。就算告訴自己從明天開始要完全脫胎換骨、改變自己，但稍微想一下也會知道，這是不可能的事。

　　即便決定「改掉內向的個性」，也花了好幾年的時間努力成為一個外向、擅長交際的人，接下來一定又會把注意力轉移到「其他缺點」上。像這樣**一個接一個地不斷調整缺點，只會讓自己陷入無限循環當中**，一輩子都在改正自己的缺點和弱點。

　　舉例來說，做過雙眼皮手術的人，接下來一定會開始對鼻子感到不滿意而動刀。然後是下巴手術，把所有看不順眼的部位全部都動手術。

　　同樣的道理，人對自己的個性也絕對不會有完全滿意的一天。

ToDo 1 要改變的是行動，不是個性

　　雖然如此，可是如果個性嚴重到會影響社交生活，例如「內向到不敢跟人說話，也不敢看人，幾乎沒辦法與人交談」，在這種情況下，確實就有改變的必要。最好的方法是，**別試圖改變「個性」，而是應該改變「行動」**。

> 一個人的行動，決定了他的個性。
>
> —— 亞里斯多德（古希臘哲學家）

如果「想改變原本內向的個性」，到公司上班的時候，不妨試著跟所有擦肩而過的人微笑打招呼。

假如「不敢看著對方的眼睛打招呼」，可以把目光放在對方的兩眼中間。只要持續一個禮拜都這麼做，大家一定會對你完全改觀。

當然，你原本內向的個性不可能一個禮拜就獲得改善。但是，透過改變「行動」，也能讓對方對你產生好感。換言之，**只要改變周遭人的看法，問題就解決了**。

只要讓大家對你的印象，從原本「內向的人」變成「親切的人」就行了。

關於改變行動，序章中提到的「降低行動的困難度」是個非常有效的方法。各位可以像以下圖表一樣，實際寫在紙上再實踐。

你想改變自己的什麼個性？

➡ 我想改變自己內向的個性，變成一個外向的人。

寫出3個改變個性的行動。

➡ 1　早上用微笑跟大家打招呼。
　　2　徵求大家意見時，第一個舉手發表意見。
　　3　面對初次見面的人，自己先開口提問。

圖 ► **改變個性與行動的輸出範例**

FACT 2 專心發展自己的長處

各位可以觀察身邊那些有魅力的人。他們的「長處」也許出色，不過一定也有不少缺點。當長處過人時，其他的小缺點就會變得看不見。也就是說，**喜歡一個人的時候，就會愛上他的優點，不會在意他有沒有缺點**。這個道理無論是男女關係或朋友關係，或是在職場上，都一律適用。

不是「沒有缺點的人」討人喜歡，而是大家都喜歡「有長處的人」。換言之，即便你再怎麼努力調整自己的缺點，也不會因此就變得受歡迎。

年輕人很容易把重點擺在改正自己的缺點，不過，隨著年紀增長，會漸漸開始重視發展自己的長處。這是因為，上了年紀就會知道，再怎麼改正缺點也無濟於事。

與其煩惱要如何改正缺點，不如想辦法努力發展自己的長處吧。

ToDo 2 養成寫3行正能量日記的習慣

想要專注在自己的長處而不是缺點，必須練習「正向思考」。有個方法一天只要花3分鐘，就能達到練習「正向思考」的目的，就是**「3行正能量日記」**。

「3行正能量日記」非常簡單，只要每天睡前寫下3件今天發生的開心的事情，及正面的事情就行了。例如下列範例一樣，把當天覺得正面的事情寫下來。

（1）中午去吃了一間新開的拉麵店，超好吃的。

（2）自己提出來的企劃案，意外獲得很高的評價，好開心。

（3）今天下班得比較早，所以到健身房運動，流了一身汗，真舒服。

這個日記，**請在晚上就寢前 15 分鐘再寫**。睡前是「記憶的黃金時間」，最容易留下記憶。利用這段時間，以正面的方式回想一整天發生的事，能達到練習正向思考的目的。**請注意千萬別寫負面的事**。會引發負面思考的事，就直接忘記吧（關於負面的事，請參照「心理 5」一節中的「聰明人的作法」）。

　　各位也許會說「想不到 3 件開心的事」。正因為如此，所以**這種抓破頭、絞盡腦汁回想的過程，才稱得上是練習正向思考**。剛開始只會寫「今天天氣真好」、「午餐很好吃」也沒關係，可以的話，從自己的行動、想法、感覺上寫下「順利的事」是最好的。

　　正能量日記寫愈多效果愈好，最少 3 行，最多不限，正面性的輸出當然是愈多愈好。

　　這個方法，其實是從**「認知行為療法」**的基本方法簡化而來。是效果非常好的一種作法，讓人學會看見事物「好的一面」，練習正向思考。除了自己的缺點以外，也能看見自己的長處，這麼一來就不會再放大自己的缺點和自卑了。

延伸學習

難易度
★

《改變現在的自己》（山崎拓巳 著）

　　雖說「個性是改變不了的」、「人沒辦法改變他人」，但是，如果可以專注於「改變行動」並做到持之以恆，還是有可能改變。這本書提供了非常多「改變自我個性」的技巧和方法。內容簡單明瞭，非常淺顯易懂，相當適合不愛看書的人。

心理

提升自我肯定感

近年來愈來愈常聽到「自我肯定感」的說法。但是,關於自我肯定感的定義,每個專家學者的說法都有微妙的差異,提升自我肯定感方法也各不相同。

例如,在阿德勒心理學中,認為「重要的是自我接納,不是自我肯定」。因為負面思考的人不會因為勉強自己說話正面積極,就能提升自我肯定感。

接下來,就讓我針對這般意見分歧的「自我肯定感」,試著為大家做點整理歸納吧。

FACT 1 自我肯定感與自我否定感

自我肯定感究竟是指什麼?若引用心理學辭典的定義,自我肯定感指「相信自己的可能性,相信自己做得到,以肯定的態度認識自己」。聽起來好像似懂非懂。

表 ▶ 自我否定感與自我肯定感

自我否定感	自我肯定感
我做不到 我沒有存在價值 想消失不見 我不被需要 討厭自己 享受人生是件罪惡的事 活著也不快樂 想死	我辦得到 我有存在的價值 想證明自己的存在 我是被需要的 喜歡自己 想開心享受人生 每天都很開心 想活下去

自我肯定感通常會用「高」「低」來表示，只不過，如果要以更簡單的方式來說明「自我肯定感低」，也可以換成**「自我否定」**。

「反正我這種人⋯⋯」「我做不到」「我這個人根本沒有存在的價值」的感覺，就是自我否定感。

相反地，「我辦得到」「我有存在的價值」「每天都很快樂」的感覺，就是自我肯定感。先別用自我肯定感高低來定義自己，改用「自我肯定感」或「自我否定感」兩個分類來思考，覺得自己「比較偏向哪一類」，應該就會比較清楚了。

「有自我否定感的人」，就算得到肯定和鼓勵，也會以負面思考去解釋，例如「反正對方又不是真心的」「一定是刻意這麼說的」等。即便在工作上做出成果，也會覺得「只是剛好運氣好而已」，**將所有體驗都加上「負面」的意思**。

這麼一來，就算受到肯定，也沒辦法累積成功經驗。

FACT 2 透過「自我接納」消除自我否定感

住在「自我否定的世界」的人，如果想成為「自我肯定的世界」的人，必須做到**「自我接納」**。

能夠把自我否定感全部歸「零」的方法，就是「自我接納」。也就是原原本本地接受自卑或缺點、弱點的自己、總是失敗的自己、負面的自己。**「現在這樣的自己很好」、「原本的自己就很好了」、「照現在這樣活下去很好」**，這種感覺就叫做「自我接納」。

小時候曾被父母否定，或是被虐待的人，潛意識會認為「自己不該存在於這個世界」。

「自我接納」就像是通往「自我肯定的世界」的「關卡」，唯有通過這個關卡，才能往「自我肯定」邁進。

面對自我否定的人，不管給他任何建議都沒有用。一定要他先做到「自我接納」，跳脫自我否定的世界才行。

> 順其自然就好，也只能順其自然了，
> 必須順其自然才行。
>
> —— 森田正馬（精神科醫師，森田療法創始者）

ToDo 1 練習寫「自我接納的4行日記」

實際上有自我否定感的人，要怎麼做到「自我接納」呢？在這裡建議大家可以試著寫**「自我接納的4行日記」**，

前一節提到「3行正能量日記」，「自我接納的4行日記」只要在「3行正能量日記」的前面加上「1行負面的事」就行了。

寫出負面的事雖然有助於紓解壓力，可是如果寫太多，就怕反而會強化「負面記憶」和「負面思考」。所以訣竅是「1行負面的事」再加上「反省」，藉此肯定自己。

圖 ▶ 寫下1行負面的事

「下次再加油就好了」、「每一件事都耿耿於懷也無濟於事」，能夠像這樣給自己「肯定」、「支持」、「鼓勵」，當然最好，不過應該也有很多人做不到。

這種時候，**可以試著寫些肯定當下的話，例如「現在的自己沒問題的」、「這樣就好」**。

就算內心很糾結也沒關係，就試著這樣寫寫看。只要這麼寫，大腦的想

法就會改變，進而引發「些微的變化」和「些許的成長」。

就像上一頁提到的，一步一步從「自我否定」慢慢提升到「自我接納」、「自我肯定」吧。

另外，寫完「1行負面的事」，一定要接著寫「3行正面的事」。**用正面的心情作結尾，這一點比什麼都重要**。各位請參考下列範例，好好地為你的一天畫下句點吧。

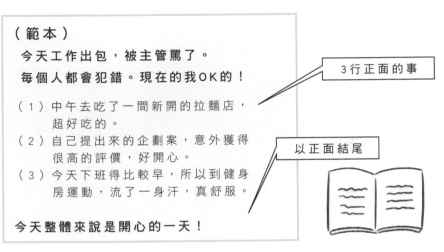

（範本）
今天工作出包，被主管罵了。
每個人都會犯錯。現在的我OK的！

（1）中午去吃了一間新開的拉麵店，超好吃的。
（2）自己提出來的企劃案，意外獲得很高的評價，好開心。
（3）今天下班得比較早，所以到健身房運動，流了一身汗，真舒服。

今天整體來說是開心的一天！

3行正面的事

以正面結尾

圖 ► **自我接納的4行日記**

FACT 3 自我肯定感與自信的差異

跟自我肯定感類似的感覺是「自信」。「對自己要有自信！」每個人都會這樣鼓勵自己。然而，光這麼想並不會產生自信。就讓我為各位整理一下自信的概念吧。

用下列的方式來理解「自信」，應該會比較清楚。

【自信的公式】　自我肯定感　×　經驗　＝　自信

也就是說，**透過提高自我肯定感，累積成功經驗，自然會產生「自信」。**

舉例來說，假設考試考得好成績。

有自我肯定感的人，這時候就會覺得「努力有了結果」、「幸好自己有念書」、「照這樣繼續努力，應該可以再考得好成績」，心態變得正面積極，找到自信。

相反地，有自我否定感的人會覺得「只是剛好猜中考題而已」，用否定的態度去看待難得的成功經驗，所以沒辦法產生「自信」。**可見比起考試的「結果」，「心態」更重要。**

另外，很多人會搞混「自尊」、「自我效能」、「自我有用感」等類似的說法。針對這些說法，《自我肯定感筆記》一書整理得相當清楚，各位可以參考下列表格。

	6 大感	意思	以樹木為例
自我肯定感	自尊	覺得自己有價值（根）	根
	自我接納感	肯定真實的自己（樹幹）	樹幹
	自我效能感	覺得自己辦得到（樹枝）	樹枝
	自我信賴感	信得過自己（樹葉）	樹葉
	自我決定感	自己能夠做決定（花）	花
	自我有用感	自己對他人有所幫助（果實）	果實

改寫自《書くだけで人生が変わる自己肯定感ノート》

圖 ▶ **自我肯定感概念整理**

以上是針對自我肯定感的說明。提升自我肯定感最大的好處是**「變得敢挑戰新事物」**。行動會變得更積極，不再自我厭惡，也不會再有自卑感。終於找到自信，不僅戀愛成功，工作也愈來愈順遂。如果凡事都用否定的心態面對，不但無法享受人生，生活也不可能幸福快樂。

難易度
★

《書くだけで人生が変わる自己肯定感ノート》
（暫譯：用寫的就能改變人生的自我肯定感筆記，中島輝著）

　　這本書將自我肯定感整理得非常清楚易懂。還提供了 10 個以上具體、實際的輸出練習。大部分的人看完書之後，通常都不會照著內容去執行，不過這本是以練習的形式寫成，方便每個讀者更容易實踐，也更容易得到成果。

難易度
★

《それでいい》
（暫譯：這樣就好，細川貂貂、水島廣子著）

　　給負面思考的自己一句肯定、接納自己的神奇咒語──「這樣就好」。這本書讓自我否定的人能夠接納自己，踏出全新的一步。可輕鬆學會具醫學可信度且實用的自我接納法。搭配細川貂貂筆觸輕柔的插畫，讀起來更輕鬆，讓人可以勇敢踏出自我肯定的第一步。

難易度
★

電影《冰雪奇緣》

　　主題曲〈Let It Go〉讓人朗朗上口，是一部席捲全世界的迪士尼電影。內容述說原本壓抑自己、活在「自我否定」中的女主角「艾莎」，一步步「接納自我」，邁向自我肯定的過程。能夠幫助大家確實瞭解何謂「自我接納」。。

心理

克服「容易緊張」

關鍵字 ▶ 正腎上腺素、1分鐘深呼吸法、血清素

根據某項關於「緊張」的調查，覺得自己「容易緊張」的人有超過8成。針對「什麼時刻會緊張？」的問題，最多的是「做簡報」、「考試、測驗、面試」、「發表會、演奏會」、「面對他人（1對1和人初次見面時）」等每個人都會緊張的場合。

表 ► 什麼時刻最緊張？

第1名	在眾人面前說話或演說	82.2%
第2名	和人初次見面時	36.5%
第3名	面對新的工作環境或工作、人事異動等	35.6%
第4名	上台簡報或報告時	27.8%
第5名	發表會或演奏會時	26.7%

在這些場合中，如果能夠不緊張，像平常一樣發揮全部實力，肯定會給人生帶來極大的改變。

關於緊張的原因，從過去就一直有相關研究，其背後機制已經獲得釐清，也有明確的克服方法。只要認識緊張，每個人都能夠控制它，不再讓緊張成為失敗的原因。

FACT 1 緊張是人的「朋友」

如果我說「緊張是件好事」，大家應該完全不會接受吧。可是，在腦科學和心理學的領域，「緊張是件好事」的道理，早在一百多年前就已經獲得證實。

生理學家葉克斯博士（Robert Mearns Yerkes）與杜德遜博士（John

Dillingham Dodson）於 1908 年進行了一項研究，他們先讓老鼠學會分辨黑、白兩種記號，當老鼠認錯顏色時，便會給予電擊，促使老鼠學會分辨。結果發現，適度的電擊能讓老鼠最快學會分辨，電擊太強或太弱，學習能力都會變差。

也就是說，**在某種程度的緊張感和緊迫感之下，反而能夠提升表現**。這個研究結果顯示了緊張並不是我們的「敵人」，而是「朋友」。

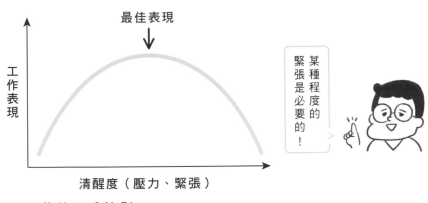

圖 ▶ 葉杜二氏法則

在適度的緊張狀態下，大腦會分泌正腎上腺素。正腎上腺素有助於提升專注力及判斷力，使大腦的工作效率突飛猛進。

只不過，過度緊張會導致大腦一片空白、肌肉僵硬，反而會影響到表現。

ToDo 1 克服緊張的神奇咒語

大部分的人感覺到緊張時，會對自己說「啊～愈來愈緊張了。如果失敗就糟了……」，都是些負面的說法。這些負面的想法和說法只會帶來不安，讓自己變得更緊張。

這種時候應該改變說法，用積極正面的態度告訴自己：「現在正處於適度的緊張，看來今天可以交出最完美的表現！」更簡單一點，在感覺到緊張

心
理

時，不妨對自己說「**自己表現得愈來愈好了**」。大家可以把這句話經常掛在嘴邊。

緊張是「成功的徵兆」，不是「失敗的徵兆」。只要用正面的態度面對緊張、樂在其中，必定能發揮出真正完美的表現。

> 不會緊張的搞笑藝人不可能會紅。
> 大家都會緊張。因為害怕，所以拚命去做。
> —— 明石家秋刀魚（日本搞笑藝人）

FACT 2 緊張的原因是睡眠不足

各位是不是也會在考試前一天熬夜念書，或是在重要的簡報發表前一晚熬夜準備呢？

「睡眠不足」是造成緊張很重要的一個原因。睡眠不足會使得交感神經一直處於優位。除此之外，即便是健康的人，只要一熬夜，血壓就會上升約10mmHg。換言之，熬夜會導致血壓上升，**交感神經處於優位，身體處於「容易緊張的狀態」**。

因此，熬夜念書或準備簡報內容，等於讓自己處於「緊張的失控狀態」。

ToDo 2 好好睡覺

想要控制緊張，一定要做到「好好睡覺」。睡滿 7 個小時以上，交感神經就會確實停止作用。

然而，還是有人「就算睡滿 7 個小時，依舊很緊張」。這是因為平常就睡眠不足所導致。平常只睡 5 個小時的人，就算有 1 天睡滿 7 個小時，也不會突然間就變成「副交感神經優位的人」。

這個道理就像接受高血壓治療的人，光是 1 天睡飽，血壓也不會立刻下降。不過也有研究顯示，高血壓的人只要花一個星期的時間，每天多睡 1 個小

時，血壓平均就會下降 8mmHg。

要成為不容易緊張的人，平時就要努力睡滿 7 個小時。自覺睡眠不足的人，從今晚就開始好好睡覺，讓自己變成「不容易緊張的體質」吧。

睡眠充足 ⟷ 睡眠不足
副交感神經 ⟷ 交感神經
血壓正常 ⟷ 血壓上升

有助放鬆　　　　容易緊張

圖 ▶ 睡眠與緊張的關係

FACT ③ 血清素不足會容易緊張

容易緊張的你，是不是平時就有「容易焦躁」、「易怒」、「情緒不穩定」的傾向呢？或者是有「提不起勁」、「早上爬不起來」等憂鬱的症狀呢？

如果符合以上描述，就要懷疑自己是不是「血清素不足」。血清素又被稱為「指揮大腦的指揮家」。就像如果演奏者的拍子太快，指揮就會提醒要放慢拍子，血清素也有控制正腎上腺素不過度分泌等的作用。

相反地，血清素神經系統一旦衰弱，正腎上腺素很容易就會過度分泌，讓人更容易感到「緊張」和「不安」。

容易緊張或情緒不穩定的人，很可能就是血清素神經系統疲勞造成。換言之，只要刺激血清素分泌，就能控制緊張。

活化血清素神經系統的方法，就是序章裡介紹過的「晨間散步」。確實養成晨間散步的習慣，應該就能控制緊張了。

心理

ToDo ③ 1分鐘見效的緊張緩和法

接著介紹緊張時可立即見效的「緊張緩和法」。除了好好睡覺、每天晨間散步以外,也可以試著加入這些方法。

(1) 正確呼吸

聽到緊張,第一個想到的克服方法,應該就是「深呼吸」吧。只不過,各位是不是也覺得「做了深呼吸還是很緊張」呢?

這是因為你**深呼吸的方法根本不對**。如果確實做到正確的深呼吸,會使得副交感神經切換至優位,所以一定能減少緊張、冷靜下來。

正確的深呼吸應該大口吸氣,接著花兩倍的時間慢慢吐氣。吐氣的時間如果少於兩倍,交感神經會受到刺激,反而變得更緊張,要特別注意。另外有一點也很重要的是,吐氣時要慢慢地、輕輕地,花 10 秒以上(最好 20 秒以上)將氣完全吐出。也就是腹式呼吸法(橫膈膜上下移動)。這個方法如果做得不正確,深呼吸抑制緊張的效果便無法達到最大。下列是看著時鐘深呼吸的「時鐘法」,請大家照著做做看。

表 ► **1分鐘呼吸法(時鐘法)**

> 邊看著時鐘邊做:
>
> (1)吸氣5秒(5秒)
>
> (2)吐氣10秒(10秒)
>
> (3)再花5秒將肺部的空氣完全吐出(5秒)
>
> 以上20秒的深呼吸重複做3次(60秒)

(2) 伸展脊椎

簡單的伸展脊椎,就能瞬間消除緊張感。這是因為「姿勢」和血清素有

關。**只要伸展脊椎、改善姿勢，就能刺激血清素的分泌，達到控制緊張的作用。**

緊張的人身體一定是向前傾。

如果是坐著，可以試著拉直背脊，以自己最舒服的姿勢做前面說過的深呼吸。

如果是站立，想像頭頂有一條線將自己往上拉，伸展背脊。下次緊張的時候，別再告訴自己「別緊張」，就專心「拉直背脊」吧。

（3） 刻意微笑

緊張的人表情一定都很僵硬。愈是這種時候，就要刻意擺出「大大的微笑」，藉此消除緊張感。

不論是跟人聊天，或是做簡報等場合，反正就是「帶著笑容」說話。因為**就跟「姿勢」一樣，「表情」也跟血清素有關**。就算不開心，只要擺出笑容，就能刺激血清素分泌，更容易控制緊張。

> 延 伸 學 習

難易度
★★

心理

《適度緊張能力倍出》（樺澤紫苑著）

雖說自誇不太好意思，不過具備數十本「控制緊張」相關書籍的基礎研究，蒐集古今中外所有緩和緊張的方法，再一一進行科學驗證，最後提出 33 種具科學效果的方法，正是我自己的這本著作。這本可以說是控制緊張的百科全書，大家一定能夠從中找到適合自己控制緊張的方法。

控制怒氣

關鍵字 ▶ 腎上腺素、鏡像神經元

難忍怒氣而口爆粗言，或是傳送憤怒的訊息，這種事大家應該都做過吧。

憤怒的情緒不僅會給人際關係帶來麻煩，事後也會大感後悔，一定要小心應對。所以，這一節我們就來學習控制「怒氣」的方法。

FACT 1 察覺怒氣

大家常用「失去理智」來形容憤怒，可見憤怒會讓人變得不認識自己，無法理性控制。

生氣時重要的是知道「自己正在生氣」，察覺自己的怒氣。如果可以知道「我好像快生氣了」、「再這樣下去我一定會抓狂」、「總覺得愈來愈焦躁」，**事先瞭解「憤怒的前兆」，就能控制怒氣。**

假如「憤怒」是「不受控制的馬」，「瞭解憤怒」就是「抓緊韁繩」。當你覺得馬就要暴走時，就必須抓緊韁繩控制馬匹。如果沒有抓緊韁繩，讓韁繩脫手，馬就會暴衝將人摔落。

ToDo 1 告訴自己「我正在生氣」

要怎麼察覺自己的怒氣呢？

當「怒火中燒」時，只要在心裡告訴自己「我現在正在生氣」就行了。**在心裡說 3 次「我現在正在生氣。我現在正在生氣。我現在正在生氣」。**如果只有自己一個人，沒有其他人在場，就可以說出來。各位一定會懷疑「只要這樣就行了？」，不過試著做之後，就會發現效果絕佳。

假如這樣還是無法控制怒氣，那就為自己的內心來場實況轉播吧：「我

現在正在生氣。我現在察覺自己正在生氣。我現在發現我無法控制自己的怒氣。」

「怒氣」本身是突如其來的情緒，就算想封鎖、壓抑「怒氣」，也很難辦得到。**其實不需要封鎖怒氣，只要站在客觀的角度看著「正在生氣的自己」或「快要生氣的自己」就行了**。

持續這樣實況轉播下去，會感覺自己好像站在攝影機前，就像看著電視螢幕裡「爭論不休的對方和自己」。一旦有這種感覺，就等於成功控制怒氣了。

FACT 2 瞭解「憤怒」的真面目

話說回來，「憤怒」到底是什麼？從腦科學和生理的角度來分析，**「憤怒」其實是「腎上腺素的分泌」和「交感神經興奮」**。

身體的變化造成心跳加速，呼吸變快，氣血往頭上衝，突然陷入憤怒狀態。

換言之，如果可以控制「腎上腺素」與「交感神經」，就能有效消除怒氣，讓控制憤怒不再是件不可能的事。

ToDo 2 運用「6秒法則」度過憤怒的最高峰

一般認為腎上腺素分泌的最高峰，就在開始生氣之後的「第6秒」。換言之，只要熬過一開始的6秒，接著就會慢慢冷靜下來。這就是所謂的「6秒法則」。

在腦海裡慢慢地從1數到6。或者是**慢慢地一一唸出眼前看到的6個東西的名稱，例如「桌子、螢光燈、窗簾、書櫃、冰箱、時鐘」**。

也可以像前面提到的，在心裡說3次「我現在正在生氣。我現在正在生氣。我現在正在生氣」，說完差不多6秒也過了。

ToDo 3 運用「40秒法則」冷靜怒氣

就算藉由「6秒法則」成功熬過「憤怒的最高峰」，但是應該會發現焦躁的情緒依然未減。這是因為腎上腺素還需要一段時間才會減少。

生物活性化合物只要從濃度最高峰減少到一半，效果就會大幅減弱。濃度減半的這段時間就稱為「半衰期」。而**腎上腺素的半衰期大約需要 20～40 秒的時間。**

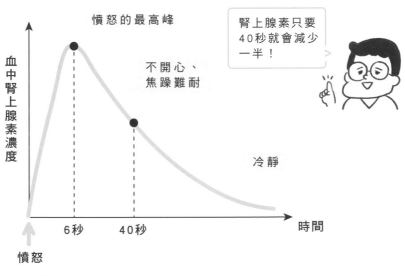

圖 ► **控 制 憤 怒**

腎上腺素只要 6 秒就會達到最高峰，可是不會一下子就被代謝掉，過了10～20 秒後濃度依舊不減，讓人一直有不開心的感覺。

腎上腺素作用消失所需的時間，大概就是半衰期的「40 秒」。因此，只要懂得併用「6 秒法則」和「40 秒法則」，就能巧妙地控制怒氣。

> 生氣的時候，開口或動手前先數到 10。如果還是很
> 生氣，就數到 100。還是不行就數到 1000。
>
> —— 湯瑪斯·傑佛遜（第三任美國總統）

熬過這 40 秒的方法，就是「深呼吸」。

上一節已經教大家正確深呼吸的方法，也就是吸氣 5 秒，然後花 15 秒以上將氣完全吐出。**這個「20 秒深呼吸」做 2 次，剛好就是 40 秒。**

深呼吸會使得副交感神經取代交感神經處於優位，平息怒氣，恢復冷靜。**別等到生氣了才做，在「快生氣的時候」先預防性地做深呼吸，效果會更好。**

以夫妻吵架為例，在一開始察覺到似乎快吵架的氣氛時，就要趕緊深呼吸。這樣就算對方「挑釁」，也有辦法冷靜應對，防止事態演變成互相爭吵的地步。

ToDo 4 說話刻意放慢速度

吵架時為了要快速反駁對方的話，根本沒有空做什麼深呼吸。這種時候，控制怒氣最有效的方法就是「放慢說話速度」。

只要放慢速度說話，就能平息怒氣。而且不可思議的是，對方也會漸漸冷靜下來。

人在生氣、興奮、緊張的時候，說話速度都會變快。這是因為交感神經一旦處於優位，呼吸便會加速。這時候沒辦法深呼吸，為了一口氣說完一串話，於是說話速度不得不變快。

交感神經處於優位導致說話速度變快，相反地，「放慢速度說話」可以讓副交感神經重回優位。只要提醒自己「慢慢說」，就有辦法吸氣，實質上等同達到「深呼吸」的效果。

心理

ToDo 5　平息對方怒氣的方法

有些時候是對方先生氣。

像是客訴電話等。對方正在氣頭上，一股腦地劈哩啪啦罵個不停。這種時候要注意，別受到對方「說話速度快」的影響，自己講話也跟著變快。如果被捲入對方的「怒氣」中，他一句你一句地，自己也跟著怒火中燒吵了起來，事情就麻煩了。

這種時候也要提醒自己「放慢速度說話」。**不要被對方影響，注意用自己平常說話的「7成速度」就行了**。各位也許覺得「7成速度」會不會太慢，不過對聽的人來說，感覺並不會太慢，正好是可以平息對方怒氣的速度。

FACT 3　利用情緒的拔河比賽

人都有「情緒傳染」的心理。對方罵你「你這王八蛋」，你也會想回罵對方「你才王八蛋」；對方笑著說「謝謝你」，你自然也會笑著跟對方說「別這麼說，我才要真的謝謝你」。

這是因為人的大腦有一種叫做「神經鏡像元」的神經細胞，會促使人模仿對方的行為。

「憤怒」會引發「憤怒」，「冷靜」會引發「冷靜」。我把這種作用稱為「情緒的拔河」。

對方「生氣」時，你就要「冷靜」。兩人開始情緒的拔河，強的一方將獲得勝利。只要你「深呼吸」並「放慢說話速度」，保持冷靜，對方就會漸漸息怒。並非一定就是生氣的一方勝利。

生氣　　　冷靜

試試看吧！冷靜1分鐘

對方　　　自己

圖 ▶ 情緒的拔河比賽

在精神科的患者當中，偶爾也會遇到情緒不穩定、動不動就生氣的人。不過，只要不被對方的「怒氣」影響，保持「冷靜」，大概1分鐘左右，對方就會冷靜下來。5分鐘過後就能跟一般人一樣正常對話了。

心理

如何忘記不開心的事？

關鍵字 ▶ 蔡格尼效應

大家一定都有經驗，失戀或失敗等「不開心的事」一直在腦海中縈繞，揮之不去。這種時候到底該怎麼轉換腦袋，就讓我來教各位方法吧。

FACT 1 「不開心的事」最好別做輸出

發生不開心的事情，你會怎麼做呢？舉例來說，假設你失戀大受打擊。如果你在短時間內分別跟 3 個朋友訴苦這件事，結果會怎樣呢？

說話是一種輸出的行為。換言之，短時間內跟 3 個人聊到自己的失戀，會強化失戀的記憶，成為永遠忘不了的一件事。這就是大腦運作的方式。

因為不斷反覆記憶，所以變得更加忘不了。**想忘記透過輸出而強化的記憶，就像要「忘記 Apple 這個單字的意思是『蘋果』」一樣，是不可能的事。**

由此可知，「失戀了」、「工作遭遇大挫敗」、「被主管罵」之類的負面事情，還是別到處跟人說比較好。

ToDo 1 嚴守「1 次法則」

雖說「不開心的事就留在心裡，別跟任何人說」，不過這會給自己帶來壓力，而且對大多數的人來說，應該都很難做到。

剛才說「短時間內輸出 3 次會強化記憶」，但是如果「只輸出 1 次」，倒是沒問題。就像背英文單字，沒有人只聽過 1 次再複誦 1 次就能記得住。同樣道理，如果發生不開心的事，最好的方法是**「只跟自己最信任的朋友提過 1 次，之後絕口不提」**。

我將這稱之為「紓解壓力的 1 次法則」。只要遵守「1 次」的原則，一方

面壓力能獲得抒發，也不會造成記憶強化。雖然大家常說「遇到不開心的事抱怨一下，可以紓解壓力」，不過，說太多會讓不開心的記憶在腦海裡盤旋好幾個月，甚至好幾年都揮之不去，一定要注意。

有人會說「只說 1 次，壓力還是在」。如果是這樣，表示這 1 次傾吐並沒有做到完全。就當作把全部的「負面情緒」一吐為快地向人傾吐吧。

養成習慣「說完 1 次之後就全部忘記」。一開始也許很難，習慣之後就能輕鬆做到了。「忘記」也是需要「多練習」的。

ToDo 2　睡前寫「3 行正能量日記」

假使怎麼樣都擺脫不了「不開心的回憶」，前面介紹過的「3 行正能量日記」也是個很有用的方法。晚上睡前是最容易回想起不開心的事情的時間。「睡前 15 分鐘」是記憶的黃金時段，在這段時間想起「痛苦的事」或「不開心的事」，會使記憶變得更深刻。

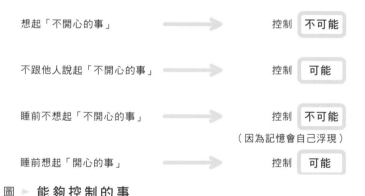

圖 ▶ 能夠控制的事

尤其是精神疾病患者，睡前會想起「痛苦的回憶」，導致心情不安而睡不著。正因為如此，所以要利用睡前的時間寫「3 行正能量日記」，藉由回想開心的事讓自己帶著開心的心情入睡。

人的大腦沒有辦法一心多用，所以只要一直回想「開心的事」，「痛苦的回憶」就不會浮現，藉此把「痛苦的回憶」踢出腦海。

> 別害怕未來，別執著於過去，要活在當下。
>
> —— 堀江貴文（實業家）

FACT 2 事情告一段落才有辦法忘記

以上的方法都試過了，但有些回憶恐怕還是難以忘懷。過去發生過的創傷，怎麼樣就是沒辦法消除。既然如此，就讓我來告訴大家忘記過去創傷的方法吧。

只不過，還沒養成習慣「負面回憶說過 1 次就忘記」、「睡前不回想負面回憶」的人，就算「練習忘記過去的創傷」，也不會有效果。這個方法的大前提是必須先做到「1 次原則」和「3 行正能量日記」。

首先，請回想一部自己喜歡的電視劇或動畫。你有辦法說出從第一集開始的劇情嗎？我相信大部分的人應該都辦得到。

接下來，假設以動畫《海螺小姐》為例，有多少人可以說出三個月前看過的劇情呢？這部動畫的特色是**「1 集 1 個故事」**，所以很難回想起每一集的劇情，以及整部動畫的故事。

心理學有個概念叫做**「蔡格尼效應」**（Zeigarnik effect）。意思是相較於已經完成的任務，人對目標尚未達成的任務記得比較清楚。簡單來說就是**「告一段落的事情會容易忘記，進行中的事情不會忘記」**。

換言之，雖然你以為「跟情人分手」是已經「結束」的事情，不過其實你心中還存有「不捨」、「後悔」、「遺憾」、「憤怒」等各種複雜的情緒。講白一點就是「放不下」。

因此，如果可以讓放不下的過去告一段落，就能忘得一乾二淨。相反地，只要還放不下感情，記憶就永遠忘不了。

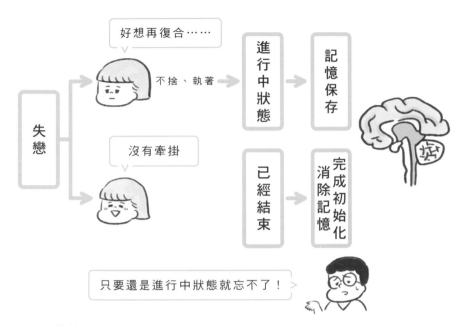

圖 ► 蔡格尼效應

ToDo 3 用「專家練習」切割「事實」和「情緒」

當事情發生，人都會出現「情緒」反應。例如被甩了，會有「難過」、「不捨（不想分手）」的情緒。被主管罵，會感覺「憤怒」和「不合理」。

激動的情緒一上來，人便無法客觀看待事物，**將「事實」和「情緒」混為一談，失去客觀性**。「事實」被「情緒的濃霧」遮蔽，導致無法正確地瞭解「事實」並做出應對。甚至變得情緒化而愈陷愈深。

換言之，如果可以將「事實」和「情緒」切割開來，就算是「打擊」、「不開心的事」、「創傷」，都能自己處理應對。

最簡單的方法就是「交給時間」。舉例來說，被甩之後經過一年，心情早就冷靜下來，可以輕鬆地說出「的確有這麼一回事呢」。這是因為「情緒」隨著時間淡化，已經不再把「事實」和「情緒」混為一談，變得能夠冷靜

心理

看待。

　　只不過，各位一定會說「我等不了一年那麼久」。所以，接下來就要告訴大家一個只要 20 分鐘就能「忘記不開心的方法」──「專家練習」。

（1）在 A4 筆記本的左頁，針對「發生的不開心的事」寫下自己感受到的情緒。　**釋放情緒**

（2）先闔上筆記本，讓自己冷靜下來。　**交給時間**

（3）打開筆記本，當作自己是「專家」，寫下給自己的建議。　**客觀審視**

改寫自《麥肯錫思考模型活用法》（大嶋祥譽著）

圖 ▶ 專家練習

　　想像事情全部寫下來之後就會消失，用這樣的心情將不開心的事情寫在筆記本上。然後擺在一旁不要理它，經過 10 ～ 30 分鐘後再打開筆記本。假裝上頭的東西不是自己寫的，而是「他人寫的」。

　　接著，**把自己當成「專家」（諮商師或醫生等），針對他人寫下客觀的建議**。

　　例如「這沒什麼好沮喪的」、「你應該忘了這件事，繼續往前邁進」、「接下來一定有好事等著你」等。可以盡量把想得到的全部寫下來。

　　這種「專家練習」會讓內心得到淨化，感覺就像完成一件事一樣舒服暢快。**再一次打開筆記本時，自然會將內容當成「他人的事」來客觀審視，實在很神奇**。這就是輸出的「客觀」效果。

　　將發生的不開心的事寫成文字，有助於切割「事實」和「情緒」。接著藉由交給時間，讓「情緒」淡化，好讓自己能夠當成「他人的事」來看待。

　　這裡要注意的是，這個練習也必須遵守「1 次法則」。同一件事情如果寫了兩三次，還是會強化記憶，變得難以忘記，反而本末倒置。

　　有些書會建議「最好把發生的不開心的事全部寫下來」。針對這一點，我個人抱持著懷疑的態度。因為「寫」比「說」更容易強化記憶。

「專家練習」這種方法由於是從客觀的角度切入，以「冷靜的解釋」取代「受情緒影響的解釋」，所以大可不必擔心。「把發生的不開心的事全部寫下來」單純只是在強化「不開心的記憶」而已，還是別輕易嘗試較好。

難易度
★★

《遺忘的勇氣》（植西聰著）

　　我鑽研過十幾本「忘記不開心的方法」相關主題的書，始終找不到一個能夠快速消除對自己不利的記憶的方法。不過這也正常，畢竟這世上哪有這麼好的事。只不過，確實有方法可以擺脫不開心的記憶。而提供這些方法的，就是這本《遺忘的勇氣》。書中整理了 90 種方法，透過反覆練習書中提到的「乾脆地放棄」、「放下執念」、「坦然接受」、「心懷感謝」、「專注於其他事」等方法，就能擺脫「不開心的記憶」，人生從此不再受擺布。

心理

覺得「憂鬱」時該做的事

關鍵字 ▶ 症狀固定、二問法

　　接下來是針對「最近心情低落」、「感覺憂鬱」、「我該上醫院求診嗎」等在心理層面有煩惱的人，提供一些應對、克服的方法。

　　根據一項以 5000 人為對象，有關精神疾病盛行率的大規模研究顯示，憂鬱症 12 個月的盛行率為 2.7%，加上躁鬱症等「情緒障礙」的盛行率有 3.2%。換言之，在一年的時間內，30 個人中就有 1 人有憂鬱症等情緒障礙。

　　如果以一輩子來說，罹患情緒障礙的機率有 7%，罹患某種精神疾病的機率有 15.2%，每 6 個人就有 1 人會罹患精神疾病。很多人都覺得精神病「不關自己的事」，但是從這個研究看起來，事實恐怕不是如此。

　　就算單看憂鬱症等情緒障礙，發病機率每 30 個人就有 1 人，因此，**假設 30 個人的職場或部門，當中有 1 人因為憂鬱症求醫，也是很正常的事。**

FACT　1　考慮是否該就醫

　　「心情鬱悶，提不起勁，一點都不想上班，但還是勉強自己去公司，勉強地把工作完成。上網查才發現自己符合『憂鬱』的症狀，但總覺得自己應該不至於……我該上醫院求診嗎？還是看看狀況？」

　　這種情況曖昧的人，意外地非常多。就算覺得身體不對勁，不過到底到什麼地步應該就醫，這是個很難判斷的問題。

　　如果症狀還不太嚴重，該求助於醫生嗎？關於「要不要就醫」的標準，就算上網找答案，也找不到任何詳細說明。因此在這裡，我想為各位做個簡單明瞭的說明。

　　有句諺語說「打鐵趁熱」。這句話正好能用來說明憂鬱症的治療。**如果一發病就及早就醫，在很短的時間內症狀就能獲得改善。**

假設放任症狀好幾個月不就醫，治療的時間相對也會拉長。假設發病後半年至一年後才終於就醫，問題早就到了難以治療的狀態。

　　醫學上有個概念叫做「**症狀固定**」。如果疾病發生卻放任不處理、不接受治療，最後會演變成「理所當然」的狀態，症狀已經固定下來了。

　　這個時間預計是「1 年」。也就是說，如果身體出狀況，卻放任 1 年以上不接受治療，到最後症狀會固定下來，就算用藥也很難見效。也不是完全治不好，不過已經到了難以治癒的狀態。

　　根據我的經驗，**很多患者症狀緩解所需的時間，大概就跟從發病到就醫的時間一樣長**。1 個月前就覺得身體不對勁的患者，有人治療了一兩次就獲得改善。3 個月前發病的人，差不多需要 3 個月的治療期。放任長達半年以上的人，治療時間則必須花上半年以上。

　　如果覺得「身體不對勁」、「可能是憂鬱症」，最好還是盡早求助於精神科。忍耐痛苦的時間愈久，病情會愈難治癒。

FACT 2　如果擔心就求助於醫生

　　我診察過好幾千名精神病患，其中半數以上的人都讓我覺得「為什麼都到這麼嚴重的地步了還不就醫？」。大部分的患者都花了太多時間忍耐、看狀況，導致病情愈來愈惡化。

　　一般的精神科診所只要事先預約，從候診、看診到最後付費，2 個小時就可以結束。

　　而且不同於內科，精神科的檢查也不多，所以診察費不高。除非有抽血檢查，不然費用大概不到 5000 日圓。

　　最近有愈來愈多診所都加開夜間診療和假日診療。**只要花 2 個小時的時間和幾千日圓的診療費，就能得知自己「是不是憂鬱症」**。既然如此，實在沒有意義忍耐好幾個月不就醫。

> 如果早一點就醫，
> 就不會這麼嚴重了⋯⋯
>
> ── 精神科患者常說的話

ToDo 1 接受憂鬱症篩檢

　　我整理了一份「憂鬱症的症狀」的表格。不過，相信各位看完這個表格都會覺得「症狀太多了，根本不知道自己是不是符合」。實際上，狀況不好的憂鬱症患者要客觀觀察自己的症狀，並正確地做出憂鬱症的判斷，是相當困難的一件事。

　　雖然如此，不過既然大家都有憂鬱症的擔憂，在這裡我就分享一個每個人都能輕易做到的「自我診斷法」。以下兩個問題，各位可以想一下自己是不是符合。

> □最近一個月來是否經常覺得心情低落、有憂鬱的感覺？
> □最近一個月來是否經常對任何事都提不起興趣，或是無法真心感到
> 　快樂？

　　「最近一個月」跟「經常」是很重要的兩個關鍵。「經常」指的是「幾乎每天」的意思。

　　這兩個問題只要其中一個符合，就有憂鬱症的可能。如果兩個都符合，憂鬱症的可能性就高達88%，建議最好求助於精神科，接受專業的診斷。

　　前述提到的「自我診斷法」當中的第一個問題是「心情低落」，第二個問題是「喪失興趣和喜好」，皆為憂鬱症最明顯的症狀。

　　這個「二問法」（two-question case-finding instrument）雖然只有兩個問題，卻能非常精準地篩檢出憂鬱症，是一般內科醫師也常用的檢查方法。只不過，就算符合其中一項，也可能不是憂鬱症。確定診斷還是必須接受精神科醫

表 ► 憂鬱症的症狀

診斷症狀	特徵
1 心情抑鬱	心情低落、憂鬱。一點小事就流淚。
2 喪失興趣和喜好	做什麼都不開心。對原本的興趣和喜好失去動力。
3 食慾變差，體重減輕	什麼都不想吃。一個月內體重減少5%。味覺異常， 吃什麼都像在吃沙子一樣。有些會食慾大增，體重增加。
4 睡眠障礙	幾乎每天失眠，或是嗜睡。很難入睡， 睡不熟，早上一大早就醒。
5 焦躁感	焦躁，心神不寧，倦怠， 提不起勁。
6 容易疲勞	精神變差，容易疲累， 倦怠感，提不起勁。
7 無價值感，罪惡感	覺得自己沒有用， 沒有存在的價值，凡事都是自己的錯。 專注力變得散漫，容易犯錯。
8 思考和專注力變差	忘東忘西。思緒不斷在原地打轉。 無法做決定。容易拖延。
9 有自殺的念頭，企圖自殺	想結束生命。覺得自己沒有存在的價值。 想過具體的自殺方法或準備過自殺道具。

除此之外常見的症狀	特徵
身體症狀	肩頸僵硬（感覺像裝了鉛塊）， 頭痛，頭重感，背痛，全身倦怠， 總覺得身體怪怪的等。
不安感	一直有不安的感覺。 滿腦子都是負面想法。
晝夜節律	早上、中午前的身體狀況非常差 （中午過後就變好了）
社會性障礙	無法上班、上學 （就算去了也是不斷出狀況）

有「1」或「2」的症狀，且近兩週內上述9項描述中，
有5項以上「幾乎每天都是這樣」，很可能就是憂鬱症
（這部分無法自我診斷，建議最好求助醫生的診斷。）

心理

師的診察才會知道。這個方法畢竟只是「篩檢」作用，所以就算符合也不必太沮喪。

ToDo 2 檢測自我狀態

如果懷疑自己有憂鬱症等精神病，不知道該不該就醫，可以利用下列的檢測表自我檢測。

以下描述，你符合幾項呢？
☐ 1　和一週前相比症狀變得更嚴重
☐ 2　睡眠狀況變得更差（指睡眠品質或睡眠時間）
☐ 3　從來不曾像「現在」這麼不舒服
☐ 4　無法上班或上學（實際上已經請假好幾天了）

符合2項以上的人　　　→ 最好就醫
符合「3」或「4」的描述　→ 最好就醫
除此以外的人　　　　　→ 繼續觀察

圖 ▶ **精神科就診檢測表**

接下來針對最好接受精神科診斷的 4 個徵兆為大家說明。

（1） 症狀持續惡化

跟一個月前相比，如果症狀持續惡化，這可就不是個好徵兆。因為接下來非常有可能會繼續惡化下去。如果比起一個月前幾乎沒有改變，或是多少有改善，不妨就再繼續觀察看看。

（2） 睡眠狀況變差

從睡眠狀況跟起床後的狀態，可以明顯看出一個人的精神狀態。如果睡眠障礙長達一個月以上且不見改善，就不是個好徵兆。

（3） 從來不曾像 「現在」 這麼不舒服

憂鬱症會讓人感覺到前所未有的「痛苦」和「不舒服」。患者通常會表示「從來不曾這麼不舒服」。假設感覺到前所未有的「不舒服」，很可能就是罹患精神疾病。

（4） 無法工作， 請假在家

如果是上班族，是不是變得無法出門上班？如果是學生的話，是不是變得無法上學？這些都是判斷精神疾病非常重要的指標。身體不舒服到無法上班上課，動不動就請假在家的狀態，已經符合就醫的標準。一旦覺得「不想上班，我真的已經撐不下去了」，最好趕緊就醫。

延伸學習

難易度
★

電影《阿娜答有點Blue》

一般人很難想像「憂鬱症」到底是什麼樣的一種病。沒有實際見過患者，實在無法判斷自己是不是得了憂鬱症。各位如果想瞭解憂鬱症的狀況，請務必把這部電影找來看。電影描述丈夫罹患憂鬱症，做妻子的不離不棄，一直陪伴在身邊一起接受治療，克服憂鬱症。電影的前 30 分鐘將憂鬱症的主要症狀描寫得相當清楚明瞭，看完之後如果覺得自己也有同樣症狀，就要懷疑是不是有憂鬱症。電影原著漫畫《阿娜答得了憂鬱症》（細川貂貂著）也相當值得一看。

心理

7 精神疾病的應對方法

「我求助精神科已經三年了,卻還是治不好。」

「我的病一直治不好,是不是該換間醫院試試看?」

我經常會收到這樣的詢問。接受治療中的精神病患,幾乎都有「始終無法治癒」的煩惱。以下是針對這類患者的建議。

FACT 1 精神疾病不可能完全治癒

過去大家常說「憂鬱症是心的感冒」。這個說法一改大家對憂鬱症的想法,變得敢求助於精神科。這固然是個好現象,不過在某方面來說,卻讓大家誤以為憂鬱症也像「感冒」一樣可以完全治癒。

與其說憂鬱症是「心的感冒」,其實比較像是「心的骨折」。

假設某個知名運動員不小心骨折了。就算接受治療後重新回到運動場上,恐怕也很難再像骨折前一樣活躍。因為骨折帶來的影響依舊存在。

精神疾病也是一樣。憂鬱症有 9 成的人症狀改善之後,仍有 50 ~ 60% 以上的機率會再復發。剩下無法獲得改善的 1 成症狀則會變得難以根治,遷延變成慢性症狀。以住院次數來說,僅住院 1 次就治癒的人只有 11%,住院 3 次以上有 73%,5 次以上有 46%。

眾多研究發現,住院 1 次就完全治癒的人,大概只有 1 成。大部分的人幾乎都只是暫時獲得改善,長期下來還是反覆復發。

如果問患者「你所謂的『治好』是什麼意思?」,大部分的人都會說「回到生病前的自己」。也就是說,多數患者都是以「回到完全健康的狀態」為標準,所以才會說自己「還沒治好」。

如果問患者「你現在好幾成了?」,有人會說「大概 8 成左右」。

假設回答「差不多好 9 成了」,可真的要感謝主治醫生的努力才行。多

數患者即便症狀幾乎完全消失，還是有很多人覺得「體力變差」、「沒辦法持續專注」、「抗壓性變差」等精神方面變得比以前差。

可見精神疾病要「完全根治」非常困難。

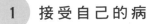

「精神疾病要完全根治非常困難」的說法，是不是讓你覺得失去希望了呢？

然而，這就是現實。一旦罹患精神疾病，想要完全根治非常困難。如果即便如此還是想改變這無法改變的事實，會給自己帶來極大的壓力。這會使得好不容易改善的症狀再度惡化或復發，**陷入愈是拚命想治好就愈是治不好的困境中**。

那麼到底該怎麼做呢？答案是，只能「接受自己的病」了。不要「抵抗它」，而是**把它看成自己的「個性」或「性情」，當成自己的一部分去接受它**。

或者是，不要期待「病會完全根治」，開始嘗試重新回到社會。就算沒有完全根治，但只要 9 成治癒，還是能工作。應該試著努力讓自己重返工作。

不可思議的是，當患者放棄跟疾病對抗之後，就像擺脫附身一樣變得開朗，病情一步步獲得改善。在不知不覺間有 90% 的患者可以恢復 95%，甚至是 98% 左右。

如果跟患者說「你最近身體狀況不錯耶」，大部分的人都會回答「我早就忘了自己生病的事了」。

愈是拚命「想要痊癒」的患者，病情愈是好不了。接受自己的疾病，「放棄治癒」的患者，病情反而好轉得快。以結果來說，大部分的人最後幾乎都達到「痊癒的狀態」。

心理

表 ▶ 「接受疾病」後可見到的反應

- ・最近變得不太會去想自己生病的事。
- ・比起完全治癒，覺得回公司上班等重回社會比較重要。
- ・會生病不是「公司」或「家人」或「自己」的錯。
- ・如今想想，生病前的工作方式跟生活習慣確實有需要改進的地方。
- ・生病讓自己想了很多過去跟接下來的事。
- ・主治醫生跟護理師人都很好。家人也幫了很多忙，也很感激朋友跟同事們的關心。
- ・最近開始想從事「興趣活動」。
- ・覺得之前因為生病悶悶不樂的自己簡直跟笨蛋一樣。

ToDo 2 活出全新的自己

回到生病前的自己要做什麼？
—— 中井久夫（精神科醫師，神戶大學名譽教授）

這是精神科醫生中井久夫先生被患者問到「我可以回到原本那樣嗎（可以痊癒嗎）？」時所做的回答。這是掌握了生病的本質、相當犀利的一句話。

舉例來說，有些憂鬱症患者的個性非常認真，不管工作再怎麼辛苦也絕不喊累，就算身體不舒服，也絕不請年假休息，總是一副拚命三郎的模樣。照這種「過於認真的個性」，痊癒後再重新回到工作上會變得怎樣呢？

不過就是又回到從前的生活而已。即便換工作，恐怕還是會繼續勉強自己的身體，導致憂鬱症再度復發。所以才說千萬不能回到過去的自己。縱使回到「生病的源頭——自己」，也只是又再生病罷了。

自己一定要針對「為什麼會生病」確實分析反省，調整自己，重新用更寬容、更有餘裕的態度面對壓力。

具體來說，最重要的是培養「心理韌性」（心理彈性）。小部分的壓力就讓它過去吧，別努力過頭，照著自己的步調去做就行了。不是回到原本的自

己，而是把自己再升級，打造全新的自己。這樣才是接受疾病，成功克服它。

發病，復發

好想回到原本的自己

重要的不是「回到原本的自己」，應該活出「全新的自己」！

圖 ► 萬萬不可回到原本的自己

　　具體而言要怎麼提升自己呢？「治不好的人」跟「治得好的人」特徵不太一樣，請見下表：

表 ►　「治得好的人」與「治不好的人」的特徵

治得好的人	治不好的人
接受自己的病	和疾病對抗
常把感謝掛在嘴邊	經常口出惡言
保持笑容	總是眉頭深鎖
不因為一點小事悶悶不樂	容易擔心
輕鬆與人交談	不與人交談
活在當下	執著於過去
看到已經改善的症狀	只看見還沒改善的症狀
固定在同一家醫院看診	三天兩頭換醫院

　　以上這些「治不好的人」的特徵，你是不是也符合了其中幾項呢？針對這幾項自我調整，把自己變成「治得好的人」，就是「活出全新的自己」。

ToDo ③ 徹底執行生活療法

很多人會擔心「我的主治醫師用的治療方法是不是不太行？」「是不是該換一家醫院看比較好？」。

以現在的精神醫療來說，用的都是同一套診斷標準，以相同的治療方針來治療病人，不會因為換另一家醫院就有特效藥。

身為患者應該做的，不是換另一家醫院，而是認真地執行「生活療法」。

精神病患的發病原因，大多都是不規律且有害心理的不良生活習慣造成。例如數據顯示，有失眠問題長達一年以上的人，憂鬱症發病率是一般健康的人的 40 倍之多。

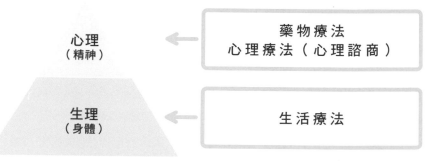

以生活療法為基礎，做好身體疲勞、大腦疲勞及精神疾病的預防吧！

圖 ► **生活療法的重要性**

治療中的精神病患應該做的「生活療法」，在本書的前面內容裡已經提過。**也就是徹底落實「每天睡滿 7 個小時」、「每週運動 150 分鐘」、「晨間散步」、「戒酒、戒菸」。**只要確實做到這些「生活療法」，病情一定會好轉。

如同上述圖示，人的心理和生理是一體的。有健康的身體，心靈（精神）也會安定。但是，如果工作忙碌，經常加班導致睡眠時間不足，身體會處於疲累的狀態，心靈也會因為大腦疲勞而殘破不堪。到最後，**身體瀕臨極限垮掉，沒辦法再為心理提供支撐。這就是精神疾病。**

治療精神疾病不能光靠藥物治療。大前提是必須從睡眠、運動、規律生活等提整身體狀況，重新找回足以支撐心理的體力。

少了生活療法，只靠藥物和心理治療就想痊癒，當然始終治不好。合併執行生活療法，精神病患才能更快找回健康的生活。

延伸學習

難易度
★

《なかなか治らない難治性のうつ病を治す本》（暫譯：治療難以根治的憂鬱症，田島治著）

心理

　　針對憂鬱症的生活療法與療養所需具備的心態，連身為患者的人也能一看就懂的書，意外地相當少。這本書不僅有豐富插圖，煩惱「憂鬱症一直治不好」的患者，也能從內容的整理中找到一些自己可以做、應該做的事情。這本書的好處在於幫助患者自己瞭解並克服當下治不好的心理。內容網羅了憂鬱症治療必須具備的基本重要知識。這些基本知識的具備與否，會大大影響到憂鬱症的治療態度。內容除了憂鬱症以外也適用其他精神疾病。

懷疑自己可能有發展障礙

近年來有關發展障礙的報導愈來愈多。自己透過報導提供的「診斷標準」或「自我檢查表」等進行檢測，覺得自己可能也有發展障礙，進而到醫院接受診斷的人也驟增不少。一些開設有發展障礙門診的醫院，預約掛號甚至都已經排到半年後。基於大家對發展障礙的擔憂及不安與日俱增，所以這一節就讓我們來看看該如何應對吧。

FACT 1 「懷疑自己可能有發展障礙」的心情並不罕見

疾病都有所謂的發病前的階段。這個階段的狀態又稱為「未病」或「潛在患者」、「灰色地帶」等各種不同說法。

以糖尿病為例，實際患者有 1000 萬人，但是潛在患者也有 1000 萬人，共計約 2 成的日本人是糖尿病患者和潛在患者。

失智症有 400 萬人，其潛在患者 MCI（輕度知能障礙）有 400 萬人。65 歲以上長者中有約 25% 的人是失智症及潛在患者。

日本發展障礙的人數，估計約佔總人口的 5%（近來的統計數字也有 10% 的說法）。雖然沒有人統計過處於灰色地帶的有多少，不過，基於大多數疾病的潛在患者都跟患者人數相同，甚至更多，因此，**就算估計最多大概有 10%+10%=20% 的人符合條件也毫不奇怪**。從這個數字來說，就算覺得「自己可能有發展障礙」，也不必太過悲觀和沮喪。

FACT 2 發展障礙無法自我診斷

在網路上搜尋「發展障礙」，會找到非常多可以自我診斷的網站。很多人就是利用這些自我檢測，懷疑「自己可能有發展障礙」。事實上，這些做出

來的診斷大多數都不正確，最好不要隨便嘗試。

ADHD（注意力不足過動症）是發展障礙其中之一。

以成人 ADHD 的診斷來說，診斷標準的 8 項症狀中必須要符合「5 項以上症狀」才算。然而，覺得「自己可能有發展障礙」的人，很可能**只符合其中3 項，便擔心自己會不會也有發展障礙**。

8 項症狀中符合 5 項以上，有可能就是 ADHD。如果只符合 3 項，就不是 ADHD。

另外，假設 ADHD 的 8 項症狀全部都符合，也還有症狀以外的「必備項目」。這部分很多網站都不會介紹和引用，著實令人困擾。在 ADHD 診斷標準的必備項目中寫著：「嚴重影響社交、工作、學業」。換言之就是無法工作、無法出門上班、無法就業、沒辦法工作下去、動不動就被開除的狀態。**可以過正常社會生活的人，在社交及工作上並沒有受到任何影響，因此當然不是「發展障礙」。**

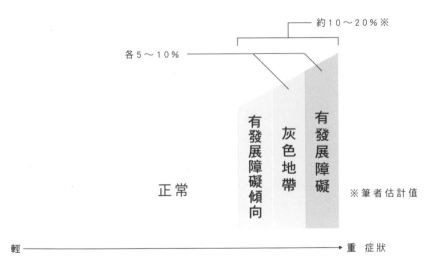

圖 ▶ 精神疾病的漸進發展

只符合診斷標準中的其中幾項，但是不影響正常社會生活的人，我稱之為**「有發展障礙傾向的人」**。

根據我的經驗，有發展障礙和處於灰色地帶，及「有發展障礙傾向的人」全部加起來，估計應該佔日本人口的 3 成左右。也就是說，各位覺得「自己可能有發展障礙」是非常正常的事。

另外，所有精神疾病都可以這麼說：精神疾病的發展是漸進式的，各種症狀、不同嚴重性的人都有，沒有辦法明確劃分「從這裡開始就是○○病」。

就算符合 2～3 項診斷標準也毫不奇怪，只有符合所有診斷標準，每個症狀都很嚴重，某部分對社會生活造成影響，覺得「活不下去」、「很痛苦」的人，才會被診斷為「生病」。

做事情冒冒失失，想到什麼就做什麼，結果最後失敗的孩子，由於具備「過動」及「衝動」兩種症狀，因此與 ADHD 的特徵相似。例如有些書就會把動畫《海螺小姐》中的角色之一磯野鰹作為 ADHD 的例子來說明。

如果是這樣，磯野鰹是不是應該就醫接受 ADHD 的治療比較好呢？當然沒有這個必要。只要當事人每天開心，症狀沒有造成社交上及學業上的影響，就算接近 ADHD 的症狀，也不算是「生病」。

FACT **3** 診斷標準是給醫生用的東西

「猜猜看。脖子很長、四隻腳的草食性動物是什麼？」

「長頸鹿。」

「錯！是羊駝。」

看完這段對話，各位有什麼感覺呢？如果有照片，一眼就能認出是長頸鹿還是羊駝，但是光憑**「嘴巴上的說明和特徵來猜」，根本無法區分是長頸鹿還是羊駝**。

精神科的診斷也是這樣。醫生當然不可能光憑一般人的「文字猜謎遊戲」，便做出發展障礙的診斷。

「診斷標準」不是給一般人，而是給醫生診斷用的東西。而且，精神科醫師所使用的診斷標準，上頭的注意事項也會註明是供「專業臨床醫師」於臨床診斷中使用。

「專業臨床醫師」的意思是指，例如具備實際診察發展障礙病人的經驗。**從來不曾診察過發展障礙的人，不可能正確診斷出「發展障礙」。**

「自己可能有發展障礙」、「自己可能有憂鬱症」、「自己可能有人格障礙」等，**這一類靠自我診斷得到的「符合疾病」的結果，都只是誤會，不需要為此擔心或沮喪**。這完全誤用了精神科診斷標準。

供一般人自我檢查用的發展障礙「自我檢測」之類的表格，都只是篩檢的作用。最終的精神疾病診斷，只能靠經驗豐富的精神科醫師來執行。因此，大家還是不要隨意自我診斷，害得自己難過沮喪、意志消沉，陷入自卑的情緒中。

FACT 4 發展障礙不是缺陷

擔心「自己可能有發展障礙」的人很多，這是因為大家都把「發展障礙」當成是非常「負面」、「不好」的事情。

發展障礙的症狀也可以說成單純只是「個性尖銳」。也就是說，這不過只是一個人的特色，**善用得好就是長處，用得不好就是缺點，如此而已。**

天才、偉人、社會型的成功者當中就有不少發展障礙的例子。像是湯瑪斯・愛迪生、坂本龍馬、約翰・甘迺迪、比爾・蓋茲、史蒂夫・賈伯斯等，據說都是 ADHD。

另外像是樂天創辦人三木谷浩史，以及商管作家勝間和代，也都曾公開表示自己是 ADHD。

比起疾病，ADHD 是一種特徵。以過動和衝動的症狀來說，「無法靜下來」的行為，在學校也許就是「沒辦法好好坐著安靜上課」的缺點，但這卻成為坂本龍馬「跑遍全日本的精力」，成為推倒幕府的動力。

注意力缺乏的症狀也是一樣，可能會讓人全心投入、沉迷在自己的興趣中。就像沉迷於發明的愛迪生，及研發出 iPhone 的賈伯斯。

「過動」是「精力充沛」。

「衝動，容易心情浮躁」是「個性敏感」。

「專注力缺乏」是「富創造力」。

「不聽別人說話」是「具獨創性」。

「容易生膩」是「追求創新」。

就像這樣，所有症狀都能當成「長處」來看待。

ToDo 1 把症狀當成特徵、長處發揮

所有精神疾病都可以這麼說，這些症狀不是「病」，而是「特徵」，是「長處」。改變所處的環境，讓自己能夠把這些當「特徵」、當「長處」發揮。這種時候，身邊的人給予支持非常重要。

表 ► **ADHD與ASD擅長及不擅長的領域**

	ADHD（注意力不足過動症）	ASD（泛自閉症障礙症候群）
擅長領域	・行動自由的業務工作 ・講求靈感、企劃能力、行動力的企劃開發，設計師，經營者，藝術家	・講求規則性、計畫性、高度專業性的設計師及研究人員 ・需具備細心與專注力的SE或程式設計師 ・處理龐大數據的財務人員或會計、法務人員
不擅長領域	・管理縝密的數據或瑣碎的進度等 ・訂立長期計畫並確實執行的工作 ・要求耐心勝於行動力的工作	・需要一一應對每個客戶，或計畫隨時會變動的工作 ・以對話為主的工作或主管不明確的指令

參考：https://www.sankeibiz.jp/econome/news/180217/ecb1802171610001-n4.htm

例如有所謂 ADHD 適合與不適合的工作，以及 ASD（包含泛自閉症障礙症候群、亞斯伯格症候群）適合與不適合的工作。

「ADHD 傾向的人」從事設計或藝術工作，也許會相當活躍。相反地，如果當個必須嚴守時間和進度的上班族，就會深感痛苦。

「ASD 傾向的人」因為特別不善於交際，從事接待或服務業，或是在人際關係微妙的工作環境中做事，恐怕會覺得很痛苦。不過，如果是「程式設計師」或「研究人員」等不必應對他人，可獨自專心投入的工作，就可能會交出優於一般人的成果來。

《ちょっとしたことでうまくいく 発達障害の人が会社の人間関係で困らないための本》

（暫譯：專為發展障礙所寫的職場人際關係教科書，對馬陽一、安尾真美著）

　　你真正的問題並不是「自己是不是有發展障礙」，也許只是「發展障礙傾向的症狀」造成你在工作上和職場人際關係上的困擾罷了。如果是這樣，你應該學習的是「如何應對」。針對「發展障礙」設計的應對方法，對有「發展障礙傾向」的人也同樣適用。學會應對，將「發展障礙傾向的症狀」從缺點變成自己的長處，這才是對你最重要的事。這本書以具體的職場狀況為例，分別一一詳細地提供應對方法，非常實用。

《もし部下が発達障害だったら》

（暫譯：假如部下有發展障礙？佐藤惠美著）

　　除了當事人以外，身為管理職和下指令的人，也應該學習跟有發展障礙的人相處應對的方法。有了這樣一本專為管理職所寫的發展障礙應對教科書，應該就能解決大部分的問題。

我是不是高敏感族？

　　日常生活中，如果「一點小事就反應過度，動不動就傷心難過」、「不懂為什麼只有自己這麼敏感」，感覺活不下去，也許原因就是 HSP 所造成。

FACT 1 HSP不是一種病

　　HSP（Highly Sensitive People，高敏感族）是 1996 年心理學家依蓮・艾倫博士（Elaine Aron）所提出的概念。這類型的人天生敏感，會過度認真看待周遭帶來的刺激和他人的情緒。

　　HSP 是一種「性格」傾向，通常被視為是神經過敏或是訊息認知上的特性。據說除了人類以外，還有 100 種以上的生物也都有 HSP。

　　換言之，HSP 並不是一種疾病。

　　簡單來說就是稍微比別人「在神經的傳導上較敏感」，不過就是一種性格上的特徵，不能說是好是壞。

　　HSP 大約佔全世界總人口的 15 ～ 20%，人數非常多，幾乎和 B 型血人口一樣多。

　　HSP 並沒有收錄在精神科的診斷標準當中。除非對社會生活及日常生活造成影響，或是當事人感到極度痛苦，否則通常不會被診斷為精神疾病。

　　假如神經極度敏感，影響到人際關係和社會生活，大部分會被診斷為其他疾病，如「強迫症」（Obsessive Compulsive Disorder）或「焦慮症」（Anxiety Disorder）等。

　　精神科通常會將 HSP 視為一種「性格傾向」，因此如果你跟精神科醫生說「請幫我治好我的 HSP」，**意思就等於要醫生「幫你改掉內向的個性」，得到的答案恐怕是「不可能」。**如果覺得「自己可能是 HSP」，就算到精神

科求診，也沒有太大的意義。HSP 不過就是在感知方面比其他人更敏感，不需要過於擔心。

FACT 2 HSP是為了讓當事人安心的一種概念

從小就一直覺得「為什麼只有自己活得這麼痛苦」的人，在認識 HSP 這個概念之後，才會知道**「原來自己是 HSP」、「有 20% 的人都是 HSP，原來不是只有我異常，這不是一種病」**，於是感到放心。

這種心理學概念的誕生和存在是為了讓人安心，而不是造成不安和擔心。

< 活得好痛苦

< 容易受傷

< 為什麼只有我是這樣

不知道帶來的不安

< 原來是HSP啊！

< 有20%的人都是這樣！

認識帶來的安心

圖 ▶ **概念是為了使人安心**

ToDo 1 不要曲解網路情報

大部分的人看網路報導都是用快速瀏覽的方式。看了一些「挪用」的「片斷」情報之後，就擔心「自己也許是 HSP」、「是不是該就醫才對」，心裡充滿不安和沮喪。

在瀏覽心理和生理疾病的相關報導時，不能跳躍式地只讀「部分」，應該一字一句從頭到尾仔細地讀。

網路上有關 HSP 的報導一定都會清楚寫道：「HSP 不是一種病」、「有多達 20% 的人都是 HSP」。**如果從頭到尾仔仔細細地讀完整篇報導，應該不會產生「不安」的心理，反而會感到「放心」才對。**

然而，愈是個性容易擔心的人，通常都不會好好地看完整篇報導，只看了標題就自己胡思亂想，被不安和擔心牽著鼻子走，變得無法冷靜思考。

不只是 HSP，包括發展障礙在內的其他疾病也都是如此。

即便報導提供了「正確的情報」，底下還是可以看到許多搞錯意思的留言。

在我的 YouTube 頻道中，一些精神疾病相關的影片底下，也會出現不少偏激的留言。因為有些人是在沒有仔細看完影片的情況下，只憑著跟我的主張有所出入的想法，便做出錯誤的解讀，所以感到不安而留言攻擊。

面對網路情報，大家最好要冷靜。而且不能只看部分內容，一定要從頭到尾好好地仔細閱讀。

針對疾病蒐集相關資訊時，只會從網路吸收情報的人要特別注意了。如果因為錯誤的情報而做出錯誤的判斷，只會徒增不安和擔心。

FACT 3 HSP的4個特徵

HSP 帶來的不安，尤其特別容易發生在隨便曲解情報、自己嚇自己的人身上。

在這裡，請各位再重新地好好想想，HSP 究竟是個什麼樣的概念？自己是否真的符合 HSP？HSP 具有以下 4 個特徵：

☐ 想太多，會深思熟慮後再行動
☐ 對刺激過於敏感，容易疲累
☐ 容易受到他人的情緒影響，容易產生同理心
☐ 所有感覺都十分敏銳

以上 4 個特徵完全符合的人，一般認定就是 HSP。

這時候大家一定會問：「如果只符合 3 項呢？」

請各位再仔細看清楚我的意思。

我說的是「4 個特徵『完全符合』就是 HSP」。只符合 3 項的人，就不能算是 HSP。

這種「定義」應該嚴格適用。**只要放寬任何一項診斷標準，符合的人就會增加 20% 以上。**

完全符合 HSP 的 4 項特徵的人佔總人口的 20%，如果放寬其中兩三項標準，人數肯定會超過全日本的一半以上。

不要「只看部分內容」，要從頭到尾仔仔細細地看清楚，告訴自己「我只符合 3 項特徵，所以原來我不算是 HSP」，這才是最重要的。沒有必要隨隨便便就給自己製造不安。

ToDo 2 接受HSP自我檢測量表

上述的自我檢測，假如是「4 項完全符合」的人，建議可以上依蓮‧艾倫博士的官方網站進行更詳細的「HSP 自我檢測量表」（http:// hsperson.com/test/highly-sensitive-test/）。

ToDo 3 學習應對

和音樂家或藝術家聊天，意外地很多人都會表明自己是 HSP。

「對刺激敏感」、「感覺敏銳」的特徵雖然會有「在人際關係上容易感到疲憊」的「缺點」，不過對於音樂家和藝術家的創作來說，卻是一種「才能」，讓他們可以感受到聲音和色彩之間微妙的差異，發現生活中的微小問題。從這一點來說，**直覺性的感受能力確實是一種了不起的才能。**

如果懂得將這種能力當成「才能」來發揮，肯定可以在社交上如魚得水。但是，一旦選錯工作，很可能會淪為「容易疲憊」、「容易受他人情緒影響、容易受傷」的命運。

如同在上一節的「發展障礙」中提到的，症狀單純只是個性上的特徵。**是要把它當成「缺點」看待而痛苦不已，還是當成「長處」成為自己的武器，**

全憑當事人自己的心態。

　　說了這麼多「就算是 HSP 也不需要擔心」的理由，可能還是有人會每天感受到自己不好的一面，像是受他人影響、心情不好、覺得心很累等。如果是這樣，可參考以下的克服方法。

表 ▶ **克服 HSP 的 方 法**

- 避開會刺激自己敏感度的事物
- 避開過度的刺激（可戴墨鏡、耳機等）
- 充分休息，
- 別拚命過頭
- 改善環境讓自己過得舒服（打造自己的空間）
- 不要想改變自己，而是尋找適合自己的事物
- 發揮長處比克服缺點更重要
- 專注在 HSP「好的一面」
- 一次做一件事，不要一心多用
- 劃清自己和他人的界線
- 展現自我
- 學習依賴他人，多交朋友
- 讓身邊的人多瞭解 HSP

整理自《高敏人的職場放鬆課》（武田友紀著）

難易度

★

《高敏人的職場放鬆課》（武田友紀著）

　　如果想知道怎麼克服 HSP，推薦可以看這本書。作者用「天性細膩」來形容 HSP，讓 HSP 聽起來不再像是一種疾病。甚至將它描寫成「讓人感到溫暖的特徵」，把 HSP 當「夥伴」看待，而不是「敵人」。這種切入角度相當值得肯定。身為心理諮商師的作者，自己本身也是 HSP，深知 HSP 的辛苦。她從當事人的角度，分享了自己經過無數次錯誤嘗試後發現的應對方法。這些方法不僅「實用」，而且馬上就能活用。

《HSP！自分のトリセツ 共感しすぎて日が暮れて》（暫譯：HSP的自我使用說明書，高野優著）

難易度

★

　　有些人會因為覺得「自己可能是 HSP」而陷入沮喪。如果你是這樣的人，建議可以看看這本書。豐富的全彩漫畫，光是看了就覺得舒服。看完之後應該就會明白「HSP 根本沒有什麼值得煩惱的」，是一本可以讓你輕鬆學會如何跟敏感的自己相處的書。

心理

預防失智症

關鍵字 ▶ MCI、麥得飲食

從日本失智症的年齡層發病率來看，70 ～ 74 歲約 5%，80 ～ 84 歲約
25%，85 歲以上高達 55%。雖然「人生百歲時代」是這個時代的關鍵字，不過
活得愈久，失智的風險就愈是迅速增加。就算好不容易活到 100 歲，也可能因
為失智需要照護，一點也不快樂。

活出遠離失智的人生。這是關係到每一個人的重要問題。

FACT 1 失智症是可以預防的

大部分的疾病都不會突然間發病，一定先有輕微症狀，成為「潛在患
者」。如果放任症狀不處理，最後才會演變成生病。重要的是，在「潛在患
者」的階段，可以藉由改善生活習慣等簡單的努力，「逆轉性」地治好症狀。
失智症的潛在患者稱為「MCI」（Mild Cognitive Impairment，**輕度知能障
礙**）。一旦演變成生病，就成了「不可逆轉」的狀態，再怎麼努力也很難輕易
治好。

失智症與 MCI 的關係，類似於「私生活 8：消除照護壓力」中衰弱症的
病程演進，請見下列圖示。「健康」和「失智症」之間的狀態，就是 MCI。
年長者的 MCI 比例，每 4 人中就有 1 人。**如果可以在 MCI 的狀態控制好症
狀，就能免於「失智」。**

很多人都以為「健忘是老化的症狀之一，不需要治療」。以十年前來說，
這的確是常識，不過在最新研究中，輕度健忘，也就是在 MCI 的階段，只要
確實進行運動療法，就能獲得改善，恢復正常狀態。這一點如今已經漸漸成為
常識。

不僅如此，不少研究報告也相繼指出，即便已經罹患失智症，也可能控
制延緩病情發展，改善健忘的症狀。

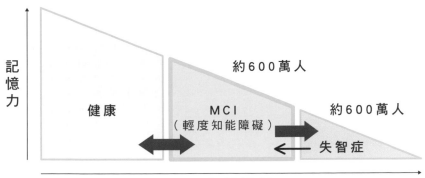

圖 ▶ 失智症與MCI

很重要的一點是，如果發現家人有「健忘」的現象，可以至「健忘門診」等接受失智症專業醫師的診斷，判斷究竟是正常，還是 MCI 或失智症。

千萬不能自己妄下判斷，以為「最近雖然健忘愈來愈嚴重，但這沒什麼大不了的，再看看狀況吧。」這會讓症狀愈來愈嚴重，最後演變成需要照護的地步。盡早就醫才是上策。

FACT 2 失智症早在症狀發生的25年前就已經開始發病

最新的阿茲海默症研究發現，阿茲海默症早在症狀發生的 25 年前，就已經開始發病。大部分的人也許以為是幾年前才發病，但是事實並非如此。

大腦中神經毒性高的老廢物質**「類澱粉前驅蛋白」**（Amyloid Precursor Protein）會慢慢沉積，到最後開始殺死大腦的神經細胞。最近已經可以透過影像診斷看見大量沉積的類澱粉前驅蛋白，得知「類澱粉前驅蛋白」的沉積早在發病的 25 年前就已經開始形成。

也就是說，過了 60 歲才開始緊張「健忘愈來愈嚴重」，已經為時已晚。雖說還不到完全沒救了的地步，不過，**預防失智症最好應該從 40 歲就開始**。

心理

ToDo 1 靠運動和睡眠預防失智

預防失智症最有效的方法，就是「運動」和「睡眠」。

每週 150 分鐘以上的有氧運動，可以降低二分之一至三分之一的阿茲海默症風險。一星期 150 分鐘看似簡單，不過對有些老人家來說也許會太累。

體力不好的年長者，稍微走幾步路就會喘，對他來說已經是「很吃力的運動」。這種時候，家人不要覺得「萬一跌倒就糟糕了」而放棄，反而應該邀老人家一起多散步運動。

根據西班牙馬德里康普頓斯大學（Universidad Complutense de Madrid）的研究，比起平均睡眠時間 7 個小時的人，睡不到 6 個小時的人 MCI 和失智症的風險高出 36%。失智症可能在 40 幾歲就發病，所以為了預防失智，一定要從年輕就養成睡滿 7 個小時的習慣。

阿茲海默型失智症的主因是「類澱粉前驅蛋白」，而透過睡眠，就能每天清除大腦中的類澱粉前驅蛋白。這是因為睡覺的時候，大腦容積會大幅縮小，使得腦脊髓液得以流過大腦，將大腦中的類澱粉前驅蛋白清除乾淨。

透過儀器影像，可以看見腦脊髓液就像噴射水流般流過大腦。一旦**睡眠時間減少，「大腦的清除時間」就會跟著減少**，使得阿茲海默型失智症的發病風險急速增加，千萬要特別留意。

FACT 3 預防生活習慣病

失智症分為「血管性失智症」和「阿茲海默型失智症」兩種類型。過去的研究已經知道，高血壓、高血脂、肥胖、糖尿病等新陳代謝症候群會加速動脈硬化，是「血管性失智症」的危險因子。最近也發現，「阿茲海默型失智症」的發病，也跟高血壓、高血脂、肥胖、糖尿病等生活習慣病有極大的關聯。

有研究顯示，高血壓、高血脂、肥胖、糖尿病等 4 大危險因子，具備得愈多，阿茲海默型失智症的症狀發生率就會跟著增加。具備 3 個以上危險因子

的人，風險也高出 3 倍以上。

另外在高血壓方面，中年期的高血壓和失智症的症狀發生有很大的關係。因此很重要的是，不是等到老年才開始，從中年就要開始做好預防。

透過運動、飲食等預防新陳代謝症候群，不只能預防心肌梗塞和腦中風等生理疾病，也能預防失智症和憂鬱症等心理上的疾病。

此外，戒菸也是預防失智不可少的一個動作。

吸菸者比非吸菸者的失智症發生率高出 45%，根據 WHO 的研究，吸菸和失智症的發生有很大的關聯性，菸抽得愈兇，發病率愈高。全世界的阿茲海默症人口中，推測約有 14% 可能都和吸菸有關。

ToDo 2 預防失智症的進階方法

運動、睡眠、預防生活習慣病，這些都是預防失智症必須做到的部分。接下來再介紹幾個更有效的預防方法。

（1） 麥得飲食

大家都知道飲食對預防失智極為有效。

美國拉許大學（Rush University）研究顯示，**生活中遵循「麥得飲食」（Mind Diet）的人，阿茲海默症的風險會降低 53%**。

關鍵在於比起肉類，盡量攝取大量魚類，並且均衡攝取蔬菜、根莖類和豆腐。尤其鯖魚、沙丁魚、秋刀魚等青背魚富含 DHA 及 EPA，可降低血中膽固醇，具有清血功效。

表 ▶ 預防失智症飲食（麥得飲食）

應多攝取	不應攝取
包含黃綠色蔬菜在內的蔬菜、根莖類、堅果、豆類、莓果、魚類、全穀物、橄欖油、雞肉、紅酒	紅肉、起司、奶油和乳瑪琳、麵包等甜點、炸物等速食

心理

表格以外的食物如咖哩（薑黃中的薑黃素具有強烈抗氧化作用）、咖啡、綠茶等，也都具有預防功效。

酒精攝取過多會增加失智症的風險。中度飲酒者的失智風險為 1.5 倍，重度飲酒者則為 4.6 倍。

（2）避免孤單

荷蘭的研究花了 3 年的時間追蹤約 2000 名高齡男女，調查社交孤立與孤獨感和失智症發病之間的關係。結果發現，**覺得孤單的人，失智症的發病率是一般人的 2.5 倍**。關於「孤單」和失智症發病相關的研究，其他還有非常多。

建議大家要維持社交生活，例如定期與人見面，或是跟朋友一起出遊、參加興趣社團等。另外像是負責里民會等社交工作也很重要，這些避免孤單的活動都能有效預防失智症。

（3）保持學習

據說學歷愈高的人，愈不容易失智。千葉大學的研究顯示，比起受教育年數超過 13 年的人，未滿 6 年的年長者罹患失智症的風險，男性高出 3 成，女性高出 2 成。

這就稱為「**認知儲備**」（cognitive reserve）。知識和經驗較多的人就算失去一部分的腦細胞，也能靠之前的知識和經驗來彌補，因此不容易出現失智症狀。

上了年紀仍然保持學習非常重要。大家可以到社會大學或研究所進修，或是學習新的語言和資格證照等，也可以善用文化中心的資源。每天閱讀也是很棒的學習。

另外還要加上認知練習。愈來愈多研究指出，挑戰新事物或學習樂器，或者像是將棋和圍棋等桌遊，以及填字遊戲和數獨等益智遊戲，都有預防失智的功效。**終身學習對失智症來說，可發揮極大的預防效果**。

85 歲以上的年長者，有半數不是失智症就是 MCI。年紀大了，就算失智也沒什麼好奇怪的。

不過另一方面，在預防方法與其效果都已經相當明確的現在，只要確實執行，失智症是可以預防的。

希望大家都能做好失智症的預防，帶著清楚的頭腦活出屬於自己的百歲人生。

延伸學習

《ＮＨＫガッテン！ 認知症を防ぐ！ 脳若返り科学ワザ》（暫譯：預防失智症！讓大腦重返年輕的科學方法，ＮＨＫ科學環境節目組編輯）

難易度
★

就算你跟身邊的老人家說「要多運動預防失智」，他們一定也不會採取行動。針對這類型的年長者，推薦可以看看這本書。它集結了 NHK 節目《ガッテン》的內容，不僅簡單明瞭，而且易於實踐。只要說「這是電視節目《ガッテン》裡教過的方法」，大家應該都會躍躍欲試。身邊的人如果罹患失智症，也許你就會成為照護者。為了避免這種情況發生，一定要想辦法讓他們「動起來」！

心理

有「想死」的念頭該怎麼辦？

根據日本財團所做的「自殺意識調查 2016」顯示，有 25.4% 的人「曾經認真想過要自殺」。

另外，關於考慮自殺的時間點，「在過去 1 年內」的人有 3.4%，「現在」的人也有 1.6%。換言之，每 4 個人當中就有 1 人曾經認真想過要自殺，約 60 個人中就有 1 人當下這一刻就有「想死」的念頭。

「想死」的念頭，看似是一種被逼到絕境、緊張的特殊情緒，不過其實這是很多人都有的共通煩惱。

另外，根據同一份調查的數據來推估「過去 1 年內的自殺未遂者人數」，全日本應該有高達 53 萬 5000 人，大約是總人口的 2%，也就是每 50 人就有 1 人曾在過去 1 年內自殺未遂。

由此可知，有「想死」念頭的人，以及真的採取行動的人，超乎一般人想像的多。

FACT 1 身為精神科醫生的個人經驗

身為精神科醫生，經常會有病患跟我說他「好想死」。從醫 25 年來，我一直不斷在思考面對這樣的病患，我該說些什麼，才能抑止他的自殺念頭？什麼才是「最恰當的回應」、「最恰當的話語」？

我的 YouTube 頻道也經常會收到來信詢問關於「想死」的念頭。面對這些詢問，我到底該怎麼回答才恰當？

至今我針對「想死」和「想自殺」的人寫過許多文章，也拍了不少影片，不過一直還沒有辦法做出最好的回應。

經過這些錯誤嘗試，現在如果有人跟我說他「好想死」，我能想到的唯一一句話是：

「**我希望你不要死。**」

這話聽起來也許稱不上是建議，也不是忠告，只是我個人的希望和願望。不過這正是我的意思。

正在閱讀這本書的你，或許我們不曾見過面。但是，透過這本書，或者你曾看過我的影片，讓我們之間有了「小小的連結」。這樣的你，假如自殺、離開這個世上，對我來說都是極為痛心的一件事。

這是因為，**至今我已經經歷過好幾次身邊的人自殺離開了。**

站在患者的立場，也許會說「就算我自殺了，醫生也不會難過，不覺得有什麼」。但是並不是這樣的。

沒有一個精神科醫生不會為自己的病患死亡離開而難過。自己的病患自殺，醫生一定滿腦子想著「那個時候我該怎麼做，才能防止憾事發生？」「最後一次診察的時候，如果我可以怎麼做就好了。」「病患自殺，身為主治醫師的我難道不該負責嗎？」。可是想再多，病患也不會因此重生。

我曾經有個病患 Y 小姐，她被診斷患有人格障礙，經常把「想死」掛在嘴邊。在她真的熬不下去的時候，我會安排她住院，想辦法幫她度過痛苦。在我擔任她主治醫師的那兩年，她不曾嘗試自殺，狀況看起來愈來愈穩定。

後來，我轉調到別的醫院，Y 小姐於是由其他醫生接手治療。

大約半年後的某一天早上，我在報紙上看到 Y 小姐在附近河川跳水自殺的報導。平時我看報紙都只是大概瀏覽，而且這不過只是一則十行左右，且位置毫不起眼的小報導。然而，我的目光卻不由自主地被引導過去。

由於其他醫生接手治療已經超過半年的時間，我對她最近的病情毫無所悉。只不過，我治療過她兩年的時間這一點是事實。在這段時間內，對於她「想死」的念頭本身，我始終無法改變，充滿「無力感」。那個時候，我只是單純地希望她「不要死」。就只是這樣而已。

在轉調工作之前，我曾收到一份 Y 小姐的禮物。那是個衣架，掛鉤部分做成動物的樣子，現在還放在我書櫃的一角。對我來說，那就像是十字架，每次只要看到，我就會想起 Y 小姐的臉。然後我告訴自己：

「我絕不要再經歷一次身邊的人『自殺』的事件。我要想辦法減少日本自殺的人，哪怕只是一個人也好。」

就是這個念頭，開啟了我創立 YouTube 頻道傳遞訊息和寫作的路。

為了讓更多人不要自殺，必須減少精神病患的人數。因此，除了治療以外，我也把訊息傳遞的重點擺在「預防」上面。

預防精神疾病可以透過改善人際關係、提升工作效率、增加健康與心理方面的知識、減少壓力來達成。

偶爾，我會收到讀者來信跟我說，我的書和影片讓他不再想自殺，或是拯救了他。透過這些活動，每當有人跟我說他「好想死」，我能說的只有一句話：「我希望你不要死。」除此之外我不知道自己還能說什麼。

FACT 2　自殺的人不會找人傾訴

根據前述日本財團的調查，「認真考慮過自殺卻不曾找人傾訴」的人高達 73.9%。

厚生勞動省研究班的調查（自殺未遂者 1516 人，自殺既遂者 209 人），針對自殺前「是否曾找人聊天想死的念頭？」的問題，有 16.3% 的人曾找家人聊過，8.3% 的人找朋友聊過，只有 3.8% 的人尋求精神科醫生的協助。也有人同時跟家人和朋友聊過，整體來說只有 2 成的人事前會找人傾訴。

「想死」的人，不管是自殺未遂或自殺既遂，大部分的人都不會找人傾訴，都是突然間就自殺。

「我該活下來嗎？還是去死算了？」抱著這般人生最大的煩惱不曾向任何人傾訴，有時是因為憂鬱症無法思考，或者是在焦躁感讓他更加煩躁而失去冷靜的狀態下，將「想死」的念頭付諸行動。

假如可以找人傾訴，肯定很多自殺都是可以阻止得了的。

如果跟「想死」的人說「找個人聊聊吧」，對方一定會說「有什麼意義呢？就算聊了也解決不了問題」。

不過就像我在這本書中不斷提到的一點，傾訴的目的不是為了「解決問題」。而是，只要說出口，自己會比較輕鬆。換言之「抒發」的意義非常大。

從這一點來看，傾訴絕對有它的效果。

ToDo 1 雖然改變不了「想死」的念頭，但可以立即消弭「自殺的衝動」

上面提到傾訴有很大一部分的意義是為了「抒發」。更具體來說就是發洩「自殺的衝動」。如果將自殺行動做分解，可以分成以下幾個要素。

自殺的念頭 × 自殺的衝動 = 自殺行動

總覺得「想死」、「活著很痛苦」。長期持續存在於許多人的腦海裡。

「現在就想死！」的強烈衝動。無法冷靜下來的動力。有時會突然變得強烈，時間長達5~10分鐘。特別容易出現在精神病患身上。

「自殺的衝動」可以藉由「找人傾訴」、「說出來」、「打電話找人聊」來獲得減緩！

圖 ▶ 自殺行動

「自殺念頭」指的是平常「想死」的心情。「自殺衝動」則是指壓抑不住「現在就想死！」、「現在非死不可！」的衝動。

日本有 1.6% 的人都有「想死」的念頭，這些人之所以大多沒有採取行動，是因為沒有多強烈的「自殺衝動」。

自殺需要非常大的勇氣。死是很可怕的一件事，而這股恐懼，就成了阻止自殺的力量。

舉例來說，很多人因為想死，所以準備自殺，等到真的要動手時，卻因為「極度害怕」，於是在最後關頭放棄自殺。

在這種緊要關頭，「真的動手自殺的人」和「放棄自殺的人」之間的差異，就在於「自殺衝動」的差別。

「自殺衝動」指的是「按捺不住的尋死動力」，然而，這股衝動無法持久。據說自殺衝動頂多只會維持 5 ～ 10 分鐘，換言之，**如果可以找個人聊個 30 分鐘，心情就能冷靜下來**。

實際上，我也曾在急診遇過好幾個有強烈自殺衝動、當下立刻就想死的病患。可是，在經過約 30 分鐘的談話之後，幾乎都能不可思議地冷靜下來。

事後再詢問病患當時的狀況，大家都會說那時候自己根本失去理智、沒辦法冷靜。而且緊接著都會說「幸好那個時候沒有真的自殺」。

真正引起自殺的犯人，並不是「自殺念頭」（想死的心情），而是「自殺衝動」（短暫存在、突然間強烈出現的動力）。

因此，假如真的很想死，只要撐過 30 分鐘就行了。這個時候「找個人聊聊」非常有效。（編按：如果沒有人可以打電話，在台灣可以撥打「生命線 1995」尋求心理諮詢。）

> 不論你對人生有多麼絕望，人生從不對你感到絕望。一定有什麼是你可以為某件事或某個人做到的。時間正在等著你。
> —— 維克多・弗蘭克（Viktor E. Frankl，奧地利精神科醫師，曾被囚禁於納粹集中營，儘管如此仍不感絕望，不斷思考生命的意義）

ToDo 2 不要借酒逃避

我想拜託長期有「想死」念頭的人一件事，就是「不要喝酒」、「把酒戒掉」。根據日本的自殺者調查，32.8% 的自殺者體內都被驗出酒精反應，尤其愈是採取激烈手段自殺的人，體內的酒精濃度愈高。

另外，自殺未遂被送到急診的人，被驗出酒精反應的比例平均也有 4 成。可見企圖自殺的人當中有約 3 ～ 4 成都會喝酒，再藉著酒醉自殺。

有研究指出，相較於偶爾才喝酒的人，一天喝超過 500 西西的人，自殺的風險高出 2.3 倍。

長期喝酒不僅會增加自殺的風險，而且會助長孤獨，增強「想死」的心情。非但如此，突然間酒醉會影響思考能力和判斷力，降低對自殺的恐懼，做出連自己都無法預期的自殺行動。

天天「不開心就借酒澆愁」、「藉著酒精忘掉不開心的事」，日積月累之下，這些行為會漸漸升級為「自殺」。換言之只是被酒精所殺，並不是在自己的意志下結束生命。

ToDo 3 整頓生活

剛剛說過，控制「自殺衝動」是抑止自殺行動的關鍵。「自殺衝動」以腦科學上來說，就是**「血清素濃度過低」**。

我一再重申，可提高血清素分泌的「晨間散步」是非常有益健康的習慣。有益健康的生活習慣首推「睡眠」、「運動」、「晨間散步」等三項。事實上，這三項對預防自殺也非常有效。

有「想死」念頭的人都會以為這是經過好幾月的煩惱、痛苦，最後「自己找到的答案」。然而，事實並非如此。「想死」的念頭不過是**大腦中的神經傳導物質分泌過少造成的「大腦的錯覺」**。就像血糖過低會覺得「肚子餓」一樣，血清素或正腎上腺素分泌過少，自然會讓人產生「想死」的念頭。

因為這種可恢復的、一時的神經傳導物質分泌失衡，便結束自己的一生，實在是非常可惜的事。

血清素和正腎上腺素分泌極少所造成的憂鬱狀態，可以透過藥物療法，以及「睡眠」、「運動」、「晨間散步」、「戒酒」等生活療法來獲得改善。各位不妨想想，每天睡滿 7 個小時，每週運動 150 分鐘以上，每天晨間散步，這樣還是會「想死」嗎？依據我的經驗，至今還沒有見過哪個生活正常規律的人卻有想死的念頭。

心理

難易度
★

《12階から飛び降りて一度死んだ私が伝えたいこと》 （暫譯：曾經從12樓往下跳的我，想跟大家說的話，MOCA、高野真吾著）

曾經有病患對我說：「醫生，你根本不知道想死的人的心情。」對於真心「想死」的人來說，比起精神科醫師寫的書，同樣想自殺、且經歷過自殺未遂的人所寫的書，應該更能產生共鳴吧。作者在歷經煩惱、痛苦、絕望和憂鬱後，選擇從公寓的 12 樓往下跳，最後好不容易才勉強救回一命。她在書中的一字一句充滿說服力，字字撼動人心。對於現在有「尋死」念頭的人，肯定會深感共鳴。

終章

精神科醫師
歸納出的終極思維

生活態度

當個懂得享受人生的人

關鍵字 ▶ 中立、舒適圈、願望清單

做同樣一件事，有的人「懂得樂在其中」，但有的人卻「感受不到快樂」。

所有的事物都是一體兩面，關鍵就在於你看到的是哪一面。回想今天一整天，有好事、也有壞事發生，你在意的是哪個部分，就決定了你的人生。

既然人生都是如此，看見事物好的一面，懂得享受人生，才是擁有幸福的方法。接下來就讓我們針對這一點來探討吧。

FACT **1** 「虛心」才是共通點

「會享受人生的人」都有個共通點，就是「虛心」。

「虛心」是個經常被視為成功條件的關鍵字，指保持「中立」，沒有偏見或先入為主的想法。

大部分的人都有先入為主的想法。「那種事做了也沒意義」、「之前也是這樣失敗的，這一次肯定也會失敗」。先入為主的想法會嚴重受限於過去的經驗，以至於限制了行動。

這種時候，如果可以讓想法保持中立，面對他人的建議和忠告，就能虛心接受並嘗試。如此一來，**機會和際遇也會增加，當然也有更多機會遇到「開心的事」和「有趣的事」**。

如果抱著強烈先入為主的想法，以上這些都會失去，過著一成不變的生活。自然不可能發生「開心的事」和「有趣的事」。即便面對再棒的情報，除非抱持中立的想法，否則大腦會阻斷接收，聽了也只是左耳進右耳出，不會進入大腦。

圖 ▶ 阻斷情報接收的人

想要變得虛心，方法就是**「先試再說」**。

當別人說「這本書很有趣唷！」，就先讀了再說。別人說「那部電影超棒的！」，就先看再說。有人邀你「下次的聚會你一定要來！」，就先去看看再說。

拋開先入為主的想法，相信對方的「推薦」和「邀請」，試著接受看看。這些嘗試的背後將充滿無限的際遇和機會，有趣和開心的事將會出現在意想不到的地方。

ToDo 1 踏出舒適圈

在「工作4：找到自己的『天職』」一節中曾提到，我們每天生活的領域稱為**「舒適圈」**。包括常去的地方，經常見面的人，經常吃的食物，這些都是我們的舒適圈。

如果覺得生活「不快樂」，表示「現在的舒適圈」裡沒有「快樂」的事，「快樂的事」在舒適圈外。舒適圈外有著無限寬廣的世界，拿出勇氣走進外面的世界，才能發現「寶藏」（快樂，幸福）。

「寶藏」就隱藏在第一次接觸的地方、人、活動、店家等。

當然，踏出舒適圈也是一種面對「辛苦的事物」和「困難的事物」的挑戰。不過，在這些辛苦和困難的背後，隱藏著你的無限可能。所以，不妨鼓起勇氣踏出外面的世界，好好享受人生吧。

> 生命中最重要的事就是享受人生。
> 活得開心，這樣就夠了。
> ── 奧戴麗·赫本（Audrey Hepburn，美國女演員）

ToDo 2 寫下願望清單

踏出舒適圈是從外改變的方法，另外也有從內改變的方法。也就是想清楚對自己而言什麼是快樂？自己想做什麼？想實現什麼願望？想得到什麼東西？

為此，建議大家可以試著寫下「**願望清單**」。

（步驟1）
準備200張標籤貼紙（購於文具店）。

（步驟2）
把自己想得到的東西或是想做的事情等，盡可能地寫出自己的「願望」、「夢想」、「目標」。至少具體寫出100個以上「一定要實現」的事物。
例）✕「我想出國旅行」
　　○「我想去洛杉磯迪士尼樂園玩」
　　○「我想去看巴塞隆納的聖家堂」

（步驟3）
依照類別或相似內容做分類，整理在一張紙上，貼在書桌前或拍照存在手機裡，一有空檔就拿出來看。

把想實現的事情烙印在腦海裡。

圖 ▶ 願望清單的寫法

這份願望清單必須每年回過頭來檢視，看看自己達到幾個願望，重新做整理。

以我來說，差不多 1 年可以完成一半的願望，2 ～ 3 年內達成 7 ～ 8 成。既然寫下來的「願望」、「夢想」、「目標」最後都能完成 7 ～ 8 成，不寫才是自己的損失。

為什麼只要寫下願望就能實現呢？

這是因為，**大腦對於自己「想做的事情」（Wish）會特別敏銳**。

舉例來說，假設你在清單上寫下「想去夏威夷玩」。當朋友提到「今年夏天我想去夏威夷玩」時，大腦馬上就會做出「那就一起去吧！」的反應。假使沒有將這個願望化為有形寫在清單上，就算聽到朋友的話，也只會做出「真好」的反應。

也就是說，透過將願望寫成清單，自己對相關的情報就會變得特別注意，加快實現願望的速度。

很多人都會在新年或新的年度剛開始的時候立下年度目標，但是卻很少人會寫下「休閒娛樂的年度目標」。建議大家務必加入這一項。就拿我自己來說，通常每年都會立下「一年看 120 部電影」及「一年當中有 6 個星期在國外度過」的年度休閒娛樂目標。

另外，每天早上會寫下當天「待辦清單」的人，建議**再加入一項「待辦的休閒娛樂」**。例如「晚上 7 點半看《○○》電影」，只要這麼寫，就會繃緊神經要求自己「一定要在 7 點半之前完成工作」，迫使自己完成工作，順利看到電影。

如果一直先入為主地認為「平日怎麼可能有時間看什麼電影」，生活永遠都不會改變。

透過寫下「休閒娛樂的目標」、「待辦的休閒娛樂」，不只「娛樂」的機會會增加，工作效率也會跟著變好。

各位務必要成為一個懂得「享受」人生的人。

養成果斷的習慣

關鍵字 ▶ 確認偏誤（Confirmation Bias）、決策準則、願景

　　關於你是否能掌握自己人生的主導權，有很大的一部分決定於你「能否果斷做出決定」。對人生感到滿意的人，檢視他們的過去會發現，他們幾乎都是一直在做「重要決策」和「人生決策」的人。

　　當下當然會感到迷惘，不知道該怎麼辦，但是在那一刻，這些人是怎麼想的？又是如何做出決定？以下就讓我們來掌握活出不後悔的人生的關鍵重點吧。

FACT 1 你是否只是因為缺乏情報？

　　為什麼人在做決定時會感到迷惘呢？其實是因為缺乏情報的關係。例如有 A 和 B 兩個選擇，假使可以正確預測結果，應該就不會感到迷惘了。因為缺乏情報、結果不明確，所以人才會感到迷惘。

　　感到迷惘時，唯一能採取的行動就是「徹底蒐集情報」。亦即徹底地蒐集所有情報，直到「無法再找到更多情報」為止。

　　舉例來說，經常有人問我「我想創業，可是不知道該怎麼做？」。這時候我會試著問對方瞭不瞭解「設立公司的流程」及「創業的節稅優點」，可是幾乎沒有人能夠回答得出來。連這些最基本的創業知識都不知道，當然無法做出決策。

ToDo 1 養成蒐集相關情報的習慣

　　各位不妨養成習慣，每當遇到問題不知道該怎麼做的時候，一定要徹底蒐集相關情報。

　　關於從書中蒐集情報，已經在「工作 5：克服『工作被 AI 取代』的憂

慮」一節中強調過「三點閱讀法」的重要性。

立場「贊成」的書即便看得再多，也只會得到「贊成」的結論。只有掌握創業的優缺點，成功的機率才會高。不僅要知道「成功創業的人」的故事，也要瞭解「創業失敗的人」的經驗。

心理學上有個概念叫做**「確認偏誤」**（Confirmation Bias）。人在下意識間會傾向蒐集有利自己的情報，避開和自己想法相反的情報。若能抵抗這種傾向，就能做到客觀的判斷。

最有效的練習方法，就是找立場不同的書來看。若是能聽聽立場不同的人的意見，蒐集各方情報，最後做出的判斷才會更接近正確。

蒐集完情報之後，下一步建議可以「直接請教人」。

找實際擁有相同經驗的人，詢問他的「親身經驗」，能讓想像變得更加明確。

可以從身邊的人當中去尋找，或是參加交流會和講座等。事前先蒐集好情報資料，接著再找人請教，如此一來就能聊些更具體深入的內容，而不是只說得出「我想創業」之類的話。就以這個為目標去努力吧。

FACT **2** 重點在於抓住「準則」

無法果斷的人缺乏的是「做決定的準則」。一旦有了明確的準則，之後只要依照準則機械式地做出決定就行了。

沒有「決策準則」的人會感到迷惘、不知所措是正常的，因為沒有準則可以依循。想法會受到每天的心情影響，讓人失去原則。

所以，各位不妨先給自己訂定一個「決策準則」。

決策速度慢等於沒有決策。

—— 孫正義（軟銀集團會長）

ToDo 2 訂立「決策準則」

既然如此，該怎麼訂定決策準則呢？建議大家可以對照以下三個方法。

（1）選擇自己躍躍欲試的去做

（2）選擇困難的去做

（3）選擇戲劇性的去做

以下就針對這三點一一說明。

（1） 選擇自己躍躍欲試的

徹底蒐集完情報，透過書籍或請教有經驗者學會客觀思考之後，接下來要考慮的就只剩「自己的感覺」。

「想告白」、「想留學」、「想創業」等，如果「想做」，就放手去做。

之所以想做，應該都是因為有「躍躍欲試」的心情。如果心裡感到躍躍欲試，卻「不去做」，日後肯定會後悔。

倘若認為「以後再告白就好」、「留學等到以後再去就好」、「等到以後再創業就好」，人生就會一直拖著一個未了的決定。

選擇自己躍躍欲試的去做，那麼就算失敗，也不會後悔。只要不後悔，之後總是能想辦法挽回。例如就算告白失敗了，只要努力想辦法維持目前的朋友關係就行了。

做得到的就放手去做。一定要相信自己內心的聲音。

（2） 選擇困難的去做

回顧過去的人生，對於「輕鬆達成的目標」跟「好不容易才達成的目標」，相信一定是後者的記憶比較深刻。

而且，「困難的事」也比較容易讓人覺得「有成就感」和「開心」。

選擇困難的去做，可以增加知識和經驗，給自己帶來成長。就算失敗了，但是會留下經驗，而且從失敗中獲得許多學習。

但也不是隨隨便便地就魯莽行事，如果覺得事情「好像有點難度」，通常背後都隱藏著許多好處。不妨就把「困難」的感覺，轉換成正面思考吧。

（3） 選擇戲劇性的去做

想想看如果把自己當成主角，用客觀的角度去看，會是什麼樣子？

以電影來說，主角接連遭遇危機，想辦法一一克服困境。一波未平一波又起、高潮迭起的劇情，肯定比較精采。

同樣地，人生就像電影。若用看電影的角度看待自己的人生，當然是接受挑戰比較有趣，而且會知道，就算失敗了，也能重新站起來。選擇高潮迭起、充滿戲劇性的挑戰去做，一定不會感到迷惘。人生只有一次，當然要選擇「精采有趣的人生」。

養成這些做決定的習慣之後，你會看見屬於你自己的「願景」。「告白」也好，「留學」也好，「創業」也好，這些應該都不是你的「最終目標」，**一切不過都只是過程中的「道具」和「手段」罷了。**這些小小的決策累積起來的最終目標，也就是你的「願景」究竟是什麼，各位不妨好好想想看吧。

不斷思考「生命的意義」

如同前述，有很多病患都會跟我說「自己好想死」。身為精神科醫師的我，時不時都在思考這個問題的答案。我不斷透過閱讀和思考，希望能找到方法，為這些人帶來「生命的意義」。

FACT 1 「生命的意義」真的存在嗎？

> 活著就是因為不想死啊。
>
> —— 立川談志（日本落語家）

就在靠自己不斷摸索「生命的意義」的過程中，我看到了這句話。

以前，NHK 電視台有個專為十幾歲的年輕人設計的談話節目《真 10 代しゃべり場》，其中有一集的來賓是落語家立川談志。

當時，有個年輕人問到關於生命的意義：「人為什麼要活著？」面對這個問題，立川談志毫無顧忌地回答：「活著就是因為不想死啊。問我為什麼要活著，我只能說因為不想死，所以活著。」

這番話讓我相當震驚，因為他精準說出了我心中隱約認為的「生命的意義」。這句話至今仍深印在我腦海裡。

以我自己的解釋來說，人並非生來就有「生命的意義」，只是在有自我意識的狀態下感覺到自己「活著」而已。也就是說，我認為**根本就沒有什麼所謂的「生命的意義」**。

「活著」，單純就是「還沒死」的狀態。這種說法看似機智，但其實這就是活著給人的感覺。

先有「自己『活著』」的現實，接著才是思考「生命的意義」和「活著的理由」。**一切都是後來追加的。**

因此，經過幾番思索的結果，我認為「找不到生命的意義」的結論，非常接近正確。本來就是不存在的東西，當然找不到。

這麼說來，如果依照病患的說法「我好想死，因為我找不到活著有什麼意義」，情況就會變成「這世上所有人都非死不可」。這話怎麼看好像都不太對。

> 人不可能瞭解自己的存在意義（這個世界）。
>
> ——康德（德國哲學家）

被譽為近代哲學之父的康德，對於「人是什麼？」的問題經過長年思索，最後得到的答案就是這句話。

人沒有辦法靠自己理解自己活著的真正意義。換言之，以哲學上來說，找不到生命的意義是正確的。

「根本就沒有什麼生命的意義，所以沒有必要因為找不到而痛苦，而且因為找不到是正常的，所以完全沒有必要為此自殺。」這也是結論的一種。

FACT 2　人生就是不斷探尋「生命的意義」

沒有人知道「人類真正的存在意義」。不過，有時候會突然有種感覺：「這就是我存在的意義」、「這是我活著的目的」。

就像第 3 章「工作 4：找到自己的『天職』」中提到的「天職」，十幾二十歲的時候，通常都不會知道自己活著的意義和目的。即便在這個年紀就找到「生命的意義」，也不太可能一輩子都是同一個答案。

自己感受到的「生命的意義」跟「活著的目的」，都不會是絕對而不變的，一定會時而變化，時而動搖。換個方式來說，**「活著」就是「一段思考生命意義的漫長旅途」**。

如果花一輩子的時間思考「生命的意義」和「人生的意義」，並且在臨

死前覺得「（自己的）人生過得很有意義」，應該就能算是擁有幸福的人生了。

即便在某一瞬間覺得「找到人生的意義」，那也不是絕對的答案。但是，探尋「生命的意義」，深入思索，採取行動，為之煩惱、痛苦，這些都是很有意義的過程。因為過程中必定會給自己帶來成長。

> 對人生的意義產生懷疑，
> 就是一個人擁有至高靈性的最好證明。
> ── 維克多·弗蘭克（奧地利精神科醫師）

ToDo 1 花時間思索「生命的意義」

思考「生命的意義」和「活著的目的」、為之苦惱，是很棒的一件事。不是為了追求正確答案、做出「結論」，透過思索用自己的方式找到意義的「過程」，才是最重要的。

倘若一直不面對自己，**就不會知道「自己想做什麼」，也不清楚「自己的方向」**，人生只能跟著別人的腳步走。

所以，不妨花時間好好思考「生命的意義」。不必焦急，好好花時間本身也是有意義的。

一直以來我都不斷地自問自答「生命的意義是什麼？」，直到 50 歲之後，才終於得到一個結論。

那就是，**相較於「生命的意義」，應該多重視「願景」**。本書也數次提到「願景」這個詞，意思是「我想這麼做」、「我想變成這樣」之類的自己的「樣子」。這就是「願景」。

「生命的意義」和「願景」最大的差異在於，「生命的意義」需要尋找才會發現，「願景」則是自己可以決定的。「生命的意義」也許花好幾年，甚至幾十年的時間都找不到，但是「願景」只要靠自己決定就行了。現在這一刻就能馬上決定。

圖 ▶ 願景與生命的意義

　　「願景」是自己「想變成○○」的願望，所以依照自己喜歡的去決定便可。這也是一種「我要朝著○○努力加油！」的宣言。

　　當然，幾年後也許會改變心意。這種時候，只要再「修正」、「更改」就行了。現在的「願景」會不會是以後一輩子的「願景」，這一點只能靠實際行動才會知道答案。

　　朝著願景努力，每一天都會過得很充實。就這樣每一天，一年 365 天，十年、二十年不斷地累積。

　　「願景」就像張藏寶圖，而「生命的意義」就是藏寶箱。朝著「願景」奮勇前進，最後終會找到「藏寶箱」，也就是找到「生命的意義」。

　　你想做什麼？你的方向在哪裡？你想實現什麼願望？**即便還找不到「生命的意義」，你也可以為現在的自己決定願景，並且以行動努力去實現。**

4　思考「死亡」

不只是人類，所有生物對「死亡」都心懷恐懼，盡情所能地迴避死亡。這也許可以說是生物的本能。

因此，每個人多少都會有「死很可怕」的感覺。

FACT 　1　 對死亡的恐懼會隨著年齡增長而減少

各位也許認為隨著年紀漸長，也就是愈來愈接近死亡，「對死亡的恐懼」會愈來愈強烈。然而，實際上正好相反。

根據「死亡恐懼」的調查（第一生命經濟研究所）覺得「死很可怕」的人，40世代的有54.5%，60世代有34.7%，70世代有30%，比例隨著年紀增長逐漸減少。

也許是年紀增長愈能慢慢接受現實，因此「死亡恐懼」也隨之降低。

ToDo 　1　 從死亡往回推算

思考「死亡」的問題，會讓人知道自己現在應該做什麼，開始思考「在死之前想做些什麼？」「哪些事如果沒有做會後悔？」。

但是，如果只是想到「死亡」本身，則會讓人產生悲觀的心情，例如「活著也沒有用」、「一切都是徒然」等。這是我根據過去診察有自殺念頭的病患的經驗。

既然都會死，當然是告訴自己「放手去做想做的事」比較重要。

這個道理，也許說再多也很難懂，但是可以透過欣賞電影和小說等故事來深刻理解。

例如黑澤明執導的電影名作《生之欲》（1952年）。以下內容介紹含有劇透。

在市政府擔任課長的「渡邊」每天過著無所事事的乏味生活，有一天，他被告知罹患癌症，來日不多。正當他開始思考自己「生命」的意義時，遇見了在玩具工廠上班的前部下「豐」。

「豐」對人生充滿活力的模樣，加上她「你也可以做點什麼」的一番話，讓渡邊重拾希望，開始關注起公園改建的案子。經過一番辛苦努力，最後，他在完工的公園裡，坐在鞦韆上嚥下最後一口氣。

這個故事看似是個從「死亡」的角度回頭看待人生，「在所剩餘命中做無謂掙扎的男子的故事」。然而，**如果從我們「活著」的角度來看，這其實是個描述「在寶貴人生最後僅剩的時間內，實現人生最重要的事情的故事」**。

生與死是一體兩面。同一個現象，同一件事情，同一個故事，從「生」的角度看待，會得到截然不同的想法。

因此，完整描述主角一生的電影和小說等「故事」，通常都擁有強大的渲染力。這些故事的特徵在於，觀眾能對照自己的人生，進而產生共鳴。以下是幾部有助於思考人生的電影，還沒有看過這些電影的人，請務必找來看看。

表 ▶ 描寫生死的推薦好片

（BEST 1）《終極假期》（導演：王穎）
（BEST 2）《一路玩到掛》（導演：羅伯・萊納）
（BEST 3）《變人》（導演：克里斯・哥倫布）
（BEST 4）《班傑明的奇幻旅程》（導演：大衛・芬奇）
（BEST 5）《明日的記憶》（導演：堤幸彥）

ToDo 2 瞭解自己可控制的因素

有煩惱的時候，很有效的一個方法是，把事情分成「可控制」和「不可

控制」兩方面來思考。這裡就以「對死亡的恐懼」為例，示範如何區分「可控制的事情和不可控制的事情」。簡單來說，就是把「對死亡的恐懼」詳細寫下來，分成可控制和不可控制兩大類。

表 ▶ 練習區分可控制與不可控制的事情

可控制的 事情	延後死亡的發生（預防疾病、培養有益健康的習慣） 認識死亡（哲學、心理學、文學、電影等） 談論死亡（找人討論） 不把死亡放在心上（專心於開心的事）
不可控制 的事情	獲得永生（長生不老）

　　如同這個表格，只要清楚哪些是自己可以控制的事，就會知道現在該做什麼。

　　就連前面介紹過的「培養有益健康的生活習慣」，在某種意義上來說，「對死亡的恐懼」也能成為背後的動力。或者，也許讓人改變想法，決定活在「當下」，好迎接隨時都會到來的死亡。**開心的事絕不拖延，用不後悔的態度度過每一天。盡全力活出每一天。**只要每天確實做到這一點，就算死亡突然到訪，人生也不會有後悔。

　　專注在「現在」，克服「對死亡的恐懼」。為此，請務必嘗試這個練習。

ToDo 3　隨時保持最佳狀態

　　「對死亡過度恐懼」很容易造成心理和大腦的疲勞。舉例來說，很多憂鬱症患者都會表示自己對「死亡」和「將來」極度害怕。不過，隨著接受治療、狀況好轉之後，就再也不會想到「死」的問題。

　　每天睡滿 7 個小時，每週運動 150 分鐘以上，吃有益健康的東西，利用早上晨間散步等，養成良好的生活習慣，「對死亡的恐懼」自然會完全消失。相反地，**如果睡眠不足或缺乏運動，負面、悲觀的想法只會愈趨強烈。**

調整身體狀況，改善生活習慣，讓自己隨時保持最佳狀態。這也是「活在當下」的必備條件。

FACT 2 感謝「生命」

> 恐懼和感謝不會同時存在。
> —— 麥克・博達克（Michael Bolduc，世界第一成就目標教練）

在奧運等世界大會上，一流的選手在「比賽前」都會表達對支持者及領隊、教練的感謝。之所以這麼做，應該是因為他們深知打從心底的感謝，能夠趕走不安和恐懼的心情。

人的大腦無法一心多用，所以不太可能同時存有「對死亡的恐懼」和「對生命的感謝」。**只要說出心裡的感謝，讓大腦只存有感謝的思維，恐懼自然會被趕出大腦，最後徹底消失。**

根據日本川崎醫療福祉大學針對「對死亡的接受度」所進行的研究，人在經過「自覺死亡將近」、「為實現自我積極行動」、「與死亡和解」及**「表達對留下來的人的離別與感謝」**等四個階段之後，才有辦法克服對死亡的恐懼，接受死亡。

各位現在這一刻可以「活著」閱讀這本書，是多棒的一件事情。甚至如果健康無虞就更好了。記得要心存感激。當然還包括身邊支持自己的人。只要能夠心存感激，就可以活在「當下」，不再擔心害怕不知何時會到來的「死亡」。

找到「幸福」的方法

根據聯合國公布的「世界快樂報告」（2019 年），日本在 156 個國家中排名第 58，在 8 個主要的已開發國家中排名倒數第 2，僅次於俄國。日本的 GDP（國內生產總額）排名全世界第 3，是經濟繁榮大國，可是日本人的幸福度卻非常低。

舉例來說，很多人都以為「努力工作」就是「擁有幸福的方法」。然而，工作拚過頭會操壞身體，還有人罹患精神疾病，甚至是過勞死。也有人因為沉迷於工作而忽略了跟家人的相處，最後導致離婚甚至家庭破裂。

除非用正確的方法獲得幸福，否則只會通往不幸的道路。

FACT 1 幸福分為 3 種（幸福的 3 種形態）

「幸福」到底是什麼？怎麼做才能擁有幸福？自古以來，包括哲學家、思想家、宗教家、政治家、心理學家等各個領域的賢者們都紛紛提出各種「幸福論」，研究「如何擁有幸福」。可是，卻始終沒有一個共同的結論。這一點也許是對的。

在這一節，我將以精神科醫生的身分，並參考腦科學方面的見解，提出我自己的**「找到幸福的科學方法」**。

首先讓我們來想想，人在感到幸福的時候，「大腦裡」究竟發生什麼變化？

人的大腦會分泌引發幸福感的「神經傳導物質」。這種「幸福荷爾蒙」一旦分泌增加，就會讓人感到幸福。相反地，「幸福荷爾蒙」減少分泌，人就會出現「痛苦」、「難過」、「想死」的心情。

引發幸福感的神經傳導物質，也就是「幸福荷爾蒙」主要有 3 種：「**血**

清素」、「催產素」、「多巴胺」（另外還有一種稱為「腦內啡」的荷爾蒙，先不列入本次討論）。

雖然這些荷爾蒙的分泌都會帶給人「幸福」的感覺，不過每一種幸福的「性質」各不相同。以下就一一為大家說明。

（1）「血清素」帶來的幸福

「平靜」、「療癒」、「心情」上的幸福感。「今天天氣真好，感覺神清氣爽。今天也要好好加油！」像這樣一早就覺得充滿正向能量，就是血清素分泌的作用。

相反地，如果覺得「不安」、「擔心」、「焦躁」、「冷靜不下來」、「腦子裡僅想到不開心的事」，代表血清素分泌過少，受到負面情緒影響。

（2）「催產素」帶來的幸福

「關係連結」的幸福感。夫妻或男女朋友等和另一半在一起，或是跟孩子、朋友一起玩樂時分泌的荷爾蒙。與親密接觸、溝通交談、與他人的連結、愛情、交流等有關。

親切待人，或是受人親切對待時也會分泌催產素，因此跟從事志工活動或社會貢獻時的「感恩」、「感謝」的心情也有關。

（3）「多巴胺」帶來的幸福

「鬥志」帶來的幸福感。多巴胺是最常被拿來介紹的「幸福荷爾蒙」。達成目標時大腦也會分泌多巴胺，因此也可以說是「成功」的荷爾蒙。企劃案成功，運動比賽獲得勝利，獲得大筆財富，獲得晉升、加薪等，跟「萬歲！太好了！」等成就感和興奮感有關。

FACT 2 別被「多巴胺」的幸福感控制

很多人在想到「幸福」的時候，只會想到多巴胺帶來的幸福。像是「想出人頭地」、「想成為有錢人」、「想成功」、「想住豪宅」等，這一類的慾

望全都是多巴胺帶來的幸福。

多巴胺當然會是一種動力，然而，如同在「工作 10：消除『金錢焦慮』的方法」一節中介紹過的「年收入與幸福感的關係變化」圖表所示，光靠這樣是無法獲得幸福的。

相信大家一定都聽過這樣的例子，年收入上千萬，但是卻因為工作過度而罹患「憂鬱症」，或是導致家庭破裂。

人活在世上，我認為最重要的，是擁有血清素帶來的幸福。血清素帶來的幸福簡單來說，就是感受到「健康」的幸福。任何心理或生理疾病，都會造成血清素分泌下降。

依照「血清素→催產素→多巴胺」的順序去實現幸福，才是最重要的。

至於該怎麼做，接下來就讓我們繼續看下去。

幸福首先在於健康。
── 喬治 · 威廉 · 科蒂斯（George William Curtis，美國作家）

ToDo 1 培養獲得血清素幸福的習慣

想得到「幸福」，一定要有「健康」作為基礎。就以追求身心健康，每天起床神清氣爽為目標吧。

本書一再強調的晨間散步是個很有效的方法。**只要每天早上散步 15 ～ 30 分鐘**，就能促進血清素分泌，擁有血清素帶來的幸福。

坐禪、冥想等正念及腹式呼吸，也都能分泌血清素。

血清素分泌不可或缺的是「睡眠」，睡眠不足或熬夜都會帶來負面影響。另外，**「微笑」也能促進血清素分泌**。多巴胺帶來工作動力固然重要，但是如果不眠不休地工作，直到危害健康，肯定會帶來不幸。

只要靠「每天晨間散步 15 分鐘」這個簡單的習慣，就能換得血清素帶來的幸福。這也是最珍貴的幸福感。

表 ► 擁有血清素帶來的幸福的方法

1	晨間散步（沐浴晨光、節奏性運動、咀嚼）
2	冥想、坐禪、正念、腹式呼吸
3	保持笑容

ToDo 2 透過催產素帶來的幸福獲得心靈的安定

接下來的目標應該是催產素帶來的幸福。

配偶、孩子、戀人、朋友等穩定的人際關係可以帶來幸福。**即便已經擁有這些人際關係，還是有很多人不知道其重要性，直到失去才發現**。忙碌於工作而忽略家庭的人，通常在面臨離婚的一刻，才會發現家人的重要性，後悔莫及。

有了「穩定的人際關係」，才有精神上的安定。就算工作等方面多少有壓力，但是只要有「穩定的人際關係」，心靈上都能獲得力量。

相反地，如果感覺孤單、缺乏連結，憂鬱症和失智症等的發病率就會跟著增加。或者是，當家裡發生問題，也會整天煩惱，擔心到無法專心工作。在這種狀態下，就無法獲得多巴胺帶來的幸福。

因此，在追求多巴胺帶來的幸福之前，先獲得催產素帶來的幸福，「打好幸福的基礎」，最終才有辦法獲得「更多幸福」。

> 無論是國王還是農夫，只要家庭和睦，就是最幸福的人。
>
> —— 歌德（德國詩人、劇作家）

和另一半之間的親密接觸、對話、溝通，會促進催產素的分泌。

親密接觸，尤其性行為最能促進催產素分泌。不過，其實**20秒以上的擁抱就能分泌大量催產素**。另外像是抱小孩時，親子雙方也都會分泌催產素。

或者，跟男女朋友或朋友開心聊天，或是熱情待人，或是相反地受人熱情對待，也都會分泌催產素。

有研究指出「從事志工的人比一般人壽命長 5 年以上」，原因就是跟催產素有關。據說**催產素分泌多的人，罹患心血管疾病的風險也比較低**。

如果沒有戀人或朋友，貓狗之類的寵物也可以。逗弄寵物不只飼主本身，就連寵物也會分泌催產素。也就是說，撫摸貓狗的「療癒感」，就腦科學上來說是正確的。

實際上，**催產素還有降低壓力、促進細胞修復的效果**。可見不管是心理或生理，都能確實獲得療癒。

重視夫妻和親子之間的對話，多溝通，多相處。多找時間和親密好友放鬆聊天。

這些理所當然的事情，都是攸關幸福非常重要的關鍵。

表 ▶ 獲得催產素幸福的方法

1	親密接觸
2	對話溝通
3	和寵物之間的接觸
4	親切熱情、社會貢獻、志工活動

ToDo 3 最後的幸福目標 —— 多巴胺帶來的幸福

擁有安定的精神狀態（血清素帶來的幸福），以及穩定的人際關係（催產素帶來的幸福）之後，就算不是有錢人，就算沒有社會成就，也能擁有幸福的人生。

對這種「基本幸福」不瞭解、感受不到的人，即便靠多巴胺擁有再多幸福，也不會感到滿足。

只會不斷追求「更多」，永遠無法擺脫不安的心理。

以下幾個方法可以讓人獲得多巴胺帶來的幸福。

表 ► 擁有多巴胺幸福的方法

1	賺錢，擁有社會成就
2	在運動等比賽大會中獲得勝利及優異表現
3	目標設定與達成
4	運動（有氧運動、重訓）
5	保持笑容、冥想等

　　本書「工作」一章中也分享了許多獲得「社會成就」的方法。只不過，這些都只是幸福的一部分，並非充分必要條件。

　　在序章和第4～5章中多次提及的「健康」帶來的血清素的幸福，以及第1～2章的重點──「人際關係」帶來的催產素的幸福，擁有了這些之後，再加上工作上的成就等「目標達成」，才稱得上是擁有「至高無上的幸福」。

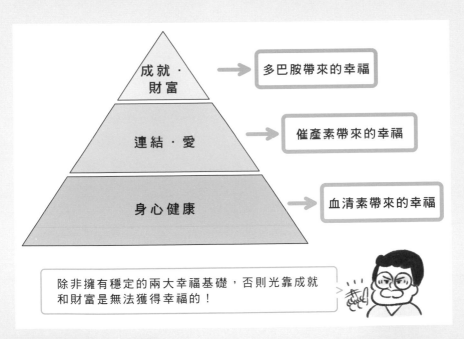

圖 ► 人生的三大幸福

倘若忽略血清素的幸福和催產素的幸福等「幸福的基礎」，一心只追求多巴胺帶來的幸福，最終一切都會崩解。在每天的生活中，除了追求多巴胺帶來的幸福，如果也能察覺並細心領會自己已經擁有的血清素及催產素的幸福，其實，各位從今天開始就能成為一個「幸福」的人。

結 語 ── 接 下 來 該 如 何 面 對 生 活 ？ ──

　　本書一剛開始的企劃是以打造「最終生活態度」為出發點。

　　然而，就算學會「似懂非懂生活態度」或「觀念性的生活態度」，實際
上還是有很多人不知道如何在生活中實踐。於是，最後本書提供了許多能夠更
接近幸福的具體實用方法，幫助大家消除不安的心情，解決煩惱，追求零壓力
的人生。

　　最後，我想針對全書內容重新為大家整理「人生態度」最重要的**「7 大精
華重點」**。只要謹記這 7 大重點，人生肯定會朝著更美好的方向前進。

重點 1 培養「這樣就好」的心態

　　身為精神科醫生，每次在提供建議時，我都會注意「肯定對方」、「不
要否定對方」。

　　很多人只會看見自己不好的地方，為此苛責自己，傷害自己，在不自覺
中否定自己，給自己帶來壓力。

　　現在的你，已經很棒了。「這樣就好」。只要能夠這麼想，就能擺脫「自
我否定」，成為一個「自我肯定」的人。

　　在能力範圍內做自己做得到的事情。就只能這樣而已。只要是依照自己
的方式去做，「這樣就好」。「這樣就好」、「現在的自己很棒」，記得要肯
定自己。

　　「這樣就好」，是自我肯定很好的一種說法。經常告訴自己「這樣就
好」，並且透過本書介紹的練習做輸出，一定可以慢慢找回自我肯定感。

重點 **2** 專心活在「當下」

想起過去的事情就深感「後悔」，想到將來的事情就充滿「不安」。每個人都是這樣。遲遲無法向前的人，都是因為沒辦法專注在「當下」。

倘若思緒又不由自主飄向過去和將來，這時候不妨集中心思「觀察當下」。

把「今天」該做的事情，在「今天」一一完成。只要做到這一點就好。

各位可以從本書的內容中找到自己「ToDo」（該做的事），專心做好這些事情。

人不可能在一天內就脫胎換骨，只能靠每天小小的行動、小小的「ToDo」不斷累積來改變。就算一開始速度很慢，只要堅持不放棄，一定可以擺脫痛苦。

「什麼是你現在做得到的事？」

就把這些當成「ToDo」，確實去執行吧。

重點 **3** 活出自己決定的「自我人生」

凡事依照父母說的去做。看他人的臉色。拿自己跟他人做比較。沒有和別人做一樣的事就無法安心……

這些行為全都是活在「別人的人生」。**在阿德勒心理學中，認為活在「別人的人生」是最糟糕的生活態度。**

「想做的事情」、「想走的人生道路」，如果做這些重要決定的時候依賴他人，當下雖然輕鬆，但是事後一定會後悔。因為這些都不是你的「真正想法」。

你應該活出「自己的人生」。這絕對不是件輕鬆容易的事，然而，哪怕是再小的困難，都要習慣「自己做決定」。隨時為自己準備好「思考的時間」、「商量的對象」和「筆記、便條等工具」。還要養成輸出的習慣，把自己的想法跟感覺，轉換成語言或文字表達出來。

藉由鍛鍊輸出能力，自然會有辦法活出自己的人生。

重點 4 愛自己

先懂得愛自己、愛家人，然後才是努力工作。這個優先順序非常重要。

我曾經留學美國 3 年，在那段期間，我察覺到一件事。

我身邊的美國人幾乎很少為了工作犧牲「自己」及「跟家人相處的時間」。**犧牲自己，犧牲和家人相處的時間，只為了拚命工作。這世上再也沒有比這更本末倒置的事情**。

這麼做只會失去健康，家庭關係出現裂痕，甚至演變成離婚或親子關係決裂。縱使再怎麼事業有成，如果「疾病」纏身或「家庭破裂」，一切都沒有意義。

「愛自己」就是「重視自己的健康」。本書一再提到的「每天睡滿 7 個小時」、「每週運動 150 分鐘」、「晨間散步」等方法，最好都要徹底執行。這些簡單的生活習慣，就是「幸福人生的法則」。

重點 5 敞開心房「對話」

剛才提到的「活出自己決定的自我人生」，意思並不是要你跟別人唱反調，無視他人，當個獨行俠。

重點應該在於嚴守「聆聽他人的意見，最後再自己做決定」的順序。找人商量討論，參考他人的意見，可以幫助自己做出更正確的判斷和決定。

經常有人告訴我，他「沒辦法把心裡的話跟別人說」，包括家人、朋友、醫生等。其實在本書裡也有提到，人不可能突然間就跟他人建立起完全信任的關係。**唯一的方法，只能自己先敞開心房，慢慢加深彼此的關係**。

關於心理方面和健康的問題，一定要找專業醫師討論。對醫生也是一樣，要信任你的主治醫師，打開心房對話，疾病才有恢復的可能。找個真心信任的人對話，只要這麼做，9 成的煩惱都可以獲得解決。

重點 6 務必透過「行動」思考

本章一開始說過，就算懂得觀念性、哲學性或靈性方面的人生態度，還是不知道「該怎麼具體實踐？」。所以本書的重點就在於「To Do」（方法），明確告訴大家「現在該怎麼做」。

之所以會煩惱、擔心，是因為你停下來思考。整天不停地想，不停地煩惱，導致沒辦法繼續前進，情況一再惡化，煩惱不斷增加。

這時候最重要的是，**找出「To Do」（方法），「邊行動邊思考」**。不管怎樣，先做再說。先從小行動開始就行了，突然間的大改變，通常都不會成功。

「天職」也好，「人生的意義」也好，有了行動之後再回過頭來看，答案都會變得清晰可見。

沒有人會一開始就訂立太大的目標，也沒有人可以輕易做出人生的重大決定。愈是成功的人，都是靠著沒有人看見的「小行動」一點一滴累積出來的。

重點 7 用「正向」為每一天畫下句點

「工作快忙死了，我怎麼這麼倒楣。」

即便是這樣，**只要改變想法，你也能看見「幸福」**。

首先，你現在「身體健康」，而且「有薪水可拿」。又或者下班回到家可能不必做家事，一切都有家人為你打理。

相較於疾病纏身或沒有工作的人來說，這已經是最幸福的狀態。

每個人每天一定都會有「開心的事」或「不開心的事」、「高興的事」、「難過的事」、「辛苦的事」。重點是你**聚焦在哪個部分**？就算賺大錢成了富豪，可是每天只注意到「不好的事情」，生活也不會幸福快樂。

如果能夠在每天結束前看見「開心的事」、「高興的事」，一定可以過著「開心的人生」、「幸福的人生」。

各位請務必養成在晚上睡覺前寫「3 行正能量日記」的習慣，用正向的心情結束每一天。**只要這麼做，任何人都有辦法找到幸福。**輕易地從今天開始就擁有幸福的人生。我到現在還沒有見過有人執行了一個月以上還「不見效果」的。

　　以上「7 個精華重點」，請大家務必謹記在心，日後遭遇困境、煩惱的時候，便能拿出來實踐。相信它能夠指引你找到「自己的人生態度」，成為你的「藏寶圖」。

　　我寫過 30 多本書，這是第一本談論「人生態度」這麼大一個主題的著作。坊間充斥許多主張「要抱著必死的決心去做」，理所當然地高唱努力論的書籍。然而，我也見過很多人被這般必死的決心逼得走投無路，最後罹患憂鬱症。

　　幸福應該建立在沒有擔心和煩惱的無壓狀態之上，也就是身心健康的狀態。身心不健康，賺再多錢也沒有意義。

　　透過這本書可以知道，追求「身心健康」，跟「活得幸福快樂」、「擁有社會成就」並不矛盾。不，這本書反而讓我們看見，正因為有「身心健康」作為基礎，所以追求「幸福」和「社會成就」變得更容易了。我想，這是一本獨一無二的著作，它將我過去的人生經驗和臨床經驗，以及精神醫學、心理學、腦科學等各方面的研究證據做了最完整的整理。

　　希望透過這本書可以幫助更多人減輕心中的煩惱和不安，找到兼具「健康」與「幸福」的人生，那便是身為精神科醫生的我莫大的喜悅。

　　　　　　　　　　　　2020 年 6 月吉日　　精神科醫生　　樺澤紫苑

參考書籍

- 50 Psychology Classics（中譯本《一次讀懂心理學經典》／湯姆·巴特勒—鮑登Tom Butler-Bowdon）
- 《面白いほどよくわかる！心理学の本》（中譯本《圖解心理學：正面迎戰人生難題！讀懂自己、看穿他人，從0到99歲都適用的生涯處方》／澀谷昌三）
- 《人間関係の心理学（図解雑学シリーズ）》（暫譯：人際關係心理學／齊藤勇）
- 《心理学入門（図解雑学）》（暫譯：心理學入門／松本桂樹）
- 《脳からストレスを消す技術》（中譯本《用血清素與眼淚消解壓力》／有田秀穗）
- 《朝の5分間 脳内セロトニン・トレーニング》（暫譯：早上5分鐘大腦血清素鍛鍊法／有田秀穗）
- Emotional Intelligence: Why It Can Matter More Than IQ（中譯本《EQ：決定一生幸福與成就的永恆力量》／丹尼爾·高曼Daniel Goleman）
- 《自分でできる対人関係療法》（中譯本：自我人際關係療法／水島廣子）
- 《スルースキル "あえて鈍感" になって人生をラクにする方法》（中譯本《不在乎的勇氣：給害怕被討厭，所以虧待自己的你》／大嶋信賴）
- Mothers Who Can't Love: A Healing Guide for Daughters（中譯本《母愛創傷：走出無愛的陰影，給受傷女兒的人生修復書》／蘇珊·佛沃Susan Forward）
- 《図解ポケット アドラー心理学がよくわかる本》（暫譯：快速瞭解阿德勒心理學／中野明）
- Bringing Your Boldest Self to Your Biggest Challenges（中譯本《姿勢決定你是誰：哈佛心理學家教你用身體語言把自卑變自信》／艾美·柯蒂Amy Cuddy）
- 《睡眠障害 現代の国民病を科学の力で克服する》（暫譯：睡眠障礙：以科學方法克服現代國民病／西野精治）
- Why We Sleep：The New Science of Sleep and Dreams（中譯本《為什麼要睡覺？：睡出健康與學習力、夢出創意的新科學》／馬修·沃克Matthew Walker）
- 「【連載】睡眠の都市伝説を斬る」（暫譯：破解睡眠的都市傳說）國家地理雜誌日文網／三島和夫 http://natgeo.nikkeibp.co.jp/nng/article/20140623/403964/
- Go Wild: Free Your Body and Mind from the Afflictions of Civilization（約翰·瑞提John J. Ratey，理查·曼寧Richard Manning）
- 《医者が教える食事術 最強の教科書：20万人を診てわかった医学的に正しい食べ方68》（中譯本《最高飲食法：經專業醫師臨床實證，給商務人士的教養書，飲食習慣決定了你人生的格差》／牧田善二）
- 《DSM-5 精神疾患の診断・統計マニュアル》（中譯本《DSM-5精神疾病診斷準則手冊》／美國精神醫學會出版）
- 《認知症疾患診療ガイドライン》（暫譯：失智症診療手冊／日本神經學會、「認知症疾患診療手冊」製作委員會）
- 《学びを結果に変えるアウトプット大全》（中譯本《最高學以致用法：讓學習發揮最大成果的輸出大全》／樺澤紫苑）
- 《学び効率が最大化するインプット大全》（中譯本《最高學習法：激發最大學習效率的輸入大全》／樺澤紫苑）
- 《人生をうまくいく人の感情リセット術》（暫譯：幸福人生的情緒整理術／樺澤紫苑）

參考網站

- Sirabee編輯部所做的調查：
  「和他人比較」（針對20～60世代男女共1537人）
  「自我意識調查」（針對20～60世代男女共1357人）
  「是否有真正值得信賴的朋友」（針對10～60世代男女共1732人）

「是否曾被自己重視的人背叛」（針對10～60世代男女共1653人）

「是否不想被大家討厭」（針對20～60世代男女共1357人）

「財產調查」（針對20～60世代男女共1361人）

「沒有自信」（針對10～60世代男女共1721人）

「最近變得無法控制怒氣」（針對10～60世代男女共1733人）

「記憶調查」（針對10～60世代男女共1733人）

「每天都不快樂」（針對10～60世代男女共1378人）

- Basement Apps調查「主管是個可靠的人嗎？」
- SECOM株式會社調查「老後擔憂意識調查」（以500名20歲以上人口為對象）
- 女性雜誌《Halmek》「介護」（以400名50～79歲中高齡女性為對象）
- 厚生勞動省「21世紀新生兒縱貫調查」（以2萬人為對象）
- ASMARQ Co., Ltd.「SNS疲勞」（以1000人為對象）
- en Japan Inc.「職場人際關係」問卷調查（針對10776名「en求職網」會員）
- Mynavi News「工作開心嗎？」調查（以300人為對象）
- ACCS Consulting Co.,Ltd.「進公司第1年的工作意識調查」（以515人為對象）
- ASMARQ Co., Ltd.「工作相關問卷調查」（針對300名20～49歲正職員工）
- 針對8668名「en求職網」會員進行「離職原因」相關調查
- d's JOURNAL編輯部「離職原因與交涉事實調查2019」（以298人為對象）
- オウチーノ総研「工作相關問卷調查」（以1106名20～69歲工作人口為對象）
- MarkeZine針對AI（人工智慧）所做的調查（2018年，以1000名20～49歲就業人口為對象）
- Mynavi「幹勁」調查（以390人為對象）
- Feely「工作記不住的原因」調查（以100人為對象）
- 明日之團股份有限公司「中小企業人事考核煩惱與課題相關調查」（以1200人為對象）
- 養命酒「中壯年世代『腸胃不適』與『疲勞』關係調查」（以1000名30～49歲上班族為對象）
- SMBC Consumer Finance Co., Ltd.「30、40世代金錢觀意識調查2019」（以1000名30～49歲人口為對象）
- en求職網「副業」問卷調查（以10207人為對象）
- 日本經濟團體聯合會「2019年工作時間等實態調查」（以276家公司為對象）
- 厚生勞動省「2018年國民健康營養調查」
- 厚生勞動省「2016年國民健康營養調查」中「有運動習慣者」的調查
- 厚生勞動省「2002年保健福祉動向調查概況」中「無法運動的理由」的調查
- WHO「人體必要運動量」指引
- 美國國家衛生院「運動習慣」調查
- Interwired「減重瘦身問卷調查」（以4225人為對象）
- 厚生勞動省政策「健康日本21」
- 以日本等7國年滿13～29歲年輕人為對象的意識調查（2013年）
- LinkedIn「就業機會指數」（針對全世界22個國家共30570人）
- 《PRESIDENT》雜誌「嫉妒」相關調查（以1000人為對象）
- 朝日集團控股公司「Happy研究所」「緊張」相關調查（以1579人為對象）
- 江崎固力果（glico）「工作休息時間意識與實態調查」（以800名20～50歲人口為對象）
- eduNavi「發展障礙」調查（以300名中小學幼童家長為對象）
- 精神疾病發病率大規模調查（以5000名日本人為對象）
- 「日本失智症高齡人口預測研究」（2014年厚生勞動省科學研究費補助金特別研究事業）
- 日本財團「2016自殺意識調查」（以40436名20歲以上男女為對象）
- 厚生勞動省研究班的調查（以1516名自殺未遂者及209名自殺既遂者為對象）
- TOKYO FM「Skyrocker Company」「社會人意識調查」中「你是否具備果斷力？」調查
- 島根縣縣立看護短期大學「生死觀差異」調查（以269名20歲以上人口為對象）
- 聯合國「世界快樂報告」（2019年）中156個國家的快樂指數調查

精神科醫師親授：零壓力終極大全 / 樺澤紫苑作；賴郁婷譯. --
初版. -- 臺北市 ： 春天出版國際文化有限公司, 2022.06
　　面 ；　　　公分. -- (Progress ； 18)
譯自 ： 精神科医が教えるストレスフリー超大全
ISBN 978-957-741-537-0(平裝)
1.CST: 壓力 2.CST: 抗壓 3.CST: 生活指導

176.54 111006586

精神科醫師親授

零壓力終極大全

精神科医が教えるストレスフリー超大全

Progress 18

作　　　者◎樺澤紫苑
譯　　　者◎賴郁婷
總 編 輯◎莊宜勳
主　　編◎鍾靈
出 版 者◎春天出版國際文化有限公司
地　　　址◎台北市大安區忠孝東路4段303號4樓之1
電　　　話◎02-7733-4070
傳　　　真◎02-7733-4069
E－mail◎bookspring@bookspring.com.tw
網　　　址◎http://www.bookspring.com.tw
部 落 格◎http://blog.pixnet.net/bookspring
郵政帳號◎19705538
戶　　　名◎春天出版國際文化有限公司
法律顧問◎蕭顯忠律師事務所
出版日期◎二○二二年六月初版
定　　　價◎499元

總 經 銷◎楨德圖書事業有限公司
地　　　址◎新北市新店區中興路2段196號8樓
電　　　話◎02-8919-3186
傳　　　真◎02-8914-5524
香港總代理◎一代匯集
地　　　址◎九龍旺角塘尾道64號 龍駒企業大廈10 B&D室
電　　　話◎852-2783-8102
傳　　　真◎852-2396-0050

版權所有・翻印必究
本書如有缺頁破損，敬請寄回更換，謝謝。
ISBN 978-957-741-537-0